哈尔滨职业技术学院
国家骨干高职院校建设项目成果

物流管理专业

仓储作业管理

许　红　主编

中国铁道出版社
CHINA RAILWAY PUBLISHING HOUSE

内容简介

本学习领域课程依据高职高专物流管理专业人才培养目标和定位要求,以仓储物流企业作业流程为主线构建,由浅入深地引领学习者进行仓储作业活动。主要内容包括仓储企业认知、仓储规划设计、仓储经营管理、仓储作业管理、仓库安全管理5个学习情境,共14个学习任务。

本教材可作为高职高专物流管理专业及专业群教学用书,侧重培养学生在仓储物流企业从事仓储作业活动和管理的能力,满足企业对学生知识、技能和素质等方面的要求;本教材还可作为物流企业、生产企业、物流咨询机构的职业技能培训教材,也可以作为从事物流工作人员的参考书。

图书在版编目(CIP)数据

仓储作业管理/许红主编.—北京:中国铁道出版社,2014.9

国家骨干高职院校建设项目成果

ISBN 978-7-113-19056-9

Ⅰ.①仓… Ⅱ.①许… Ⅲ.①仓库管理—高等职业教育—教材 Ⅳ.①F253.4

中国版本图书馆CIP数据核字(2014)第189612号

书　　名: 仓储作业管理
作　　者: 许　红　主编

策　　划: 左婷婷　　　　**读者热线:** 400-668-0820
责任编辑: 张丽娜
编辑助理: 邢斯思
封面设计: 刘　颖
封面制作: 白　雪
责任校对: 龚长江
责任印制: 李　佳

出版发行: 中国铁道出版社(100054,北京市西城区右安门西街8号)
网　　址: http://www.51eds.com
印　　刷: 北京市昌平开拓印刷厂
版　　次: 2014年9月第1版　2014年9月第1次印刷
开　　本: 880 mm×1 230 mm　1/16　印张:15　字数:340千
印　　数: 1~1 000册
书　　号: ISBN 978-7-113-19056-9
定　　价: 34.00元

哈尔滨职业技术学院物流管理专业
教材编审委员会

哈尔滨职业技术学院物流管理专业教材编审委员会

主　　任：[illegible]

副 主 任：[illegible]

[illegible]

委　　员：[illegible]

编写说明

李克强总理在政府工作报告提出:“职业教育的任务是培养技能型人才,职业教育应重实践讲实用”。教育部《关于全面提高高等职业教育教学质量的若干意见》中也明确指出:“走产学结合发展道路,为社会主义现代化建设培养千百万高素质技能型专门人才”,要“加强职业院校学生实践能力和职业技能的培养”。《国务院关于印发物流业调整和振兴规划的通知》强调,物流业是融合运输业、仓储业、货代业和信息业等的复合型服务产业,是国民经济的重要组成部分,涉及领域广,吸纳就业人数多,能够促进生产、拉动消费,在促进产业结构调整、转变经济发展方式和增强国民经济竞争力等方面发挥着重要作用。

哈尔滨职业技术学院于2010年11月被确定为“国家示范性高等职业院校建设计划”骨干高职院校立项建设单位。学院在国家骨干高职院校建设中,创新办学体制机制,打造校企“双主体育人”平台,在推进合作办学、合作育人、合作就业、合作发展的进程中,以专业建设为核心,以课程改革为契机、以教学条件建设为支撑,全面提升办学水平。

学院与多家企业成立了哈尔滨职业教育集团现代物流产业部产教合作理事会,形成“互惠共赢的校企联动”合作机制。以培养高素质技术技能型物流管理专门人才为目标,以学生胜任岗位工作的综合能力培养为主线,追踪行业最新动态,依据行业和企业发展对物流管理专业人才层次、职业岗位能力、职业素质与知识点的需求,融合物流职业资格标准;以物流人才需求为出发点,以物流企业对专业人才“规格、道德、能力、素质”等方面的要求为基础,全面分析就业岗位群及职位层次所需的职业岗位能力、职业素质、知识;遵循岗位能力渐进规律,创新“工学交替双循环”的人才培养模式,构建突出职业素养与综合能力培养的“岗位能力渐进式”课程体系,按照职业岗位群工作所需的知识、能力、素质,校企合作开发核心课程。

教材既是教学资源建设的关键,又是资源建设的难点,为此,学院组成了重点专业教材编审委员会,物流管理专业教材编审委员会由职业教育专家、企业专家、专业核心课程教师组成,形成了一支学校、企业、行业紧密结合建设团队。三年多来,建设团队深入进行物流职业岗位及岗位任务的调研与分析,多次进行研讨,不断改革,编写了本套工学结合特色教材,并由中国铁道出版社正式出版。

本套教材充分体现行动导向、任务驱动、基于工作过程的课程改革设计理念，其特点如下：

(1)本套教材按照核心课程教学模式改革要求进行编写，以物流岗位的工作任务为载体，突出“做中学”“学中做”“教、学、做一体化”的教学模式。

(2)教师与企业专家共同开发，充分体现了“校企合作”“工学结合”的高职教育人才培养模式。

(3) 学习情境的展开基于工作过程体系化，逻辑清晰，体现了工作的典型性和完整性。

(4)学习任务体现了工作的业务流程，以反映物流岗位的工作任务为载体的任务结构形式设计了每项任务的任务单。

(5)为培养学生的自主学习能力，设计了每项任务的资讯单和信息单；为注重对学生的计划能力和决策能力的培养，设计了计划单和决策单；为突出任务的实践性，注重学生职业能力的培养，设计了每项任务的实施单和作业单；为改革传统的考核方式，以过程考核为主，每个任务的各环节均设有评价单。

在本套教材的编写过程中，得到了合作企业及行业专家的鼎力支持，在此，表示由衷的感谢！由于教材编写周期较短，肯定还会有一些疏漏和不尽如人意之处，恳请广大师生和读者提出宝贵意见和建议。

哈尔滨职业技术学院物流管理专业
教材编审委员会
2014 年 4 月 28 日

本书编写组

主　编：许　红（哈尔滨职业技术学院）

副主编：邱伟龙（哈尔滨中央红集团股份有限公司）

　　　　张明明（哈尔滨职业技术学院）

参　编：徐　进（哈尔滨职业技术学院）

　　　　姜奕阳（哈尔滨职业技术学院）

　　　　周　艳（哈尔滨广播电视大学）

主　审：夏　暎（哈尔滨职业技术学院）

　　　　蓝仁昌（环众软件（上海）有限公司）

前　　言
FOREWORD

进入 21 世纪以来，我国经济迅速发展，物流业作为现代经济的重要组成部分，发挥着越来越重要的作用。仓储业作为现代物流的两大支柱之一，其作业和管理水平的高低直接影响其发挥效用，现代仓储已成为高效、增值的重要利润源。如何采用科学的方法和手段进行仓储设施规划、仓储作业管理、仓储绩效改进和仓储安全保障，已成为企业用人的基本要求。

“仓储作业管理”是高职院校物流管理专业的核心课程，其培养目标是仓储高端技能型人才。本教材主要针对第三方仓储物流企业，课程采取任务驱动的教学模式；在深入企业进行调研的基础上，参考物流师国家职业资格标准，确立职业岗位工作过程中不同阶段的工作任务；然后将工作任务内容转化为学习领域课程内容，与企业合作，共同进行课程的开发和设计；按照学生职业能力成长的过程，培养学生的仓储作业组织和管理的基本职业技能和实际操作能力，从而胜任现代物流企业仓储作业管理等相关岗位工作。

教材内容贴近实际，教学情境围绕工作任务设计，教、学、做一体，理论与实践相结合，充分体现了课程的职业性、实践性和开放性的要求。

本教材共设 5 个学习情境，14 个工作任务。学习情境一仓储企业认知包括任务 1 认识仓储企业 、任务 2 仓储设施设备；学习情境二仓储规划设计包括任务 3 仓库选址及技术方法、任务 4 仓库货区平面布置设计、任务 5 货位编号与储位分配；学习情境三仓储经营管理包括任务 6 仓储经营计划、任务 7 仓储合同、任务 8 仓储成本和绩效管理；学习情境四仓储作业管理包括任务 9 入库作业管理、任务 10 在库作业管理、任务 11 出库作业管理、任务 12 库存控制；学习情境五仓库安全管理包括任务 13 货物安全保管、任务 14 仓库消防管理。

本教材由哈尔滨职业技术学院许红主编，负责确定教材编制的体例，统稿工作，并编写任务 1、任务 2、任务 4、任务 7、任务 8、任务 9、任务 10、任务 11、任务 12、任务 13、任务 14；张明明编写任务 3；周艳（哈尔滨广播电视大学）、邱伟龙（哈尔滨中央红集团股份有限公司）编写任务 5；徐进编写任务 6；姜奕阳负责案例收集、整理工作。

本教材在编写过程中得到了哈尔滨职业技术学院副校长刘敏、教务处处长孙百鸣及环众软件（上海）有限公司蓝仁昌董事长的悉心帮助，并由哈尔滨职业技术学院夏暎教授及环众软件（上海）有限公司蓝仁昌董事长担任主审；在编写过程中参考了国内仓储管理方面的诸多教材与著作，书名及作者已列入参考文献之中，在此一并表示衷心的谢意。

由于时间仓促，书中纰漏和错误在所难免，恳请读者批评指正，以便我们不断完善和提高。

编　者

目　录
CONTENTS

学习情境一　仓储企业认知

任务1　认识仓储企业 …… 2
1.1　仓储企业相关知识 …… 4
1.2　仓储的功能 …… 6
1.3　仓储管理 …… 6
任务2　仓储设施设备 …… 14
2.1　仓库的类型 …… 16
2.2　仓储设备 …… 19
2.3　存货、取货设备 …… 20
2.4　分拣、配货设备 …… 26

学习情境二　仓储规划设计

任务3　仓库选址及技术方法 …… 36
3.1　选址的基本原则 …… 38
3.2　影响仓库选址的因素 …… 38
3.3　仓库选址的方法 …… 39
任务4　仓库货区平面布置设计 …… 49
4.1　仓库平面布置 …… 51
4.2　货位布置 …… 54
任务5　货位编号与储位分配 …… 61
5.1　货位编号 …… 63
5.2　储位管理 …… 64
5.3　物品编码管理 …… 66
5.4　储位指派 …… 68

学习情境三　仓储经营管理

任务6　仓储经营计划 …… 75
6.1　仓储经营管理 …… 77
6.2　仓储经营组织目标 …… 78
6.3　仓储经营计划 …… 79
6.4　常见的仓储经营方法 …… 80

任务7 仓储合同 …… 87
7.1 仓储合同概述 …… 89
7.2 仓储合同的订立和主要条款 …… 90
7.3 仓储合同的生效和无效 …… 91
7.4 仓储合同格式 …… 91
7.5 仓储合同当事人权利和义务 …… 94
7.6 仓单的填写 …… 96
任务8 仓储成本和绩效管理 …… 105
8.1 仓储成本管理 …… 107
8.2 仓储绩效管理 …… 111

学习情境四 仓储作业管理

任务9 入库作业管理 …… 122
9.1 入库作业准备 …… 124
9.2 入库作业流程 …… 126
任务10 在库作业管理 …… 139
10.1 商品的堆码 …… 141
10.2 在库物品流通加工 …… 145
10.3 货物包装识别 …… 146
10.4 在库物品装卸搬运作业管理 …… 149
10.5 仓库盘点 …… 151
10.6 5S管理 …… 155
任务11 出库作业管理 …… 162
11.1 出库的基本知识 …… 164
11.2 出库前准备工作 …… 165
11.3 出库作业流程 …… 169
任务12 库存控制 …… 176
12.1 库存与库存合理化 …… 178
12.2 传统库存控制方法 …… 179
12.3 现代库存控制方法 …… 182

学习情境五 仓库安全管理

任务13 货物安全保管 …… 198
13.1 在库物品的质量变化及保管、养护 …… 200
13.2 货物温湿度控制 …… 203
13.3 特种商品的保管 …… 204
任务14 仓库消防管理 …… 212
14.1 仓库治安保卫 …… 214
14.2 仓库火灾的特点及原因分析 …… 215
14.3 仓库火灾防范技术 …… 216
14.4 灭火方法 …… 217
14.5 消防设备 …… 218
14.6 仓库的其他安全管理 …… 221
参考文献 …… 228

学习情境一

仓储企业认知

学习指南

学习目标

学生在教师的指导下，明确工作任务，掌握仓储企业相关知识，创建模拟物流公司，明确仓储管理的主要工作内容；认识仓储存货、取货设备，分拣配货设备，了解仓储设施设备的功能；具备根据仓库主要设备及特点选择能满足生产经营活动设施设备的能力。

工作任务

1. 认识仓储企业
2. 熟悉仓储设施设备

学习情境的描述

本情境选取“认识仓储企业”“熟悉仓储设施设备”两个工作任务作为载体，使学生通过创建模拟物流公司，了解仓储企业，认识仓储设施设备，掌握仓储设施设备配置原则，具备根据库存货物的性质选择配置设施设备的能力。

任务1 认识仓储企业

任 务 单

<table>
<tr><td>学习领域</td><td colspan="6">仓储作业管理</td></tr>
<tr><td>学习情境</td><td colspan="3">仓储企业认知</td><td colspan="2">学　时</td><td>8</td></tr>
<tr><td>工作任务</td><td colspan="3">认识仓储企业</td><td colspan="2">任务学时</td><td>4</td></tr>
<tr><td colspan="7">布置任务</td></tr>
<tr><td>工作目标</td><td colspan="6">1. 了解仓储的基本形态和运作环境
2. 明确仓库管理的主要目标,了解仓储管理人员的基本素质要求
3. 创设模拟物流公司,明确仓储管理工作的主要工作内容</td></tr>
<tr><td>任务描述</td><td colspan="6">开学第一节仓储作业管理课,教师在多媒体教室播放几组照片,第一组是客户网上购物、快递中转中心分拣、配送物品、客户签收物品的照片;第二组是普通仓库、自动化立体仓库和校内仓储配送实训室照片;照片播完后教师提出具体任务要求:
1. 通过照片中显示的内容说明物流仓储配送、快递在现代人们的生活中扮演的角色
2. 在网上所购物品是通过哪些环节送到客户手中的
3. 设立仓储企业应考虑的因素
4. 作为仓储管理人员应该具备的基本知识技能</td></tr>
<tr><td rowspan="2">学时安排</td><td>资　讯</td><td>计　划</td><td>决　策</td><td>实　施</td><td>检　查</td><td>评　价</td></tr>
<tr><td>0.5 学时</td><td>0.5 学时</td><td>0.5 学时</td><td>1.5 学时</td><td>0.5 学时</td><td>0.5 学时</td></tr>
<tr><td>提供资料</td><td colspan="6">1. 中国仓储协会. 仓储管理员. 北京:北京师范大学出版社,2011
2. 薛威. 仓储作业管理. 北京:高等教育出版社,2012
3. 经济法相关资料
4. 单凤儒. 管理学基础. 北京:高等教育出版社,2008
5. 校园网精品课程资源库资料</td></tr>
<tr><td>对学生的要求</td><td colspan="6">1. 能够独立自主学习相关知识,并对相关知识和技能进行运用
2. 掌握仓储的基本功能及仓储管理的概念
3. 小组具有团队合作精神,群策群力创建模拟的仓储型物流公司
4. 明确对仓储管理人员基本素质的要求
5. 本工作任务完成后,小组提交创建物流公司 PPT,选代表汇报
6. 严格遵守课堂纪律,不迟到,不早退</td></tr>
</table>

资 讯 单

<table>
<tr><td>学习领域</td><td colspan="3">仓储作业管理</td></tr>
<tr><td>学习情境</td><td>仓储企业认知</td><td>学　　时</td><td>8</td></tr>
<tr><td>工作任务</td><td>认识仓储企业</td><td>任务学时</td><td>4</td></tr>
<tr><td>资讯方式</td><td>结合案例，了解并掌握，查阅参考文献</td><td>资讯学时</td><td>0.5</td></tr>
<tr><td rowspan="8">资讯问题</td><td colspan="3">1. 什么是仓储？仓储的基本形态有哪些？</td></tr>
<tr><td colspan="3">2. 仓储企业的特征？仓库的类型有哪些？</td></tr>
<tr><td colspan="3">3. 仓储的功能有哪些？</td></tr>
<tr><td colspan="3">4. 仓储管理的目标、任务和原则是什么？</td></tr>
<tr><td colspan="3">5. 对仓储管理人员基本素质要求有哪些？</td></tr>
<tr><td colspan="3">6. 模拟创建物流公司需要考虑哪些问题？</td></tr>
<tr><td colspan="3">7. 仓储型物流公司的组织结构有哪些？</td></tr>
<tr><td colspan="3">8. 仓储型物流公司的岗位职责和任务有哪些？</td></tr>
<tr><td>资讯引导</td><td colspan="3">1. 中国仓储协会. 仓储管理员. 北京：北京师范大学出版社，2011
2. 孙科柳. 仓管员日清日高工作法. 广州：广东经济出版，2009
3. 林珍平. 仓储作业实务. 北京：化学工业出版社，2010
4. 蓝仁昌. 物流技术与实务. 北京：高等教育出版社，2007
5. 薛威. 仓储作业管理. 北京：高等教育出版社，2012
6. 校园网精品课程资源库资料</td></tr>
</table>

信 息 单

1.1 仓储企业相关知识

1.1.1 仓储

“仓”也称为仓库(warehouse),是存放、保管、储存货物的建筑物或场所的总称,它可以是房屋建筑物、大型容器、洞穴或特定的场地等,具有存放和保护货物的功能。“储”也称为储存(storing),表示将储存对象收存以备使用,具有收存、保护、管理、储藏货物、交付使用的作用。

“仓储”是指利用仓库及相关设施设备进行物品的入库、存储、出库的活动[《物流术语》(GB/T 18354—2006)]。仓储的对象可以是生产资料,也可以是生活资料,但必须是实物动产。

仓储是商品流通的重要环节之一,是重要的物流节点。有了商品的储存,社会再生产过程中物品的流通才能正常进行。仓储具有动态和静态两种。当物品不能被及时消耗掉,需要专门场所存放时,就产生了静态的仓储。当把物品存入仓库以及对存放在仓库里的物品进行保管、控制、提供使用等管理活动时,就形成了动态的仓储。

1.1.2 仓储的性质

1. 仓储的生产性

(1)仓储活动是社会再生产中不可缺少的中间环节,是产品的生产过程在流通领域的延续。产品从脱离生产到进入消费,一般都需要仓储来调节供需在时间上的差异。

(2)仓储活动具有生产三要素。仓储活动与一般生产活动一样,需要耗费一定的人力对储存的物品进行养护,即具有一定技能的仓库作业人员(劳动者)借助各种仓库设施设备(劳动资料),储存保管的物品(劳动对象)。

(3)仓储活动中的某些环节已成为生产过程的一个组成部分。在储存过程中的流通加工,如钢材切割、零件配套、设备组装等都具有明显的生产性。

2. 仓储的非生产性

(1)仓储活动不改变物品的性能、性质和使用价值,只是保持和延续仓储物的使用价值。在仓储过程中消耗的一切活劳动和物化劳动将导致商品价值的增加。

(2)仓储活动的生产和消费同时进行,既不能储存也不能积累,具有服务性。

(3)仓储活动服务于生产和销售,是根据用户需要进行的相关业务活动,需求的变动导致仓储活动具有不均衡性和不连续性。

1.1.3 仓储的分类

1. 按仓储经营主体划分

按仓储经营主体划分,仓储可以分为自营仓储、公共仓储和合同仓储,如表 1.1 所示。

表 1.1 按仓储经营主体划分

类型	含义	特 点
自营仓储	企业自己修建仓库进行仓储保管	1. 为企业产品生产或商品活动服务,专业性强 2. 管理具有灵活性 3. 规模小、数量多,仓储成本低 4. 会长期占用企业一部分资金 5. 设施简单,专业化程度低

续表

类型	含义	特点
公共仓储	企业委托营业型仓库进行仓储	1. 资金投入有限,可满足企业在库存高峰时额外的库存需求 2. 便于企业掌握保管和搬运成本,降低了管理难度 3. 企业的经营活动可更加灵活 4. 营业性仓库自身的规模经济可以降低货主的仓储成本 5. 增加了企业的包装成本和企业控制库存的难度和风险
合同仓储	仓储经营人与存货人通过订立仓储合同的方式建立仓储关系,并依据合同约定提供仓储服务和收取仓储费	1. 降低运输成本 2. 可有效控制季节性产品的影响 3. 增进测试新市场时的灵活性 4. 失去物流活动直接控制权 5. 对物流运作过程和员工能力等的控制降低

2. 按仓储的功能划分

按仓储的功能划分,可以分为储存仓储、物流中心仓储、配送仓储、运输转换仓储、保税仓储、守备仓储,如表 1.2 所示。

表 1.2 按仓储功能划分

类　型	特　点
储存仓储	指对商品进行较长期的仓储。仓储地点一般较偏远;储存商品品种较少但存量大
物流中心仓储	以物流管理为目的的仓储活动。一般位于经济地区的中心或交通较便利、储存成本较低的地区;仓储对象品种较少,批量较大,整批进分批出;吞吐能力强,设备较先进
配送仓储	商品在配送交付消费者之前进行的短期仓储。一般在商品的消费经济区间内进行,仓储对象品种繁多,批量少;批量进少量出,注重存量控制;有拆包、组配等增值作业
运输转换仓储	为保证不同运输方式的高效衔接,减少运输工作的装卸和停留时间,在不同运输方式衔接处进行的仓储。大量进大量出;存期短;注重周转率
保税仓储	以商家延期交税、避免交税和出口退税为功能的仓储
守备仓储	提供质押监管服务,存货人用物权凭证作为贷款的担保,有利于中小公司利用存货从银行融资

3. 按仓储的处理方式划分

按仓储的处理方式划分,可分为保管式仓储(纯仓储)、加工式仓储、消费式仓储,如表 1.3 所示。

表 1.3 按仓储处理方式划分仓储

类　型	特　点
保管式仓储(纯仓储)	是以保管物原样保持不变的方式所进行的仓储。除保管物自然损耗和自然减量外,其数量、质量不发生变化
加工式仓储	保管人在仓储期间根据存货人的要求对保管物进行一定加工的仓储方式。一般包括对外观、形状、成分构成及尺寸等的加工
消费式仓储	保管人在接受仓储物的同时也接受了其所有权,保管人在仓储期间有权对仓储物行使所有权,在仓储期满时保管人将相同种类、品种和数量的替代物交还委托人的仓储方式。具有一定的保值和增值功能,适于保管期短、市场供应变化大的商品

1.2 仓储的功能

仓储的功能分为基本功能和增值服务功能两部分。仓储的基本功能是传统仓储企业直接经济利益的来源。

1.2.1 基本功能

1. 存储保管

存储保管是仓储最基本的功能,也是仓储产生的根本原因。存储保管是将物品收存并进行妥善的保管,确保物品的价值不受损害。有些产品全年生产、季节性需求(如空调),有些产品季节性生产、全年需求(如农产品),储存不仅提供了存货缓冲,还使生产活动在受到材料来源和顾客需求限制的条件下提高了效率。

2. 存期控制

存期控制就是安排商品存储的时间和地点,形成对流通的控制,起到"蓄水池"和"调节阀"的功能。

3. 数量管理

仓储的数量管理主要包括:存货人能提取的货物数量和交付的数量一致,保管人可根据存货人和提货人的要求分批收货和发货;同时,可以提供存货数量的信息,以便客户控制存货。

4. 商品养护

仓储的作业之一是对保管过程中的物品进行养护,控制内外因素对商品质量的影响,防止或减弱商品质量的变化,降低损耗,根据收货时的质量交还货物。

1.2.2 增值服务功能

1. 交易中介

仓储经营人利用其与商品使用部门广泛的业务联系,为存货人提供交易中介服务,不仅能加速商品周转、增加利润,还能吸引更多的仓储业务。

2. 流通加工

为了方便生产和促进销售,企业通常将包装、分割、计量、分拣、刷标志、组装等简单作业延迟或提前到仓储环节进行,仓储成为流通加工的重要环节。

3. 配载

仓库将来自不同企业的产品或材料按同一运输方向整合成一个单元的原则,进行一票装运。配载可以使仓库具有整合的经济功能,能起到提高车辆利用率,降低运输费率,减少因多个供应商同时向同一客户送货带来的收货站台拥塞的作用。

4. 配送

供应商将大批量货物运输到仓库,仓库再根据客户生产和销售的需要,将小批量的货物送到不同客户的手中。配送业务的发展有利于企业降低库存和运输成本。

1.3 仓储管理

仓储管理就是对仓库和仓库中储存的物品进行管理,是仓储机构为充分利用仓储资源,提供高效的仓储服务所进行的计划、组织、控制和协调的过程;具体包括仓储资源的获得、仓库管理、经营决策、商务管理、作业管理、仓储保管、安全管理、人力资源管理、财务管理等一系列工作。

仓储管理工作是随着储存物品种多样化和仓库结构、技术设备的科学化而不断发展变化的,主要经历了三个发展阶段，如图1.1所示。

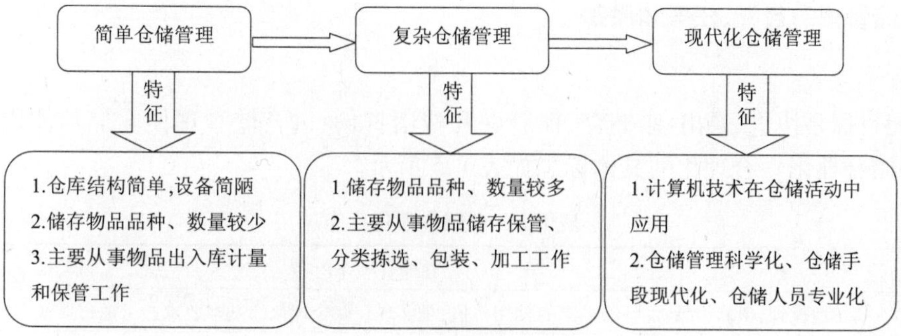

图1.1　仓储管理发展阶段

1.3.1　仓储管理的内容

仓储管理的内涵随着其在社会经济领域中作用的不断扩大而变化。现代化仓储管理应包括的内容如表1.4所示。

表1.4　仓储管理的内容

类型	具体内容
仓库选址与建筑	属仓库管理战略问题，影响仓库长期经营过程中的服务水平和成本；包括仓库的选址原则，仓库建筑面积的确定，库内运输道路与作业的布置等
仓库机械设备选择与配置	恰当选择机械设备有利于降低仓储作业人工劳动量，提高流通顺畅性和保障商品质量；包括如何根据仓库作业特点和储存货物种类以及其理化特性，选择机械装备以及应配备的数量，如何对这些机械进行管理等
仓库业务管理	属仓储日常管理的最基本内容；包括如何组织货物入库前的验收，如何存放入库货物，如何对在库货物进行保管养护，发放出库等
仓库库存管理	合理库存有利于企业降低成本，提高效率；包括如何根据企业生产的需求状况和销售状况，储存合理数量的货物，既不因为储存过少引起生产或销售中断造成损失，又不因为储存过多占用过多的流动资金等
仓库组织管理	合理的组织管理是仓储管理目标得以实现的基本保证；包括仓储成本核算，仓储经济效益分析，申请保税仓库的一般程序等
仓库信息技术	信息技术是现代化物流管理的重要内容；包括仓库管理中信息化的应用以及仓储管理信息系统的建立和维护等问题

此外，仓储业务考核、新技术新方法在仓库管理中的运用、仓库安全与消防等，都是仓储管理所涉及的内容。

1.3.2　仓储管理的特点

仓储管理的特点是由仓储管理的内容决定的。

1. 经济性

因为仓储活动具有生产性，是社会化大生产的重要组成部分，所以仓储管理具有经济性。并且随着仓储活动内容的增加，实现商品价值的范围也将逐渐扩大。

2. 技术性

随着科学技术的进步，仓储管理的科技含量有了进一步的提高。例如，各种电子信息技术、现代机械设备在仓储管理和作业中的广泛使用。

3. 综合性

在仓储管理过程中，必须考虑各行各业的具体需求，利用经济管理理论、新技术、新设备对物品进行综合管理。

1.3.3 仓储管理的目标、任务和原则

1. 仓储管理的目标

仓储管理的目标是快进、快出、多储存、保管好和费用省，通过仓储管理使仓储功能以最经济的方式实现，即实现仓储合理化。合理化的具体标志如表1.5所示。

表1.5 仓储合理化标志

标志类型	仓储合理化内容
质量标志	科学地保管、保养物品，保证物品具有使用价值，是实现仓储合理化的基本要求。可通过质量控制来保证仓储质量
数量标志	物品数量控制体现了整个仓储管理的科学化和合理化程度。合理的仓储数量应达到满足需求和成本最低的要求
时间标志	仓储物应处于动态的、不断周转的状态，时间标志反映了仓储的动态管理程度。要求在保证仓储功能实现的基础上，寻求一个合理的储存时间
结构标志	储存物品种、规格、花色的比例关系
费用标志	仓租费、维护费、保管费、损失费和资金占用利息等实际费用的大小和比例
分布标志	不同地区仓储数量的比例关系，反映了需求的满足程度和对整个物流的影响

2. 仓储管理的任务

仓储管理的基本任务就是满足客户需求，科学合理地做好物品的入库、保管保养和出库等工作，为客户提供优质服务。具体包括以下内容：

(1)搞好入库验收，确保入库物品数量准确，质量完好。包括仓储物验收、理货交接、入库凭证审核、外观质量、数量验收、验收结果、账务处理和系统维护。

(2)搞好物品保管保养，确保物品质量完好。包括仓库合理规划、合理堆码、苫垫、物品维护保养、检查、盘点。

(3)搞好出库供应。包括审核出库凭证、备料、包装、送货、发运。

(4)建立健全仓储管理制度。建立科学的生产作业制度和操作规程，不断完善仓储管理规章制度和作业程序，实行严格的监督管理，采取有效的激励机制，使仓储管理同国际接轨及国外先进技术本土化。

(5)搞好仓库清洁卫生。根据储存物品要求，确定仓库清洁卫生要求。

(6)讲求经济效益，搞好经济核算。仓储管理通过仓储活动为客户提供增值服务。仓储活动的同时会产生成本和费用，通过仓储合理规划，加快货物周转，提高仓储设施利用率，可降低作业成本，取得良好的经济效益，使仓储活动在企业生产经营中发挥更好的作用。

(7)搞好仓库安全。安全生产是仓储活动的基本保证，仓库安全包括安全生产、劳动与环境保护、消防、防汛、防台风、保卫警卫。

3. 仓储管理的原则

(1)效率原则。效率是一定劳动要素投入时的产品产出量。较低的劳动要素投入和较高的产品产出量才能实现高效率。仓储的高效率表现在仓容利用率、货物周转率、进出库时间等，力争做到“快进、快出、多储存、保管好、费用省”。

(2)效益原则。需要做到经营收入最大化和经营成本最小化。

(3)服务原则。仓储企业进行服务定位的策略。进入或者引起竞争时期：高服务低价格且不惜增加仓储成本；积极竞争时期：用较低的成本实现较高的仓储服务；稳定竞争时期：提高服务水平维持成本不变；已占有足够的市场份额处于垄断竞争(寡头)时期：服务水平不变，尽力降低成本；退出阶段或完全垄断时期：大幅降低成本，但也降低服务水平。

计　划　单

<table>
<tr><td>学习领域</td><td colspan="5">仓储作业管理</td></tr>
<tr><td>学习情境</td><td colspan="3">仓储企业认知</td><td>学　　时</td><td>8</td></tr>
<tr><td>工作任务</td><td colspan="3">认识仓储企业</td><td>任务学时</td><td>4</td></tr>
<tr><td>计划方式</td><td colspan="3">小组讨论，制定计划</td><td>计划学时</td><td>0.5</td></tr>
<tr><td>序　　号</td><td colspan="3">实施步骤</td><td colspan="2">使用资源</td></tr>
<tr><td>1</td><td colspan="3"></td><td colspan="2"></td></tr>
<tr><td>2</td><td colspan="3"></td><td colspan="2"></td></tr>
<tr><td>3</td><td colspan="3"></td><td colspan="2"></td></tr>
<tr><td>4</td><td colspan="3"></td><td colspan="2"></td></tr>
<tr><td>5</td><td colspan="3"></td><td colspan="2"></td></tr>
<tr><td>6</td><td colspan="3"></td><td colspan="2"></td></tr>
<tr><td>制定计划
说明</td><td colspan="5"></td></tr>
<tr><td rowspan="2">计划评价</td><td>班　　级</td><td></td><td>第　　组</td><td>组长签字</td><td></td></tr>
<tr><td>教师签字</td><td colspan="2"></td><td>日　　期</td><td></td></tr>
<tr><td colspan="6">评语：</td></tr>
</table>

决 策 单

<table>
<tr><td>学习领域</td><td colspan="7">仓储作业管理</td></tr>
<tr><td>学习情境</td><td colspan="4">仓储企业认知</td><td colspan="2">学 时</td><td>8</td></tr>
<tr><td>工作任务</td><td colspan="4">认识仓储企业</td><td colspan="2">任务学时</td><td>4</td></tr>
<tr><td colspan="5">决策学时</td><td colspan="3">0.5</td></tr>
<tr><td rowspan="7">方案对比</td><td>组号</td><td colspan="2">方案的可行性</td><td>实施的可操作性</td><td colspan="2">知识运用的科学性</td><td>综合评价</td></tr>
<tr><td>1</td><td colspan="2"></td><td></td><td colspan="2"></td><td></td></tr>
<tr><td>2</td><td colspan="2"></td><td></td><td colspan="2"></td><td></td></tr>
<tr><td>3</td><td colspan="2"></td><td></td><td colspan="2"></td><td></td></tr>
<tr><td>4</td><td colspan="2"></td><td></td><td colspan="2"></td><td></td></tr>
<tr><td>5</td><td colspan="2"></td><td></td><td colspan="2"></td><td></td></tr>
<tr><td>6</td><td colspan="2"></td><td></td><td colspan="2"></td><td></td></tr>
<tr><td>方案评价</td><td colspan="7"></td></tr>
<tr><td>班 级</td><td></td><td>组长签字</td><td></td><td>教师签字</td><td></td><td colspan="2">月 日</td></tr>
</table>

实 施 单

<table>
<tr><td>学习领域</td><td colspan="4">仓储作业管理</td></tr>
<tr><td>学习情境</td><td colspan="2">仓储企业认知</td><td>学 时</td><td>8</td></tr>
<tr><td>工作任务</td><td colspan="2">认识仓储企业</td><td>任务学时</td><td>4</td></tr>
<tr><td>实施方式</td><td colspan="2">分组实施，小组成员合作，按实际实施情况填写</td><td>实施学时</td><td>1.5</td></tr>
<tr><td rowspan="11">方案对比</td><td>序 号</td><td>实施步骤</td><td colspan="2">使用资源</td></tr>
<tr><td>1</td><td></td><td colspan="2"></td></tr>
<tr><td>2</td><td></td><td colspan="2"></td></tr>
<tr><td>3</td><td></td><td colspan="2"></td></tr>
<tr><td>4</td><td></td><td colspan="2"></td></tr>
<tr><td>5</td><td></td><td colspan="2"></td></tr>
<tr><td>6</td><td></td><td colspan="2"></td></tr>
<tr><td>7</td><td></td><td colspan="2"></td></tr>
<tr><td>8</td><td></td><td colspan="2"></td></tr>
<tr><td>9</td><td></td><td colspan="2"></td></tr>
<tr><td>10</td><td></td><td colspan="2"></td></tr>
<tr><td colspan="5">实施说明：</td></tr>
</table>

班 级		第 组	组长签字	
教师签字			日 期	

作 业 单

<table>
<tr><td>学习领域</td><td colspan="3">仓储作业管理</td></tr>
<tr><td>学习情境</td><td>仓储企业认知</td><td>学 时</td><td>8</td></tr>
<tr><td>工作任务</td><td>认识仓储企业</td><td>任务学时</td><td>4</td></tr>
<tr><td colspan="4">作业内容</td></tr>
<tr><td>1</td><td colspan="3">小组创建模拟的仓储型物流物流公司;为物流公司起名,阐述公司名称的含义,为物流公司设计并解释 LOGO。</td></tr>
<tr><td colspan="4">作业解答:</td></tr>
<tr><td>2</td><td colspan="3">各组讨论确定公司理念、企业核心文化、组织架构、人事制度、绩效考核制度。</td></tr>
<tr><td colspan="4">作业解答:</td></tr>
</table>

<table>
<tr><td rowspan="4">作业评价</td><td>班 级</td><td></td><td>第 组</td><td>组长签字</td><td colspan="2"></td></tr>
<tr><td>学 号</td><td></td><td>姓 名</td><td colspan="3"></td></tr>
<tr><td>教师评分</td><td></td><td>教师签字</td><td></td><td>日 期</td><td></td></tr>
<tr><td colspan="6">评语:</td></tr>
</table>

评 价 单

<table>
<tr><td>学习领域</td><td colspan="5">仓储作业管理</td></tr>
<tr><td>学习情境</td><td colspan="3">仓储企业认知</td><td>学 时</td><td>8</td></tr>
<tr><td>工作任务</td><td colspan="3">仓储企业</td><td>任务学时</td><td>4</td></tr>
<tr><td>评价类别</td><td>项 目</td><td>检查标准</td><td>个人评价</td><td>组内互评</td><td>教师评价</td></tr>
<tr><td rowspan="6">专业能力</td><td>资讯（10%）</td><td>搜集信息充分适用，查阅资料完整</td><td></td><td></td><td></td></tr>
<tr><td>计划（5%）</td><td>能运用知识进行完整方案设计</td><td></td><td></td><td></td></tr>
<tr><td>实施（20%）</td><td>熟练利用信息单，工具运用正确</td><td></td><td></td><td></td></tr>
<tr><td>检查（10%）</td><td>能够发现问题并修正</td><td></td><td></td><td></td></tr>
<tr><td>过程（5%）</td><td>合理</td><td></td><td></td><td></td></tr>
<tr><td>结果（10%）</td><td>阐述观点正确，按要求演示，效果好</td><td></td><td></td><td></td></tr>
<tr><td rowspan="2">社会能力</td><td>团结协作（10%）</td><td>积极与他人合作，共同完成任务</td><td></td><td></td><td></td></tr>
<tr><td>敬业精神（10%）</td><td>在完成任务过程中的参与程度，积极主动</td><td></td><td></td><td></td></tr>
<tr><td rowspan="2">方法能力</td><td>计划能力（10%）</td><td>逻辑清晰、方案设计合理</td><td></td><td></td><td></td></tr>
<tr><td>决策能力（10%）</td><td>方案正确性</td><td></td><td></td><td></td></tr>
<tr><td rowspan="3">检查评价</td><td>班 级</td><td></td><td>姓 名</td><td></td><td>学 号</td></tr>
<tr><td>教师签字</td><td></td><td>第 组</td><td>组长签字</td><td>月 日</td></tr>
<tr><td colspan="5">评语：</td></tr>
</table>

任务2　仓储设施设备

》》》》 任　务　单 《《《《

<table>
<tr><td>学习领域</td><td colspan="6">仓储作业管理</td></tr>
<tr><td>学习情境</td><td colspan="3">仓储企业认知</td><td colspan="2">学　　时</td><td>8</td></tr>
<tr><td>工作任务</td><td colspan="3">仓储设施设备</td><td colspan="2">任务学时</td><td>4</td></tr>
<tr><td colspan="7">布 置 任 务</td></tr>
<tr><td>工作目标</td><td colspan="6">1. 了解货架的作用及存放要求
2. 掌握托盘的作用及码货要求
3. 学习叉车、地牛的使用
4. 认识自动分拣</td></tr>
<tr><td>任务描述</td><td colspan="6">A 公司是一家大型的仓储配送中心，现需要选购一批仓库设备，假设你是该配送中心的仓库负责人，请你为 A 公司选择合理的设施设备。普通仓库、自动化立体仓库设施设备应如何配置？</td></tr>
<tr><td rowspan="2">学时安排</td><td>资　讯</td><td>计　划</td><td>决　策</td><td>实　施</td><td>检　查</td><td>评　价</td></tr>
<tr><td>1 学时</td><td>0.3 学时</td><td>0.3 学时</td><td>2 学时</td><td>0.2 学时</td><td>0.2 学时</td></tr>
<tr><td>提供资料</td><td colspan="6">1. 蓝仁昌. 物流技术与实务. 北京：高等教育出版社，2007
2. 中国仓储协会. 仓储管理员. 北京：北京师范大学出版社，2011
3. 孙科柳. 仓管员日清日高工作法. 广州：广东经济出版社，2009
4. 薛威. 仓储作业管理. 北京：高等教育出版社，2012
5. 校园网精品课程资源库资料</td></tr>
<tr><td>对学生的要求</td><td colspan="6">1. 能够独立自主学习相关知识，并对相关知识和技能进行运用
2. 具备基本的绘图能力
3. 明确仓库设备配置原则
4. 画出仓库设施设备配置图
5. 能根据库存货物的性质选择配置设施设备</td></tr>
</table>

》》》》》 资 讯 单 《《《《《

<table>
<tr><td>学习领域</td><td colspan="3">仓储作业管理</td></tr>
<tr><td>学习情境</td><td>仓储企业认知</td><td>学　　时</td><td>8</td></tr>
<tr><td>工作任务</td><td>仓储设施设备</td><td>任务学时</td><td>4</td></tr>
<tr><td>资讯方式</td><td>结合案例,了解并掌握,查阅参考文献</td><td>资讯学时</td><td>1</td></tr>
<tr><td rowspan="9">资讯问题</td><td colspan="3">1. 仓储企业有哪些设施设备?</td></tr>
<tr><td colspan="3">2. 识别货架、指出实训室指定位置的货架名称、构造特点、适合存放的物品。</td></tr>
<tr><td colspan="3">3. 仓库货架系统的选择原则有哪些?</td></tr>
<tr><td colspan="3">4. 仓储设备的选择和配置应遵循哪些原则?</td></tr>
<tr><td colspan="3">5. 仓储装卸搬运设备的选择依据有哪些?</td></tr>
<tr><td colspan="3">6. 托盘的种类、标准和规格有哪些?</td></tr>
<tr><td colspan="3">7. 了解装卸、搬运工具(叉车、地牛、台车)的使用方法。</td></tr>
<tr><td colspan="3">8. 自动化立体仓库的功能和优点是什么?</td></tr>
<tr><td colspan="3">9. 几种典型货架、叉车的使用特点是什么?</td></tr>
<tr><td>资讯引导</td><td colspan="3">1. 中国仓储协会. 仓储管理员. 北京:北京师范大学出版社,2011
2. 孙科柳. 仓管员日清日高工作法. 广州:广东经济出版社,2009
3. 蓝仁昌. 物流技术与实务. 北京:高等教育出版社,2007
4. 齐伟,刘宗明. 物流设施与设备. 南京:南京大学出版社,2011</td></tr>
</table>

信　息　单

仓储设施设备是进行仓储管理的重要工具和手段，仓储设施设备的配置影响仓储及整个物流流程的生产效率和经济效益。

2.1　仓库的类型

仓库是仓储管理活动的基本设施，是仓储作业的主要场所，仓库在不同行业用途广泛，种类繁多，几种常用类型如下所述。

2.1.1　按仓库用途分

1. 采购供应仓库

采购供应仓库主要用于集中储存从生产部门收购或从国外进口商品的仓库，通常这种仓库按经济区和专业原则，设在商品生产集中地区和商品集中分运的交通枢纽地区。如图 2.1 所示。

2. 批发仓库

批发仓库是指销地批发企业的仓库。它是商业仓库的一种类型，在整个商品流通过程中处于“蓄水池”地位。如图 2.2 所示。

图 2.1　采购供应仓库

图 2.2　批发仓库

3. 零售仓库

零售仓库是指商品零售企业直接使用和管理的仓库。主要用于商品零售企业做短期储货，仓库设在零售商店中，大都是前店后库，仓库规模小，设备简单。如图 2.3 所示。

4. 储备仓库

储备仓库一般由国家设置，用于储存应付自然灾害、国防急需或市场供应特殊需要的某些重要商品或物资的仓库。包括生产储备、流通储备、国家储备，通常设置在比较安全、隐蔽的地方。如图 2.4 所示。

5. 中转仓库

中转仓库处于货物运输系统的中间环节，存放那些等待转运的货物，一般货物在此仅做临时停放。是以中转储备货物为主要目的的仓库，其主要职能是严格按照进出口商品的合理流向，收储、转运本地区和外地区经过口岸出口的商品。中转仓库大都设置在商品生产集中的地区（或城市）和出运港口之间，铁路、公路、水路交通运输方便的大、中城市。如图 2.5 所示。

6. 加工仓库

加工仓库是指承担储存与加工双重职能的仓库。对某些须进行加工整理后才可发运的商品，可以设加工专用仓库，就库存商品进行挑选、整理、加工、包装、储运，然后出运。

图 2.3 零售仓库

图 2.4 粮食储备仓库

7. 保税仓库

保税仓库是指经海关核准的专门存放保税货物的专用仓库。根据国际上通行的保税制度要求，进境存入保税仓库的货物可暂时免纳进口税款，免领进口许可证件（能制造化学武器的和易制毒化学品除外），在海关规定的存储期内复运出境或办理正式进口手续。如图 2.6 所示。

图 2.5 中转仓库

图 2.6 上海洋山保税仓库

2.1.2 按保管货物的特性分

1. 原料仓库

原材料仓库是用来储存生产所用的原材料的，这类仓库一般比较大。

2. 产品仓库

产品仓库的作用是存放已经完成的产品，但这些产品还没有进入流通区域，这种仓库一般是附属于产品生产工厂。

3. 冷藏仓库

它是用来储藏那些需要进行冷藏储存的货物，一般多是农副产品、药品等等对于储存温度有要求的物品。

4. 恒温仓库

恒温仓库和冷藏仓库一样也是用来储存对于储藏温度有要求的产品。

5. 危险品仓库

危险品仓库从字面上就比较容易理解是用于储存危险品的，危险品由于可能对于人体以及环境造成危险，因此在此类物品的储存方面一般会有特定的要求，例如许多化学用品就是危险品，它们的储存都有专门的条例。

6. 水面仓库

象圆木、竹排等能够在水面上漂浮的物品可以储存在水面。

2.1.3 按照场库的构造来分类

1. 单层仓库

单层仓库(图2.7)是最常见的，也是使用最广泛的一种仓库建筑类型，这种仓库只有一层，也就不需要设置楼梯，它具有以下主要特点。

(1)单层仓库设计简单，所需投资较少。

(2)由于只有一层，仓库全部的地面承压能力都比较强。

(3)各种附属设备(例如通风设备、供水、供电等)的安装，使用和维护都比较方便。

(4)由于仓库只有一层，因此在仓库内搬运、装卸货物比较方便。

2. 多层仓库

多层仓库(图2.8)对应单层仓库，一般占地面积较小，它一般建在人口稠密，土地使用价格较高的地区，由于是多层结构，因此货物一般是使用垂直输送设备来搬运货物，总结起来，多层仓库有以下几个特点。

(1)多层仓库可适用于各种不同的使用要求，例如可以将办公室和库房分处两层，在整个仓库布局方面比较灵活。

(2)分层结构将库房和其他部门自然地进行隔离，有利于库房的安全和防火。

(3)多层仓库作业需要成熟的垂直运输重物技术。

(4)多层仓库一般建在靠近市区的地方，因为它的占地面积较小，建筑成本可以控制在有效范围内，所以，多层仓库一般经常用来储存城市日常用的高附加值的小型商品。使用多层仓库存在的问题在于建筑和使用中的维护费用较大，一般商品的存放成本较高。

图2.7 单层仓库

图2.8 多层仓库

3. 立体仓库

立体仓库又被称为高架仓库，它也是一种单层仓库，但同一般的单层仓库的不同在于它利用高层货架来储存货物，而不是简单地将货物堆积在库房地面上，在立体仓库中，由于货架一般比较高，所以货物的存取需要采用与之配套的机械化、自动化设备，一般在存取设备自动化程度较高时也将这样的仓库称为自动化仓库。

4. 筒仓

筒仓就是用于存放散装的小颗粒或粉末状货物的封闭式仓库，一般这种仓库被置于高架上，例如筒仓经常用来存储粮食、水泥和化肥等。

5. 露天堆场

露天堆场是用于在露天堆放货物的场所，一般堆放大宗原材料或者不怕受潮的货物。

2.1.4 按仓库所处位置分类

根据仓库的地理位置赋予仓库的特性来进行的分类，可以分为码头仓库、内陆仓库等。

2.1.5 按建筑材料的不同分类

根据仓库使用的建筑材料的不同，可以将仓库分类可分为钢筋混凝土仓库、钢质仓库、砖石仓库等等。

2.1.6 按仓库的管理体制分类

根据仓库隶属关系的不同，可以分为以下几类。

1. 自用仓库

自用仓库就是指某个企业建立的供自己使用的仓库，这种仓库一般由企业自己进行管理。

2. 公用仓库

这是一种专业从事仓储经营管理的，面向社会的独立于其他企业的仓库。

2.2 仓储设备

2.2.1 仓储设备的分类

仓储设备是指仓储业务所需的所有技术装置与机具，即仓库进行生产作业或辅助生产作业以及保证仓库及作业安全所必需的各种机械设备的总称。

根据设备的主要用途和特征，可以分为装卸搬运设备、货架系统计量检验设备、分拣设备、养护照明设备、消防安全设备、劳动防护设备以及其他用品和工具等，常见的仓储设备分类如表2.1所示。

表2.1 仓储设备的分类

作业功能	设备类型
存货、取货	货架、叉车、堆垛机、起重运输机等
分拣、配货	分拣机、托盘、搬运车和传输机械等
验货、养护	检验仪器、工具和养护设施等
防火、防盗	温度监视器、监视器、防火报警器、防盗报警设施等
控制、管理	计算机和辅助设备等
流通加工	所需的作业机械和工具等
配套设施	站台、轨道、道路和场地等

2.2.2 仓储设备的特点

仓储设备是完成货物进库、储存和出库等仓储作业的机械设备。从仓储的作业过程看，仓储设备具有起重、装卸、搬运、储存和堆码等功能，虽然仓储设备从外形到功能差别很大，但由于它是为在特定的作业环境完成特定的物料搬运作业而设计的，因而具有以下共同特点。

1. 作业安全性要求较高，但对速度的考虑较低

由于仓储设备主要作用于货物的移动和起升，在仓储作业过程中，要在复杂的环境和有限的空间中

保障人员、设备和货物的安全,对仓储设备的安全性要求很高,对速度上的考虑较低。

2. 运动线路较固定

由于作业场所较固定,受仓库作业场所的限制,仓储设备的运动线路也比较固定。

3. 专业化和标准化程度高

仓储作业由一系列实现特定功能的作业环节或工序组成,但各工序的功能较单一,而且工序间的功能差别一般较大,应提高工作效率,使得仓储设备的专业化程度越来越高;一方面,商品流通各环节对商品的外观和包装提出了标准化要求;另一方面,商品包装的标准化也促进了物流设备包括仓储机械设备的标准化。

4. 机械化和自动化程度高

随着条码技术、光学字符识别技术、磁编码识别技术、无线电射频识别技术、自动认证技术、自动称重技术和计数技术的广泛应用,现代仓储设备的自动化程度大大提高。

5. 节能性和经济性要求高

仓储过程作为流通领域或企业物流必不可少的环节,为实现商品的价值起到了极其重要的作用,因此为控制仓储成本,在设计和选用仓储机械时,必须考虑其节能性和经济性。

2.3 存货、取货设备

2.3.1 货架

货架(goods shelf)是指用立柱、隔板或横梁组成的立体储存物品的设施[《物流术语》(GB/T 18354—2006)]。根据适用领域的不同,货架通常分为仓储货架和超市货架,仓储货架普遍应用于工业仓库,着重于向上发展,充分利用存储空间,最大高度可达到 40 m 以上,大型仓储中心的设计可以是库架一体式结构,先建造货架部分,以货架为建筑物的支撑结构,后建建筑结构,如围墙和屋顶等。

1. 货架的作用

货架对提高仓库空间利用率和有效保护库存物品起着重要的作用,货架的作用主要体现在以下几个方面。

(1)立体结构,可充分利用仓库空间,提高库容利用率,扩大仓库储存能力。

(2)存入货架中的货物,互不挤压,物资损耗小,可完整保证货物本身的功能,减少货物在储存环节中可能的损失。

(3)存取货物方便,便于清点、盘查和计量,可做到先进先出。

(4)满足大批量货物、品种繁多的存储与集中管理需要,配合机械搬运工具,做到存储与搬运工作协调秩序井然。

(5)保证存储货物的质量,可以采取防潮、防尘、防盗和防破坏等措施,从而提高货物的存储质量。

2. 货架的分类

(1)按照货架的人工化、机械化、自动化和智能化程度进行分类(可分为传统货架和现代货架)。

①传统式货架包括:层架、层格式货架、抽屉式货架、橱柜式货架、U 形架、悬臂架、栅架、鞍架、气罐钢筒架、轮胎专用货架等。

②现代货架包括:旋转式货架、移动式货架、装配式货架、调节式货架、托盘货架、驶入\驶出式货架、高层货架、阁楼式货架和重力式货架等。如图 2.9 和图 2.10 所示。

(2)按照货架的适用性分类,可以分为通用货架和专用货架。

(3)按货架的制造材料可分为钢货架、钢筋混凝土货架、钢与钢筋混凝上混合式货架、木制货架、钢木合制货架等。

图 2.9 阁楼式货架

图 2.10 重力式货架

(4)按照货架的封闭程度分为敞开式货架、半封闭式货架、封闭式货架等。

(5)按照货架的结构特点可分为层架、层格架、橱架、抽屉架、悬臂架、三角架、栅型架等。

(6)按照货架的可动性可分为固定式货架、移动式货架、旋转式货架、组合货架、可调式货架、流动储存货架等。

(7)按照货架的高度可分为,低层货架(高度在 5 m 以下),中层货架(高度在 5 ~ 15 m)和高层货架(高度在 15 m 以上)。

(8)按照货架的载重量可分为,重型货架(每层货架载重量在 500 kg 以上),中型货架(每层货架或搁板载重量 150 ~ 500 kg),轻型货架(每层货架载重量在 150 kg 以下)。

2. 主要的仓储货架

(1)轻型货架。轻型货架表面采用抛光技术除锈、除油,经过静电粉末喷塑处理,立柱由等边角钢双边冲孔制成,孔距离以 50 mm 距离沿直线排列,立柱孔用来挂接层板之用,立柱与钢层板是通过速扣卡销和三角形固定片连接与固定组成。主要用于承重较轻的物品的摆放,每层的承载量一般是在 100 ~ 150 kg,以人力、手工搬运、存储及拣选作业为主。如图 2.11 所示。

(2)中型货架。中型货架主要由立柱、横梁、托板和层板组成,主要特点为无螺栓连接,组装、拆卸简便(仅需要橡皮锤就可以进行组装/拆卸)。适用于人工存取货物情况,承载能力通常为 200 ~ 400 kg/层。如图 2.12 所示。

图 2.11 轻型货架

图 2.12 中型货架

(3)重型货架。又称横梁式货架,或称货位式货架,属于托盘货架类,是国内的各种仓储货架系统中最常见一种货架形式。通常货物通过托盘、仓储笼等单元集装设备整装后存入货架保管。每单元载重一般在 4 000 kg 以内，每层通常放两个单元，以机械搬运设备进行存储作业。如图 2.13 所示。

图 2.13 重型货架

(4)驶入/驶过式货架。通常采用钢结构，立柱上有水平突出的构件，叉车将托盘货物送入，由货架两边的构件拖住托盘。驶入式货架只有一端可供叉车进出，而驶过式货架可供叉车从中通过，非常便于叉车作业。驶入/驶过式货架仓库的特点是作为托盘单元货物的储存货位与叉车的作业通道是合一的、共同的，这样大大提高了仓库的面积利用率。这类货架通常都是密集布置，高度最大可达 10 m，库容利用率可达 90%，适用于大批量少品种的仓储中心使用。如图 2.14 所示。

图 2.14 驶入/驶过式货架

(5)悬臂式货架。悬臂式货架由 3 ~4 个塔形悬臂和纵梁相连而成，悬臂的尺寸根据所存放货物的外形确定，配置悬臂式货架的仓库通常采用侧面叉车作业，可大大降低通道的占用面积。悬臂式货架在储存长形货物的仓库或配送中心中被广泛运用。如图 2.15 所示。

(6)阁楼式货架。是一种充分利用空间的简易货架。在已有的货架或工作场地上建造一个中间阁楼以增加储存面积。阁楼楼板上一般可放轻泡及中小件货物或储存期长的货物，可用叉车、输送带、提升机、电动葫芦或升降台提升货物。阁楼上一般采用轻型小车或托盘牵引小车作业。如图 2.16 所示。

图 2.15 悬臂式货架

图 2.16 阁楼式货架

(7)移动式货架。移动式货架的底部装有滑轮,通过开启控制装置,滑轮可以沿轨道滑动。移动式货架平时可以密集相连排列,存取货物时通过手动或电动控制装置驱动货架沿轨道滑动,从而大幅度减少通道面积,仓库面积利用率可达80%,但由于成本较高,主要在档案管理等重要或贵重物品的保管中使用。如图2.17所示。

(8)重力式货架。与水平面成一定的倾斜角度,低端作为出货端,高端作为入货端,商品上架和取出多采用人力。如图2.18所示。

图2.17　移动式货架

图2.18　重力式货架

重力式货架通常成密集型配置,能够大规模密集存放物品,减少通道数量,主要用于储存整批纸箱包装商品和托盘货物。重力式货架能保证先进先出,并且方便拣货,作为分拣式货架普遍应用于配送中心作业中;其拣货端与入货端分离,货物进库存放时,用叉车从货架后面将托盘送入货格,托盘依靠本身重力沿滚道向前滑行,取货时,叉车从货架前面将货物取出。

(9)流利式货架。流利式货架又称滑移式货架,采用辊轮铝合金、钣金等流利条,利用货物台架的自重,从一边通道存货,另一边通道取货实现先进先出,存储方便,可以一次补货多次取货。流利架存储效率高,适合大量货物的短期存放和拣选。可配电子标签,实现货物的轻松管理,常用滑动容器有周转箱、零件盒及纸箱,适合大量货物的短期存放和拣选。如图2.19所示。

仓库在选择和配置货架时,须综合分析库存货物的性质、单元装载和库存量,以及库房结构、配套的装卸搬运设备等因素。

图2.19　流利式货架

2.3.2　叉车

叉车指具有各种叉具,能够对物品进行升降和移动以及装卸作业的搬运车辆[《物流术语》(GB/T 18354—2006)]。是一种能把水平运输和垂直升降有效结合起来的装卸机械,有装卸、起重及运输等方面的综合功能。具有工作效率高、操作使用方便、机动灵活等优点,且标准化和通用性也很高,被广泛应用于对成件、成箱等货物进行装卸、堆垛以及短途搬运、牵引和吊装工作。

1. 叉车的特点及用途

(1)机械化程度高。使用各种自动的取物装置或在货叉与货板配合使用的情况下,实现装卸工作的完全机械化,不需要人工的辅助体力劳动。

(2)机动灵活性好。叉车外形尺寸小、重量轻,能在作业区域内任意调动,适应货物数量及货流方向的改变,可机动地与其他起重运输机械配合工作,提高机械的使用率。

(3)可以“一机多用”。在配备与使用各种工作属具如货叉、铲斗、臂架、串杆、货夹、抓取器、倾翻叉等以后,可以适应各种品种、形状和大小货物的装卸作业,扩大对特定物料的装卸范围,并提高其装卸效率。

(4)能提高仓库容积的利用率,堆码高度一般可达 3.5 m。

(5)有利于开展托盘成组运输和集装箱运输。

(6)成本低、投资少,能获得较好的经济效果。

2. 常用的叉车

叉车种类很多,结构特点和功能也各不相同,在使用时,应根据物料的重量、状态、外形尺寸及叉车的操作空间、动力、驱动方式进行合理选择,同时使用叉车时应考虑选择适当的托盘。叉车结构如图 2.20 所示。

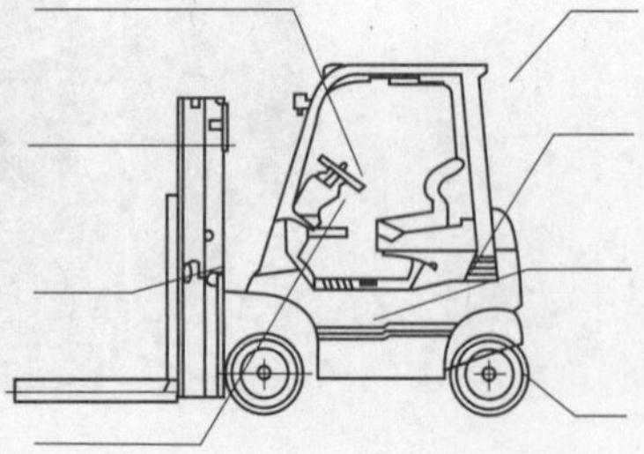

(a) 主要系统

(b) 主要部件

图 2.20 叉车结构

(1)平衡重式叉车。平衡重式叉车的货叉位于叉车的前部,为了平衡货物重量产生的倾翻力矩,在叉车的后部装有平衡重,以保持叉车的稳定。平衡重式叉车是目前仓储作业中应用最广泛的叉车,占叉车总量的 80% 左右。

(2)侧面式叉车。侧面式叉车的门架和货叉在车体的一侧,其作业的主要有特点两个:一是在出入库作业的过程中,车体进入通道,货叉面向货架或货垛,这样,在进行装卸作业时不必先转弯然后作业,这个特点使侧面式叉车适合于窄通道作业;二是有利于装搬条型尺寸货物,因为长尺寸货物与车体平行,不受通道宽度的限制,是较长货物如木材、管材、钢板或类似形状物体的理想搬运工具。搬运时货物位于车身一侧,仓库通道宽度可减少到最低(仅略大于车体宽度)。

(3)前移式叉车。前移式叉车的叉架可以前伸至相邻货架,增加了叉车的取货范围,当某一通道作业繁忙时,可以从相邻通道取货。

(4)窄巷道叉车。具有高度的作业灵活性,可极大地提高仓库空间的利用率。常见叉车如图 2.21 所示。

(a) 平衡重式叉车

(b) 侧面叉车

(c) 前移式叉车

(d) 窄巷道叉车

图 2.21 常见叉车

(5)高位拣选式叉车。高位拣选式叉车的主要作用是高货位拣货,适用于多品种、小批量入出库的高层货架配送中心。

仓库使用的叉车类型会极大地影响仓库所需的面积。仓库叉车的选用要根据作业量、作业高度、叉车的技术性能参数以及空间利用率和成本等因素来确定。叉车的主要性能参数包括:额定起重量、载荷中心距、叉车全高、最大起升高度、自由起升高度和最小转弯半径等。各种叉车节省空间对比如表 2.2 所示。

表 2.2 各种叉车节省空间对比

叉车类型	侧面式叉车	窄道式叉车	前移式叉车	平衡重式叉车
节省的相对空间(%)	45	70	33	—

2.3.3 堆垛机

堆垛机是随立体仓库发展起来的专用起重机械设备。运用这种设备的仓库最高可达 40 m,大多数在 10 ~ 25 m 之间。堆垛机的主要用途是在立体仓库的巷道间来回穿梭运行,将位于巷道口的货物存入货格或将货格中的货物取出运送到巷道口。堆垛机的特点是:整机结构高而窄,适合于在巷道内运行,有特殊的取物装置(货叉、机械手等),减轻了工人的劳动强度,提高了仓库的利用率和周转率。堆垛机分为巷道式堆垛机和无轨式堆垛机两种,如图 2.22 所示。

2.3.4 起重机

起重机适用于装卸大件笨重物品,也可借助各种吊索具装卸其他物品,在货运业中,被用作移动货物,是唯一以悬吊方式装卸搬运物品的设备,其吊运能力一般在 3 ~30 t。如图 2.23 所示。

(a) 巷道式堆垛机

(b) 无轨式堆垛机

图 2.22 堆垛机

(a) 单梁桥式起重机

(b) 双梁桥式起重机

图 2.23 起重机

2.4 分拣、配货设备

2.4.1 托盘

托盘(pallet)是用于集装、堆放、搬运和运输的放置作为单元负荷的货物和制品的水平平台装置。托盘和集装箱是集装系统的两大支柱。

1. 托盘的特点

(1)自重小,装卸搬运时的无效劳动消耗小。

(2)返空容易,返空时占用的运力少。

(3)装盘容易,能集中一定的货物数量。

(4)保护性差,露天存放困难。

2. 托盘的种类及规格

(1)托盘的种类。由于货物的品种繁多,性质不一,规格尺寸多样,形态各异,与之相对应的托盘种类也有多种多样,如图 2.24 所示。

按托盘的材料不同,可分为木制托盘、金属托盘、纸制托盘、塑料托盘、复合材料托盘。按结构不同,可分为平托盘、柱式托盘、箱式托盘和轮式托盘等。此外还有单面托盘、双面托盘、两向进叉托盘、四向进叉托盘。

(2)托盘的规格。托盘规格决定了物流设施与设备、包装标准化;托盘规格应与桥梁、隧道、运输道路与货车站台相适应;托盘规格决定仓库建筑尺寸标准。

ISO 承认的四种托盘规格:1 200 mm×800 mm,欧洲规格;1 200 mm×1 000 mm,欧洲部分国家、加拿大、墨西哥规格;1 219 mm×1 016 mm(即 48 in×40 in),美国规格;1 100 mm×1 100 mm,亚洲规格。我国托盘规格与国际标准化组织规定通用尺寸一致,此外还包括 1 067 mm×1 067 mm(即 42 in×42 in),1 140 mm×1 140 mm。

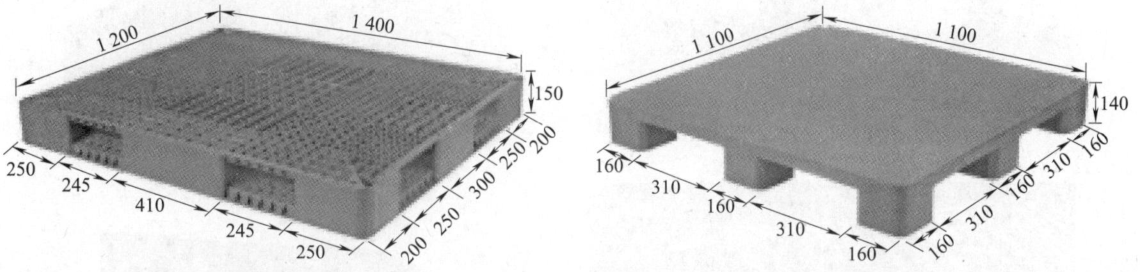

(a)双面托盘 (b)单面托盘

图 2.24 常见托盘

2.4.2 分拣设备

分拣作业是配送中心依据顾客的订单要求或配送计划,迅速、准确地将商品从其储位或其他区位拣取出来,并按一定的方式进行分类、集中的作业过程。

分拣作业的最终目的是如何在无拣选错误的情况下,将正确的货品、正确的数量、在正确的时间内及时配送给顾客。分拣系统已成为一种重要的物流设施,如图 2.25 所示。

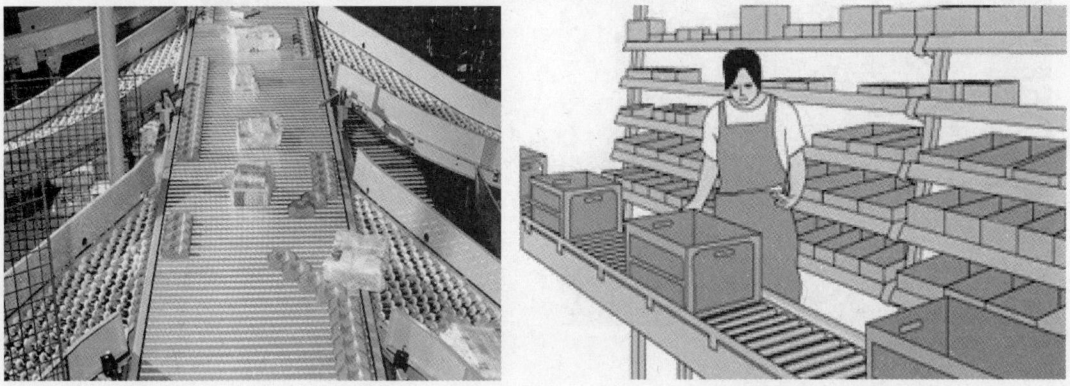

(a) 滑块式自动分拣系统 (b) 输送机接力人工拣选作业

图 2.25 分拣系统

2.4.3 输送机

输送机是在一定的线路上连续输送物料的物料搬运机械,又称连续输送机。输送机可进行水平、倾斜 和垂直输送,也可组成空间输送线路,输送线路一般是固定的。输送机具有操作连续性强、占地面积小和辅助作业(核对、置换、分拣)等特点,如图 2.26 所示。

2.4.4 搬运车

搬运车是完成仓储过程中搬运货物作用的物流搬运设备,分为人工搬运车和自动导引搬运车。

手动搬运车需手动起搬运货物作用的物流搬运设备,是托盘运输工具中最简便、最有效、最常见的装卸、搬运工具,广泛应用于物流、仓库、工厂等,如图 2.27 所示。

(a) 机场行李输送系统

(b) 皮带输送机

(c) 滚筒式式输送机

(d) 链式输送机

(e) 立式螺旋输送机

图 2.26　输送机

(a) 立体多层手推车

(b) 折叠式手推车

(c) 物流笼车

图 2.27　人工搬运车

(d) 小型升降平台车　　(e) 手动液压搬运车

图 2.27　人工搬运车(续)

自动导引搬运车(automated guided vehicle)简称 AGV ,是物流系统的重要搬运设备。是指具有电磁或光电导引装置,能够按照预定的导引路线行走,具有小车运行和停车装置、安全保护装置以及各种移载功能的运输小车。如图 2.28 所示。

图 2.28　自动导引搬运车

它的主要功能表现为能在计算机的监控下,按路径规划和作业要求,使小车较为精确地行走并停靠到指定地点,完成一系列作业功能。人们形象地把以巷道堆垛机装备的自动化仓库称为是现代物流系统的枢纽,把 AGV 称为其动脉。

》》》》》 计 划 单 《《《《《

<table>
<tr><td>学习领域</td><td colspan="5">仓储作业管理</td></tr>
<tr><td>学习情境</td><td colspan="3">仓储企业认知</td><td>学 时</td><td>8</td></tr>
<tr><td>工作任务</td><td colspan="3">仓储设施设备</td><td>任务学时</td><td>4</td></tr>
<tr><td>计划方式</td><td colspan="3">小组讨论，制定计划</td><td>计划学时</td><td>0.3</td></tr>
<tr><td>序 号</td><td colspan="3">实施步骤</td><td colspan="2">使用资源</td></tr>
<tr><td>1</td><td colspan="3"></td><td colspan="2"></td></tr>
<tr><td>2</td><td colspan="3"></td><td colspan="2"></td></tr>
<tr><td>3</td><td colspan="3"></td><td colspan="2"></td></tr>
<tr><td>4</td><td colspan="3"></td><td colspan="2"></td></tr>
<tr><td>5</td><td colspan="3"></td><td colspan="2"></td></tr>
<tr><td>6</td><td colspan="3"></td><td colspan="2"></td></tr>
<tr><td>制定计划说明</td><td colspan="5"></td></tr>
<tr><td rowspan="2">计划评价</td><td>班 级</td><td></td><td>第 组</td><td>组长签字</td><td></td></tr>
<tr><td>教师签字</td><td colspan="2"></td><td>日 期</td><td></td></tr>
<tr><td colspan="6">评语：</td></tr>
</table>

决　策　单

<table>
<tr><td>学习领域</td><td colspan="5">仓储作业管理</td></tr>
<tr><td>学习情境</td><td colspan="3">仓储企业认知</td><td>学　　时</td><td>8</td></tr>
<tr><td>工作任务</td><td colspan="3">仓储设施设备</td><td>任务学时</td><td>4</td></tr>
<tr><td colspan="4">决策学时</td><td colspan="2">0.3</td></tr>
<tr><td rowspan="7">方案对比</td><td>组号</td><td>方案的可行性</td><td>实施的可操作性</td><td>知识运用的科学性</td><td>综合评价</td></tr>
<tr><td>1</td><td></td><td></td><td></td><td></td></tr>
<tr><td>2</td><td></td><td></td><td></td><td></td></tr>
<tr><td>3</td><td></td><td></td><td></td><td></td></tr>
<tr><td>4</td><td></td><td></td><td></td><td></td></tr>
<tr><td>5</td><td></td><td></td><td></td><td></td></tr>
<tr><td>6</td><td></td><td></td><td></td><td></td></tr>
<tr><td>方案评价</td><td colspan="5"></td></tr>
</table>

班　　级		组长签字		教师签字		月　　日

实施单

<table>
<tr><td>学习领域</td><td colspan="4">仓储作业管理</td></tr>
<tr><td>学习情境</td><td colspan="2">仓储企业认知</td><td>学　时</td><td>8</td></tr>
<tr><td>工作任务</td><td colspan="2">仓储设施设备</td><td>任务学时</td><td>4</td></tr>
<tr><td>实施方式</td><td colspan="2">分组实施,小组成员合作,按实际实施情况填写</td><td>实施学时</td><td>2</td></tr>
<tr><td rowspan="11">方案对比</td><td>序　号</td><td>实施步骤</td><td colspan="2">使用资源</td></tr>
<tr><td>1</td><td></td><td colspan="2"></td></tr>
<tr><td>2</td><td></td><td colspan="2"></td></tr>
<tr><td>3</td><td></td><td colspan="2"></td></tr>
<tr><td>4</td><td></td><td colspan="2"></td></tr>
<tr><td>5</td><td></td><td colspan="2"></td></tr>
<tr><td>6</td><td></td><td colspan="2"></td></tr>
<tr><td>7</td><td></td><td colspan="2"></td></tr>
<tr><td>8</td><td></td><td colspan="2"></td></tr>
<tr><td>9</td><td></td><td colspan="2"></td></tr>
<tr><td>10</td><td></td><td colspan="2"></td></tr>
<tr><td colspan="5">实施说明:</td></tr>
</table>

班　级		第　组	组长签字	
教师签字			日　期	

作　业　单

<table>
<tr><td>学习领域</td><td colspan="5">仓储作业管理</td></tr>
<tr><td>学习情境</td><td colspan="3">仓储企业认知</td><td>学　　时</td><td>8</td></tr>
<tr><td>工作任务</td><td colspan="3">仓储设施设备</td><td>任务学时</td><td>4</td></tr>
<tr><td colspan="6">作业内容</td></tr>
<tr><td>1</td><td colspan="5">仓库分类及仓储设施设备技能训练：
(1)熟悉仓库功能。
(2)货架、托盘识别，说出指定位置货架的名称、构造特点、物品存放要求。</td></tr>
<tr><td colspan="6">作业解答：</td></tr>
<tr><td>2</td><td colspan="5">画出仓库设施设备配置图，评价该仓库设施设备配置是否合理。</td></tr>
<tr><td colspan="6">作业解答：</td></tr>
</table>

<table>
<tr><td rowspan="4">作业评价</td><td>班　　级</td><td></td><td>第　　组</td><td>组长签字</td><td colspan="2"></td></tr>
<tr><td>学　　号</td><td></td><td>姓　　名</td><td colspan="3"></td></tr>
<tr><td>教师评分</td><td></td><td>教师签字</td><td></td><td>日　　期</td><td></td></tr>
<tr><td colspan="6">评语：</td></tr>
</table>

评 价 单

<table>
<tr><td>学习领域</td><td colspan="6">仓储作业管理</td></tr>
<tr><td>学习情境</td><td colspan="4">仓储企业认知</td><td>学 时</td><td>8</td></tr>
<tr><td>工作任务</td><td colspan="4">仓储设施设备</td><td>任务学时</td><td>4</td></tr>
<tr><td>评价类别</td><td>项 目</td><td colspan="2">检查标准</td><td>个人评价</td><td>组内互评</td><td>教师评价</td></tr>
<tr><td rowspan="6">专业能力</td><td>资讯
（10%）</td><td colspan="2">搜集信息充分适用，查阅资料完整</td><td></td><td></td><td></td></tr>
<tr><td>计划
（5%）</td><td colspan="2">能运用知识进行完整方案设计</td><td></td><td></td><td></td></tr>
<tr><td>实施
（20%）</td><td colspan="2">熟练利用信息单，工具运用正确</td><td></td><td></td><td></td></tr>
<tr><td>检查
（10%）</td><td colspan="2">能够发现问题并修正</td><td></td><td></td><td></td></tr>
<tr><td>过程
（5%）</td><td colspan="2">安全、合理</td><td></td><td></td><td></td></tr>
<tr><td>结果
（10%）</td><td colspan="2">阐述观点正确</td><td></td><td></td><td></td></tr>
<tr><td rowspan="2">社会能力</td><td>团结协作
（10%）</td><td colspan="2">积极与他人合作，共同完成任务</td><td></td><td></td><td></td></tr>
<tr><td>敬业精神
（10%）</td><td colspan="2">在完成任务过程中的参与程度，积极主动</td><td></td><td></td><td></td></tr>
<tr><td rowspan="2">方法能力</td><td>计划能力
（10%）</td><td colspan="2">逻辑清晰、方案设计合理</td><td></td><td></td><td></td></tr>
<tr><td>决策能力
（10%）</td><td colspan="2">方案正确性</td><td></td><td></td><td></td></tr>
<tr><td rowspan="3">检查评价</td><td>班 级</td><td></td><td>姓 名</td><td></td><td>学 号</td><td></td></tr>
<tr><td>教师签字</td><td></td><td>第 组</td><td>组长签字</td><td></td><td>月 日</td></tr>
<tr><td colspan="6">评语：</td></tr>
</table>

学习情境二 仓储规划设计

学习指南

学习目标

学生在教师的指导下，明确工作任务，掌握仓库选址的技术和方法；理解仓库平面布局的基本原则，掌握仓库的总体构成；了解储位规划作业，掌握物品分区分类储存的方法、确定储位的原则及储位编码作业。

工作任务

1. 仓库的选址及技术方法
2. 仓库货区平面布置设计
3. 货位编号及储位分配

学习情境的描述

本情境选取了“仓库的选址及技术方法”“仓库货区平面布置设计”“货位编号及储位分配”三个工作任务为载体，使学生明确物流仓库选址的目标和影响因素，掌握选址的原则和基本方法；了解影响仓库平面布局的主要因素和仓库平面布局的要求，能够根据储存商品及仓库的特点，运用储位管理的原则合理确定存储位置，完成储位编码作业。

任务3 仓库选址及技术方法

»»»» 任 务 单 ««««

<table>
<tr><td>学习领域</td><td colspan="6">仓储作业管理</td></tr>
<tr><td>学习情境</td><td colspan="4">仓储规划设计</td><td>学 时</td><td>12</td></tr>
<tr><td>工作任务</td><td colspan="4">仓库选址及技术方法</td><td>任务学时</td><td>4</td></tr>
<tr><td colspan="7">布 置 任 务</td></tr>
<tr><td>工作目标</td><td colspan="6">1. 识别仓库选址考虑因素
2. 搜集和整理仓库选址需要的数据
3. 对比不同仓库数目的网络方案
4. 应用重心法进行仓库网点选址规划</td></tr>
<tr><td>任务描述</td><td colspan="6">通过对仓库选址的各种因素资料的收集，进行定量、定性分析，获得关于物流系统现状的认识，确定服务对象的需求条件，初步确定仓库选址的原则，进行仓库选址，其具体工作内容如下：
1. 收集整理资料
(1)客户的分布；(2)客户的生产经营状况；(3)产品的特征；(4)物流量；(5)交通运输状况；(6)有形成本(劳动力成本、设施成本、材料成本等)；(7)运输费率；(8)土地价格；(9)客户对运输时效性要求
2. 选定备选地址
3. 优化备选地址
4. 结果评估
5. 确定最终方案</td></tr>
<tr><td rowspan="2">学时安排</td><td>资 讯</td><td>计 划</td><td>决 策</td><td>实 施</td><td>检 查</td><td>评 价</td></tr>
<tr><td>0.5 学时</td><td>0.5 学时</td><td>0.5 学时</td><td>1.5 学时</td><td>0.5 学时</td><td>0.5 学时</td></tr>
<tr><td>提供资料</td><td colspan="6">1. 杰伊·海泽. 运作管理. 北京：中国人民大学出版社，2009
2. 中国就业培训技术指导中心. 高级物流师. 北京：中国劳动社会保障出版社，2012
3. 张豫，廖方勤. 建筑工程经济. 广州：中山大学出版社，2012
4. 校园网精品课程资源库资料</td></tr>
<tr><td>对学生的要求</td><td colspan="6">1. 能够独立自主学习相关知识，并对相关知识和技能进行运用
2. 具备平面解析几何知识
3. 具备统计资料收集、整理知识
4. 具有团队合作的精神，小组成员根据调查数据或所给案例为物流中心选址</td></tr>
</table>

资　讯　单

<table>
<tr><td>学习领域</td><td colspan="3">仓储作业管理</td></tr>
<tr><td>学习情境</td><td>仓储规划设计</td><td>学　　时</td><td>12</td></tr>
<tr><td>工作任务</td><td>仓库选址及技术方法</td><td>任务学时</td><td>4</td></tr>
<tr><td>资讯方式</td><td>结合案例，了解并掌握，查阅参考文献</td><td>资讯学时</td><td>0.5</td></tr>
<tr><td rowspan="9">资讯问题</td><td colspan="3">1. 仓库或物流中心选址的基本条件有哪些?</td></tr>
<tr><td colspan="3">2. 仓库或物流中心选址的基本方法有哪些?</td></tr>
<tr><td colspan="3">3. 影响地区选址决策的因素有哪些?</td></tr>
<tr><td colspan="3">4. 解释重心法的假设条件。</td></tr>
<tr><td colspan="3">5. 在服务业选址中怎样应用重心法?</td></tr>
<tr><td colspan="3">6. 对比分析一家超市选址和一个食品分销商选址，列举他们有哪些相同的选址考虑因素，有哪些不同的选址考虑因素。</td></tr>
<tr><td colspan="3">7. 物流中心选址的程序和步骤有哪些?</td></tr>
<tr><td colspan="3">8. 物流中心选址的目标是什么?</td></tr>
<tr><td colspan="3">9. 物流中心选址规划的核心是什么?</td></tr>
<tr><td>资讯引导</td><td colspan="3">1. 杰伊·海泽. 运作管理. 北京：中国人民大学出版社，2009
2. 中国就业培训技术指导中心. 高级物流师. 北京：中国劳动社会保障出版社，2012
3. 张豫，廖方勤. 建筑工程经济. 广州：中山大学出版社，2012
4. 孙科柳. 仓管员日清日高工作法. 广州：广东经济出版社，2009
5. 校园网精品课程资源库资料</td></tr>
</table>

信 息 单

3.1 选址的基本原则

3.1.1 仓库选址

仓库选址是指在一个具有若干供应点及若干需求点的经济区域内，选一个地址建立仓库的规划过程。合理的选址方案应该使商品通过仓库的汇集、中转、分发，达到需求点的全过程的效益最好。

现代物流系统设计包括战略层、策略层和运作层三个层面，选址战略层次的内容包括设施数量、规模和位置，策略层次内容为库存定位，运作层次的主要内容是确定补货数量和时间。仓库选址决策主要是确定仓库的数量和每个设置的具体位置，数量和位置直接影响到企业物流系统的布局和企业库存成本、运输成本等物流费用，对公司整体风险和盈利也有很大影响。

3.1.2 选址的基本原则

1. 适应性原则

仓库的选址要与国家、地区及省、市的经济发展方针、产业导向、产业发展战略相适应，与物流资源分布和需求分布相适应，与国民经济及社会发展相适应。

2. 协调性原则

仓库的选址应将国家的物流网络作为一个大系统来考虑，使仓库的设施设备在地域分布、物流作业生产力、技术水平等方面相互协调。

3. 经济性原则

有关选址的费用主要包括建设费用和物流费用，选址结果应以建设费用和物流费用最低为原则。如选址定在市区、郊区，还是靠近港口或车站等，既要考虑土地费用，又要考虑将来的运输费用。

4. 战略性原则

战略性原则是指要有大局观，一是要考虑全局，二是要考虑长远。要有战略眼光，局部利益要服从全局利益，眼前利益要服从长远利益，要用发展的眼光看问题。

5. 可持续发展原则

可持续发展原则主要指在环境保护上，充分考虑长远利益，维护生态环境，促进城乡一体化发展。

3.2 影响仓库选址的因素

随着市场经济的发展，更迅速的全球通信，更迅速、更可靠的运输，便捷的国家间资本的流动、巨大的劳动力成本的差别，工作地点全球化趋势，使得选址决策已跨越国家的界限，考虑的因素越来越复杂。选址决策可以从选择打算开展业务的国家开始，如表3.1所示。

表3.1 影响选址决策的考虑因素

选址	关键因素
确定国家	1. 政治因素、政府态度、政府的激励措施和财政政策 2. 经济因素（税收政策、物流政策、关税、汇率和货币风险） 3. 文化因素 4. 市场位置 5. 生产率、成本、人力资源、工作态度 6. 供应、资源、通信

续表

<table>
<tr><th>选址</th><th>关键因素</th></tr>
<tr><td>确定地区/社区</td><td>1. 公司的愿望
2. 地区的吸引力（文化、税收、自然环境因素）
3. 劳动力成本和可获性
4. 设施的成本和可获性
5. 省市的环保规定
6. 地方政府的激励措施和财政政策
7. 紧邻的市场、竞争者、原材料、供应商和顾客
8. 土地的可得性/建筑成本</td></tr>
<tr><td>确定地点</td><td>1. 场地大小和成本
2. 铁路、公路、航空、水路体系
3. 城市规划的限制
4. 环境影响
5. 供应品和需求就近性</td></tr>
</table>

3.3　仓库选址的方法

用于解决仓库选址问题的方法有因素评分法、盈亏平衡分析法、重心法等。

3.3.1　因素评分法的步骤

（1）列出相关因素，称为关键成功因素。

（2）给每个因素分配一个权重，反映该因素在公司目标中的相对重要性。

（3）给每个因素建立一个量度（如 1～10 或 1～100）。

（4）管理层为每个选址的每个因素评分，使用步骤（3）中的量度。

（5）用每个因素的权重乘以得分，计算每个选址方案的总分。

（6）选择具有最高总得分的地址作为最佳的选址。

运用因素评分法应注意：由于确定权数和等级得分完全靠人的主观判断，只要判断有误差就会影响评分数值，最后影响决策的可能性。

位于某城市的商贸连锁有限公司，拟新建物流配送中心，满足其百余家直营连锁店和加盟连锁店的需求，拟选址 A、B、C 三地，表 3.2 列出了管理人员重视的几个关键因素、得分和权重，表 3.3列出了计算得分，请进行选址决策。

表 3.2　关键因素得分、权重

因素	权重	位置得分		
		A	B	C
劳动力素质	20	5	4	4
生活质量	16	2	3	4
交通	16	3	4	3
紧邻市场	14	5	3	4
紧邻供应商	12	2	3	3
税收	12	2	5	5
能源供应	10	5	4	3

表 3.3 加权得分计算表

因素	权重	位置得分		
		A	B	C
劳动力素质	20	20 × 5 = 100	20 × 4 = 80	20 × 4 = 80
生活质量	16	16 × 2 = 32	16 × 3 = 48	16 × 4 = 64
交通	16	16 × 3 = 48	16 × 4 = 64	16 × 3 = 48
紧邻市场	14	14 × 5 = 70	14 × 3 = 42	14 × 4 = 56
紧邻供应商	12	12 × 2 = 24	12 × 3 = 36	12 × 3 = 36
税收	12	12 × 2 = 24	12 × 5 = 60	12 × 5 = 60
能源供应	10	10 × 5 = 50	10 × 4 = 40	10 × 3 = 30
合计	100	348	370	374

解答:

C 得分 374 分,,选 C 为最优方案。

3.3.2 盈亏分析法

盈亏分析法是选址的一种基本方法,亦称生产成本比较分析法。这种方法基于以下假设:可供选择的各个方案均能满足选址的基本要求,但各方案的投资额不同,投产以后原材料、燃料、动力等变动成本不同。这时,可利用损益平衡分析法的原理,以投产后生产成本的高低作为比较的标准。下面举个例子来说明如何应用盈亏分析法。

【例 3.2】 已知甲、乙、丙三个方案均能满足选址的各项要求,但三个方案的投资不同,建成投产后每年发生的固定成本和变动成本具体资料如表 3.4 所示。

表 3.4 成本发生额

年固定成本(元)	单位变动成本(元/件)			
	材料成本	劳动力成本	管理费用	合计
200 000	0.20	0.40	0.40	1.00
180 000	0.25	0.75	0.75	1.75
170 000	1.00	1.00	1.00	3.00

(1)画出总成本曲线。

(2)在每年期望产量为 10 000 件时,找出最经济的地址。

(3)确定每个方案每年产量在什么范围内才具有竞争优势?

解答:

(1)总成本曲线如图 3.1。

(2)产量为 10 000 件时,三个方案总成本如下:

$C_{甲} = 200\ 000 + 1 \times 10\ 000 = 210\ 000$(元)

$C_{乙} = 180\ 000 + 1.75 \times 10\ 000 = 197\ 500$(元)

$C_{丙} = 170\ 000 + 3 \times 10\ 000 = 200\ 000$(元)

由计算可知,乙方案总成本最低,选择乙方案。

(3)假设产量为 x,则三个方案总成本分别为:

$C_{甲} = 200\ 000 + 1x$

$C_{乙} = 180\ 000 + 1.75x$

$C_{丙} = 170\ 000 + 3x$

甲和乙的交点是

$200\ 000 + 1x = 180\ 000 + 1.75x$

$X_1 = 26\ 666.67$

乙和丙的交点是

$180\ 000 + 1.75x = 170\ 000 + 3x$

$X_2 = 8\ 000$

甲和丙的交点是

$200\ 000 + 1x = 170\ 000 + 3x$

$X_3 = 15\ 000$

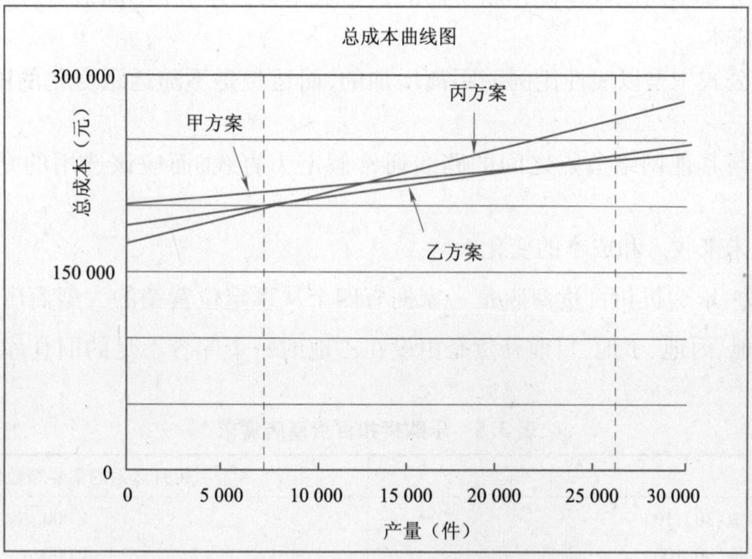

图 3.1　总成本曲线图

产量为 8 000 件以下时，丙地在生产上具有竞争优势；产量在 8 000 ~ 26 666 件时，乙地具有生产优势；产量超过 26 666 件时，甲地具有生产优势。

3.3.3　重心法

重心法(the centre-of-gravity method)是一种设置单个厂房或仓库的方法，这种方法主要考虑的因素是现有设施之间的距离和要运输的货物量，通常用于中间仓库或分销仓库的选择。商品运输量是影响商品运输费用的主要因素，仓库尽可能接近运量较大的网点，从而使较大的商品运量走相对较短的路程，就是求出本地区实际商品运量的重心所在的位置。

重心法首先要在坐标系中标出各个地点的位置，目的在于确定各点的相对距离。坐标系可以随便建立。在国际选址中，经常采用经度和纬度建立坐标。然后，根据各点在坐标系中的横纵坐标值求出成本运输最低的位置坐标 X 和 Y，重心法使用的公式是：

重心点的横坐标：

$$C_x = \frac{\sum_i d_{ix} Q_i}{\sum Q_i} \tag{3.1}$$

重心点的纵坐标：

$$C_y = \frac{\sum_i d_{iy} Q_i}{\sum Q_i} \tag{3.2}$$

式中：d_{ix}——第 i 个地点的 x 坐标；

d_{iy}——第 i 个地点的 y 坐标；

Q_i——运到第 i 个地点或从第 i 个地点运出的货物量。

最后，选择求出的重心点坐标值对应的地点作为要布置设施的地点。

重心法是在理想条件下求出的仓库位置，但在实际会受到一定的限制。重心法计算的假设条件如下：

(1)模型常常假设需求量集中于某一点，而实际上需求来自分散于广阔区域内的多个消费点。

(2)模型没有区分在不同地点建设仓库所需的资本成本，以及与在不同地点经营有关的其他成本的差别，而只计算运输成本。

(3)运输成本在公式中是以线性比例随距离增加的，而运费是不随运距变化的固定部分和随运距变化的可变部分组成。

(4)模型中仓库与其他网络节点之间的路线通常假定为直线，而应该选用的是实际运输所采用的路线。

(5)模型未考虑未来收入和成本的变化。

【例3.3】乐购折扣百货商店是一家拥有四个从事定位营销的大型商店的连锁企业，四个商店的位置在甲地、乙地、丙地、丁地，目前补货是由设在乙地的一个库容不足的旧仓库组织，每一家商店的需求数据如表3.5。

表3.5 乐购折扣百货商店需求

商店位置	每月运送的集装箱数量(个)
甲地(30,110)	2 000
乙地(90,100)	1 000
丙地(120,120)	1 000
丁地(60,40)	2 000

公司决定寻找一个“中心”位置建立一个新仓库，目前商店位置如图3.2所示。

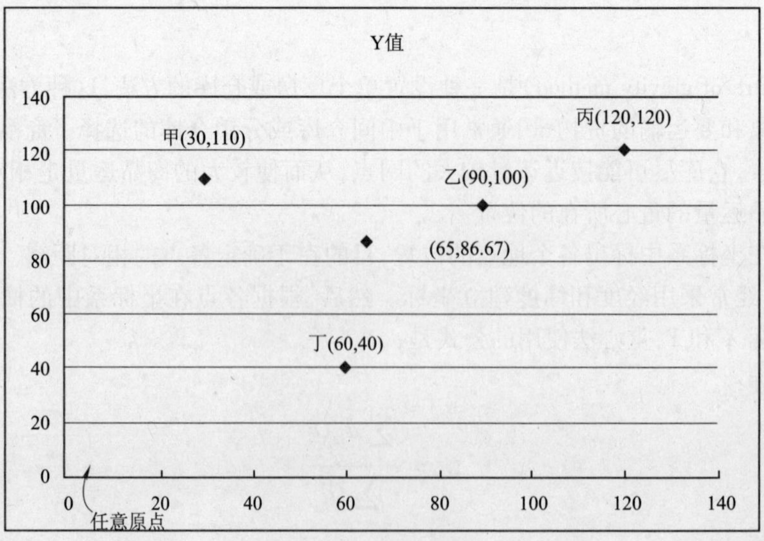

图3.2 商店位置

$$C_x = \frac{\sum_i d_{ix}Q_i}{\sum Q_i} = \frac{30 \times 2\,000 + 90 \times 1\,000 + 120 \times 1\,000 + 60 \times 2\,000}{2\,000 + 1\,000 + 1\,000 + 2\,000} = 65$$

$$C_y = \frac{\sum_i d_{iy}Q_i}{\sum Q_i} = \frac{110 \times 2\,000 + 100 \times 1\,000 + 120 \times 1\,000 + 40 \times 2\,000}{2\,000 + 1\,000 + 1\,000 + 2\,000} = 86.67$$

在实际中，如果将这张图覆盖一幅四个商店所在地区的地图，就会发现所需选择的具体位置。

计　划　单

<table>
<tr><td>学习领域</td><td colspan="5">仓储作业管理</td></tr>
<tr><td>学习情境</td><td colspan="3">仓储规划设计</td><td>学　时</td><td>12</td></tr>
<tr><td>工作任务</td><td colspan="3">仓库选址及技术方法</td><td>任务学时</td><td>4</td></tr>
<tr><td>计划方式</td><td colspan="3">小组讨论，制定计划</td><td>计划学时</td><td>0.5</td></tr>
<tr><td>序　号</td><td colspan="3">实施步骤</td><td colspan="2">使用资源</td></tr>
<tr><td>1</td><td colspan="3"></td><td colspan="2"></td></tr>
<tr><td>2</td><td colspan="3"></td><td colspan="2"></td></tr>
<tr><td>3</td><td colspan="3"></td><td colspan="2"></td></tr>
<tr><td>4</td><td colspan="3"></td><td colspan="2"></td></tr>
<tr><td>5</td><td colspan="3"></td><td colspan="2"></td></tr>
<tr><td>6</td><td colspan="3"></td><td colspan="2"></td></tr>
<tr><td>制定计划说明</td><td colspan="5"></td></tr>
<tr><td rowspan="2">计划评价</td><td>班　级</td><td></td><td>第　组</td><td>组长签字</td><td></td></tr>
<tr><td>教师签字</td><td colspan="2"></td><td>日　期</td><td></td></tr>
<tr><td colspan="6">评语：</td></tr>
</table>

决 策 单

<table>
<tr><td>学习领域</td><td colspan="5">仓储作业管理</td></tr>
<tr><td>学习情境</td><td colspan="3">仓储规划设计</td><td>学 时</td><td>12</td></tr>
<tr><td>工作任务</td><td colspan="3">仓库选址及技术方法</td><td>任务学时</td><td>4</td></tr>
<tr><td colspan="4">决策学时</td><td colspan="2">0.5</td></tr>
<tr><td rowspan="7">方案对比</td><td>组号</td><td>方案的可行性</td><td>实施的可操作性</td><td>知识运用的科学性</td><td>综合评价</td></tr>
<tr><td>1</td><td></td><td></td><td></td><td></td></tr>
<tr><td>2</td><td></td><td></td><td></td><td></td></tr>
<tr><td>3</td><td></td><td></td><td></td><td></td></tr>
<tr><td>4</td><td></td><td></td><td></td><td></td></tr>
<tr><td>5</td><td></td><td></td><td></td><td></td></tr>
<tr><td>6</td><td></td><td></td><td></td><td></td></tr>
<tr><td>方案评价</td><td colspan="5"></td></tr>
</table>

班 级		**组长签字**		**教师签字**		**月 日**

实 施 单

<table>
<tr><td>学习领域</td><td colspan="4">仓储作业管理</td></tr>
<tr><td>学习情境</td><td colspan="2">仓储规划设计</td><td>学　　时</td><td>12</td></tr>
<tr><td>工作任务</td><td colspan="2">仓库选址及技术方法</td><td>任务学时</td><td>4</td></tr>
<tr><td>实施方式</td><td colspan="2">分组实施,小组成员合作,按实际实施情况填写</td><td>实施学时</td><td>1.5</td></tr>
<tr><td rowspan="11">方案对比</td><td>序　号</td><td>实施步骤</td><td colspan="2">使用资源</td></tr>
<tr><td>1</td><td></td><td colspan="2"></td></tr>
<tr><td>2</td><td></td><td colspan="2"></td></tr>
<tr><td>3</td><td></td><td colspan="2"></td></tr>
<tr><td>4</td><td></td><td colspan="2"></td></tr>
<tr><td>5</td><td></td><td colspan="2"></td></tr>
<tr><td>6</td><td></td><td colspan="2"></td></tr>
<tr><td>7</td><td></td><td colspan="2"></td></tr>
<tr><td>8</td><td></td><td colspan="2"></td></tr>
<tr><td>9</td><td></td><td colspan="2"></td></tr>
<tr><td>10</td><td></td><td colspan="2"></td></tr>
<tr><td colspan="5">实施说明:</td></tr>
</table>

<table>
<tr><td>班　　级</td><td></td><td>第　　组</td><td>组长签字</td><td></td></tr>
<tr><td>教师签字</td><td colspan="2"></td><td>日　　期</td><td></td></tr>
</table>

作 业 单

<table>
<tr><td>学习领域</td><td colspan="3">仓储作业管理</td></tr>
<tr><td>学习情境</td><td>仓储规划设计</td><td>学 时</td><td>12</td></tr>
<tr><td>工作任务</td><td>仓库选址及技术方法</td><td>任务学时</td><td>4</td></tr>
<tr><td colspan="4">作业内容</td></tr>
<tr><td>1</td><td colspan="3">1. 重心法的假设条件是什么？在服务业选址中怎样使用重心法？
2. 调查所在城市某便利店所在区位置，模拟为其建立配送中心。</td></tr>
<tr><td colspan="4">作业解答：</td></tr>
<tr><td>2</td><td colspan="3">对一个罐头生产企业，有三个地区可用于制造工厂选址，这三个地区的固定成本和变动成本资料如下：
<table><tr><th>地区</th><th>每年的固定成本(元)</th><th>每件产品变动成本(元)</th></tr><tr><td>1</td><td>500</td><td>11</td></tr><tr><td>2</td><td>1 000</td><td>7</td></tr><tr><td>3</td><td>1 700</td><td>4</td></tr></table>问产量在什么范围内时，这三个地区分别是最理想的区位选址，当产量为200件时，哪个地区是最好的选址？</td></tr>
<tr><td colspan="4">作业解答：</td></tr>
</table>

<table>
<tr><td rowspan="4">作业评价</td><td>班 级</td><td></td><td>第 组</td><td>组长签字</td><td colspan="2"></td></tr>
<tr><td>学 号</td><td></td><td>姓 名</td><td colspan="3"></td></tr>
<tr><td>教师评分</td><td></td><td>教师签字</td><td></td><td>日 期</td><td></td></tr>
<tr><td colspan="6">评语：</td></tr>
</table>

评　价　单

<table>
<tr><td>学习领域</td><td colspan="6">仓储作业管理</td></tr>
<tr><td>学习情境</td><td colspan="4">仓储规划设计</td><td>学　时</td><td>12</td></tr>
<tr><td>工作任务</td><td colspan="4">仓库选址及技术方法</td><td>任务学时</td><td>4</td></tr>
<tr><td>评价类别</td><td>项　目</td><td colspan="2">检查标准</td><td>个人评价</td><td>组内互评</td><td>教师评价</td></tr>
<tr><td rowspan="6">专业能力</td><td>资讯（10%）</td><td colspan="2">搜集信息充分适用，查阅资料完整</td><td></td><td></td><td></td></tr>
<tr><td>计划（5%）</td><td colspan="2">能运用知识进行完整方案设计</td><td></td><td></td><td></td></tr>
<tr><td>实施（20%）</td><td colspan="2">熟练利用信息单，工具运用正确</td><td></td><td></td><td></td></tr>
<tr><td>检查（10%）</td><td colspan="2">能够发现问题并修正</td><td></td><td></td><td></td></tr>
<tr><td>过程（5%）</td><td colspan="2">安全、合理</td><td></td><td></td><td></td></tr>
<tr><td>结果（10%）</td><td colspan="2">阐述观点正确</td><td></td><td></td><td></td></tr>
<tr><td rowspan="2">社会能力</td><td>团结协作（10%）</td><td colspan="2">积极与他人合作，共同完成任务</td><td></td><td></td><td></td></tr>
<tr><td>敬业精神（10%）</td><td colspan="2">在完成任务过程中的参与程度，积极主动</td><td></td><td></td><td></td></tr>
<tr><td rowspan="2">方法能力</td><td>计划能力（10%）</td><td colspan="2">逻辑清晰、方案设计合理</td><td></td><td></td><td></td></tr>
<tr><td>决策能力（10%）</td><td colspan="2">方案正确性</td><td></td><td></td><td></td></tr>
<tr><td rowspan="3">检查评价</td><td>班　级</td><td></td><td>姓　名</td><td></td><td>学　号</td><td></td></tr>
<tr><td>教师签字</td><td></td><td>第　组</td><td>组长签字</td><td></td><td>月　日</td></tr>
<tr><td colspan="6">评语：</td></tr>
</table>

任务4 仓库货区平面布置设计

》》》》任 务 单《《《《

<table>
<tr><td>学习领域</td><td colspan="6">仓储作业管理</td></tr>
<tr><td>学习情境</td><td colspan="3">仓储规划设计</td><td colspan="2">学 时</td><td>12</td></tr>
<tr><td>工作任务</td><td colspan="3">仓库货区平面布置设计</td><td colspan="2">任务学时</td><td>4</td></tr>
<tr><td colspan="7">布 置 任 务</td></tr>
<tr><td>工作目标</td><td colspan="6">1. 了解仓库布局设计的原则和方法
2. 通过实地调研仓库的基本情况,能够画出布局图
3. 能够判断布局的合理性,并提出修改方案
4. 掌握货物布局的物理、化学特性要求
5. 画出库存物在库区的移动路线图,掌握货物流量布局要求</td></tr>
<tr><td>任务描述</td><td colspan="6">仓库平面布置应遵循单一的物流流向,考虑最短的搬运距离、最少的装卸环节,最大限度的利用空间
在完成仓库选址工作后,丈量新仓库(可以物流实训室为依据)建筑面积,画出新仓库仓储平面图,进行仓库内部布局,划分出各功能区域(包括储存区域、办公区域、工具区域),自行设计主走道、支走道,进行库房编号</td></tr>
<tr><td rowspan="2">学时安排</td><td>资 讯</td><td>计 划</td><td>决 策</td><td>实 施</td><td>检 查</td><td>评 价</td></tr>
<tr><td>1 学时</td><td>0.5 学时</td><td>0.5 学时</td><td>1.5 学时</td><td>0.2 学时</td><td>0.3 学时</td></tr>
<tr><td>提供资料</td><td colspan="6">1. 毛晓辉,刘光辉. 仓储作业与管理. 北京:中国传媒大学出版社,2011
2. 中国就业培训技术指导中心. 高级物流师. 北京:中国劳动社会保障出版社,2012
3. 林珍平. 仓储作业实务. 北京:化学工业出版社,2012
4. 校园网精品课程资源库资料</td></tr>
<tr><td>对学生的要求</td><td colspan="6">1. 观察力强,能够独立自主学习相关知识,并对相关知识和技能进行运用
2. 具备基本绘图能力
3. 掌握货物学基本知识
4. 按学习目标完成相关任务内容
5. 具有团队合作的精神,以小组的形式完成工作任务</td></tr>
</table>

»»»» 资 讯 单 ««««

<table>
<tr><td>学习领域</td><td colspan="3">仓储作业管理</td></tr>
<tr><td>学习情境</td><td>仓储规划设计</td><td>学　　时</td><td>12</td></tr>
<tr><td>工作任务</td><td>仓库货区平面布置设计</td><td>任务学时</td><td>4</td></tr>
<tr><td>资讯方式</td><td>结合案例，了解并掌握，查阅参考文献</td><td>资讯学时</td><td>1</td></tr>
<tr><td rowspan="9">资讯问题</td><td colspan="3">1. 什么是仓库总平面布局？</td></tr>
<tr><td colspan="3">2. 影响仓库平面布置的因素有哪些？</td></tr>
<tr><td colspan="3">3. 单层仓库平面布置的原则有哪些？</td></tr>
<tr><td colspan="3">4. 多层仓库平面布置的原则有哪些？</td></tr>
<tr><td colspan="3">5. 物流动线的类型有哪些？</td></tr>
<tr><td colspan="3">6. 仓库通常由几部分区域构成？</td></tr>
<tr><td colspan="3">7. 仓库的结构设计应考虑哪些方面的内容？</td></tr>
<tr><td colspan="3">8. 货区平面布置常用的方式有哪几种？</td></tr>
<tr><td colspan="3">9. 货位布置有哪些要求？</td></tr>
<tr><td>资讯引导</td><td colspan="3">1. 杰伊·海泽. 运作管理. 北京：中国人民大学出版社，2009
2. 中国就业培训技术指导中心. 高级物流师. 北京：中国劳动社会保障出版社，2012
3. 张豫，廖方勤. 建筑工程经济. 广州：中山大学出版社，2012
4. 薛威. 仓储作业管理. 北京：高等教育出版社 2012
5. 蓝仁昌. 物流技术与实务. 北京：高等教育出版社，2005
6. 校园网精品课程资源库资料</td></tr>
</table>

»»»» 信　息　单 ««««

仓储规划是指在进行仓储活动之前，对于仓储模式、仓储设施、储存空间、信息管理系统等进行决策及设计。仓储规划的内容包括物资保管场所的分配、保管场所的平面布置、货位布置方式。

4.1　仓库平面布置

仓库平面布置是指对仓库的各个部分——存货区、入库检验区、理货区、流通加工区、配送备货区、通道以及辅助作业区在规定范围内进行全面合理的安排。

4.1.1　影响仓库平面布置的因素

仓库平面布置会受到仓库类型、仓储规模、周围环境、物品构成、技术作业流程、仓库作业手段等因素的影响，具体情况如表 4.1 所示。

表 4.1　影响仓库平面布置的主要因素

影响因素	具体内容
仓库类型	仓库类型不同，对平面布置的要求不同，如普通仓库和危险品仓库不同，储备型仓库与流转型仓库不同
仓储规模	仓储的规模越大、功能越多，则需要的设施设备就越多，设施设备之间的配套衔接成为平面布置中的重要问题，增加了布置的难度
周围环境	仓库四周是否产生有害气体、固体微粒、火星、震动等状况，交通运输条件，协作单位分布情况
物品构成	仓库建成后储存物品的类别和品种，储存物品不同，各种物品的物理化学性质不同，所要求的储存保管保养方法及装卸搬运方法也有所不同
作业流程	仓库作业主要是"收（入库）、发（出库）、管（在库）"，从物品入库到出库，由不同的作业环节构成完整的技术作业流程，该过程要求相应的库区布局与之匹配
作业手段	是指人工作业、机械化作业、自动化作业

4.1.2　仓库平面布置的要求

1. 仓库平面布置要适应仓储作业过程的要求，有利于仓储作业的顺利进行

(1) 仓库平面布置的物品流向，应该是单一的流向，如图 4.1 所示。

(2) 最短的搬运距离。

(3) 最少的装卸环节。

(4) 最大限度的利用空间。

图 4.1　仓库平面布置流向图

2. 仓库平面布置要有利于提高仓储经济效益

要因地制宜,充分考虑地形、地质条件,利用现有资源和外部协作条件,根据设计规划和库存物品的性质能够更好的选择和配置设施设备,以便最大限度发挥其效能。

3. 仓库平面布置要有利于保证安全和职工的健康

仓库建设时严格执行《建筑设计防火规范》的规定,留有一定的防火间距,并有防火、防爆、防洪、防盗安全设施,作业环境的安全卫生标准要符合国家的有关规定,有利于职工的身体健康。

4.1.3 仓库平面布置原则

1. 单层仓库平面布置原则

(1)重、大件物品,周转量大和出入库频繁的物品,宜靠近出入口布置,以缩短搬运距离,提高出入库效率。

(2)易燃的物品,应尽量靠外面布置,以便管理。

(3)要考虑充分利用面积和空间,使布置紧凑。

(4)有吊车的仓库,汽车入库的运输通道最好布置在仓库的横向方向,以减少辅助面积,提高面积利用率。

(5)仓库内部主要运输通道的宽度,一般采用双行道。

(6)仓库出入口附近,一般应留有收发作业用的区域。

(7)仓库内设置管理室及生活间时,应该用墙与库房隔开,其位置应靠近道路一侧的入口处。

2. 多层仓库平面布置原则

多层仓库平面布置除必须符合单层仓库布置原则要求外,还必须满足下列要求:

(1)多层仓库占地面积、防火隔间面积、层数,根据储存物品类别和建筑耐火等级遵照现行《建筑设计防火规范》来确定。

(2)一座多层库房占地面积小于300 m^2 时,可设一个疏散楼梯,面积小于100 m^2 的防火隔间,可设置一个门。

(3)多层仓库建筑高度超过24 m时,应按高层库房处理。

(4)多层仓库存放物品时遵守上轻下重,周转快的物品分布在低层。

(5)当设地下室时,地下室净空高度不宜小于2.2 m。

(6)楼板载荷控制在2 t/m^2 左右为宜。

4.1.4 仓库的总体构成和分区规划

1. 仓库的总体构成

一个仓库通常由生产作业区、辅助生产区和行政生活区三大部分组成。

(1)生产作业区是仓库的主体部分,是商品储运活动的场所。主要包括储货区、铁路专运线、道路、装卸站台等。

储存区是储存保管货物的场所,具体分为库房、货棚、货场。铁路专运线、道路是库内外货物运输通道,货物的进出库,库内货物的搬运都是通过这些运输线路完成的。专用线应与库内道路相通,保证畅通。装卸站台是供货车装卸货物的平台,其高度和宽度依运输工具和作业方式而定。

(2)辅助生产区是为商品储运保管工作服务的辅助车间或服务站,包括车库、变电室、油库、维修车间等。

(3)行政生活区是仓库行政管理机构办公区域和工作人员的生活区域。一般设在仓库入口附近,便于业务接洽和管理,行政生活区与生产作业区应分开,并保持一定距离,以保证仓库的安全及行政办公和居民生活的安静,主要包括办公楼、宿舍楼、食堂等。

在实际工作中，物流中心仓库内作业区域功能细分如表4.2所示。

表4.2 物流中心仓库内作业区域功能表

作业区域	功 能
进货月台	货品卸货、清点、检验、分类等作业
进货暂存区	放置未马上进入存储区或不需进存储区的货品
托盘货架区	货品保管
拆零区	满足客户多样少量配送需求
流通加工区	对商品进行分装、组合包装、贴标
分货区	供批量拣出货品进行分货
集货区	供分货完毕的货品按要求集中
出货暂存区	放置未马上装车的货品
出货月台	货品装车前对点、无误后装车
返品处理区	对返品进行处理
办公区	处理营运事务、指挥管理作业

2. 物流动线与分区规划

物流动线是物流作业流程的物理表现，合理的动线能够减少不必要的作业，提高物流作业效率。在进行仓库内部设计时，充分考虑物流动线，对物流作业区域布置是否合理具有重要的参考意义，常见的物流动线类型有L形、U形、上下U形、I形、T形，分别如表4.3和图4.2至图4.6所示。

表4.3 物流动线类型

物流动线	L形	U形	上下U形	I形	T形
物流中心	进出货量较大	进出货量较小	进出货分开	货运站、通过型	货运站、通过型
主要分区	进出货暂存区 库存储存区 拣货区 流通加工区 退货暂存区 自动分货区	进出货暂存区 库存储存区 拣货区 流通加工区 退货暂存区 自动分货区	进出货暂存区 库存储存区 拣货区 流通加工区 退货暂存区 自动分货区	进出货暂存区 自动理货区	进出货暂存区 自动理货区
常用设备	各种设备	各种设备	各种设备	手推车、笼车	分类机、笼车

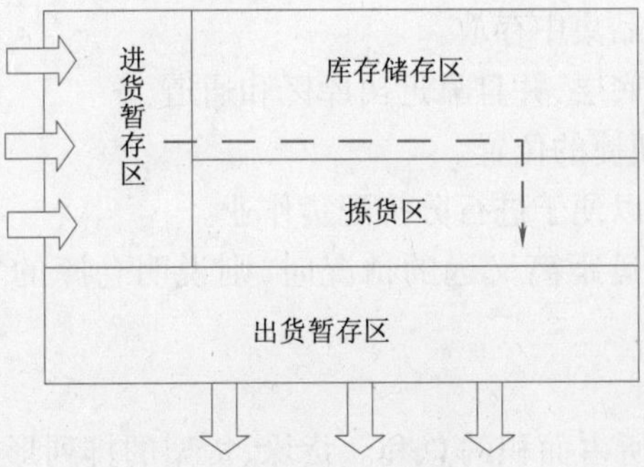

图4.2 L形动线流程图

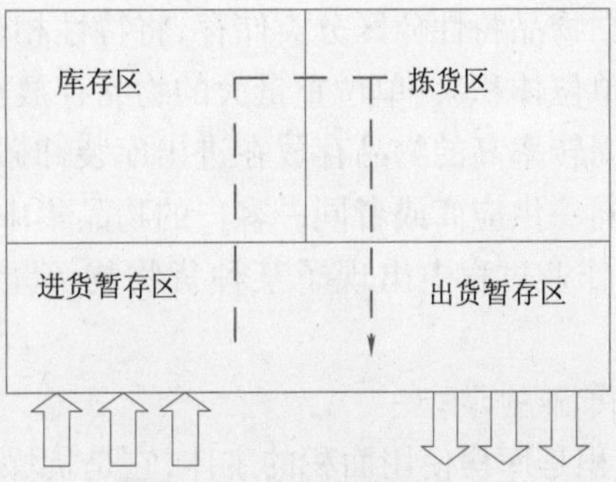

图4.3 U形动线流程图

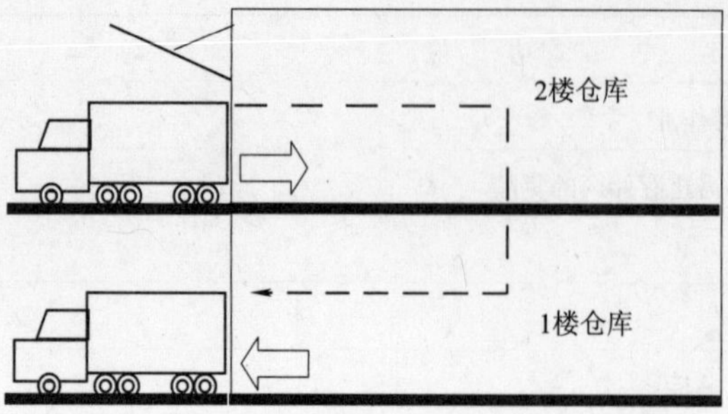

图 4.4 上下 U 形动线流程图

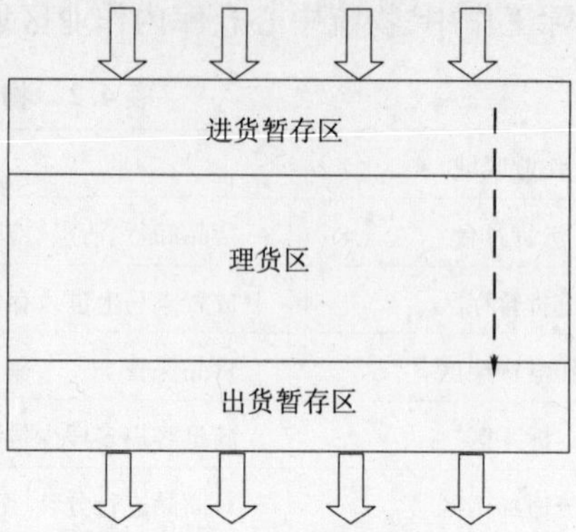

图 4.5 I 形动线流程图

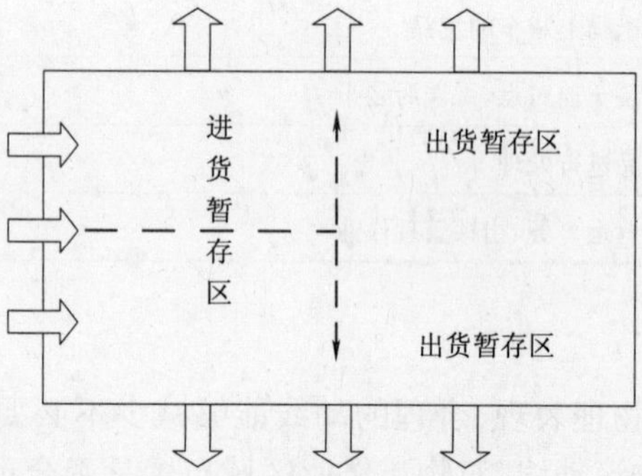

图 4.6 T 形动线流程图

4.2 货位布置

货位布置是根据已确定的物资分类保管方案，进一步规划确定物资在库房或货场的摆放形式和位置。货位布置的目的，一方面是为了使物资摆放有条有理，井然有序，提高仓库平面和空间利用率，另一方面是为了提高物品保管质量，方便进出库作业，从而降低物品的仓储处置成本。货位布置的内容包括仓库内部平面布局和空间布局。

4.2.1 仓库内部平面布局

仓库内部平面布局是对保管场所内的货垛（架）、通道、垛（架）间距、收发货区等进行合理规划，并正确处理它们的相对位置。

1. 货位布置基本要求

(1)根据物品特性分区分类储存，将特性相近的物品集中存放。

(2)将单位体积大、单位重量大的物品存放在货架底层，并且靠近出库区和通道。

(3)将周转率高的物品存放在进出库装卸搬运最便捷的位置。

(4)将同一供应商或者同一客户的物品集中存放，以便于进行分拣配货作业。

当仓库作业过程中出现了某种货物物流量大，搬运距离又远的情况时，则说明仓库的货位布局有错误。

2. 货位布置的形式

保管面积是库房使用面积的主体，它是货垛、货架所占面积的总和。货垛、货架的排列形式决定了库内平面布置的形式，仓库货位布置一般有横列式布置、纵列式布置和纵横式布置三种类型。

横列式布局是指货垛或货架的长度方向与仓库的侧墙互相垂直。这种布局的主要优点是:主通道长且宽,副通道短,整齐美观,便于存取查点,如果用于库房布局,还有利于通风和采光,如图4.7所示。

纵列式布局是指货垛或货架的长度方向与仓库侧墙平行。这种布局的优点主要是可以根据库存物品在库时间的不同和进出频繁程度安排货位:在库时间短、进出频繁的物品放置在主通道两侧;在库时间长、进库不频繁的物品放置在里侧,如图4.8所示。

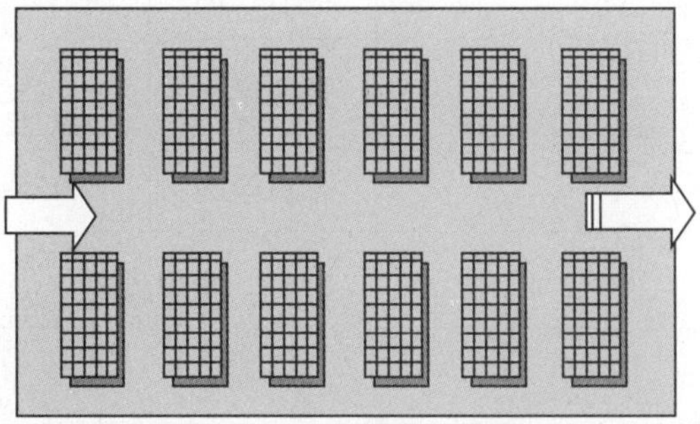

图4.7　仓库横列式布局

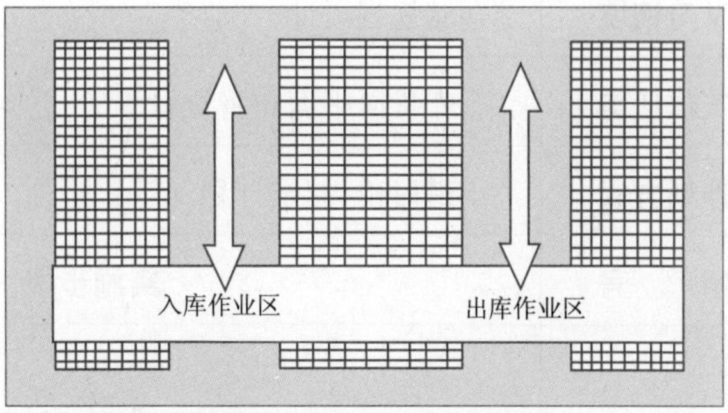

图4.8　仓库纵列式布局

纵横式布局是指在同一保管场所内,横列式布局和纵列式布局兼而有之,可以综合利用两种布局的优点,如图4.9所示。

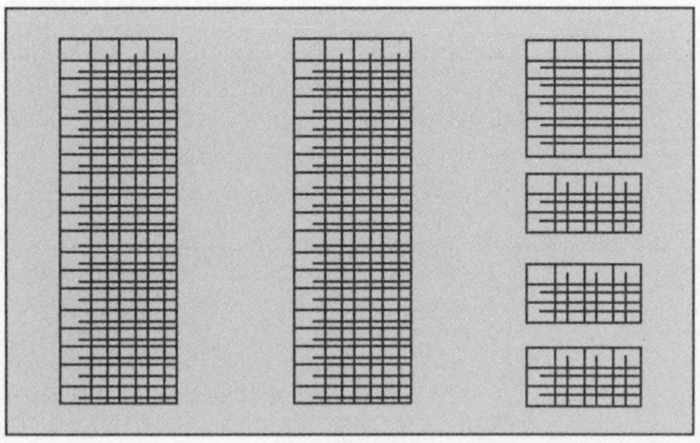

图4.9　仓库纵横式布局

露天货场的货位布置一般都与物品的主要作业通道成垂直方向排列货垛。应当注意,库房、货场布置,要注意留出合适的墙距和垛距。

4.2.2　仓库内部空间布局

空间布局是指库存物品在仓库立体空间上布局,其目的在于充分有效地利用仓库空间。空间布局的主要形式有:就地堆码、上货架存放、架上平台、空中悬挂等。

其中使用货架存放物品有很多优点,概括起来有以下几个方面。

(1)便于充分利用仓库空间,提高库容利用率,扩大存储能力。

(2)物品在货架里互不挤压,有利于保证物品本身和其包装完整无损。

(3)货架各层中的物品,可随时自由存取,便于做到先进先出。

(4)物品存入货架,可防潮、防尘、某些专用货架还能起到损伤、防盗、防破坏的作用。

»»»» 计 划 单 ««««

<table>
<tr><td>学习领域</td><td colspan="5">仓储作业管理</td></tr>
<tr><td>学习情境</td><td colspan="2">仓储规划设计</td><td>学　时</td><td colspan="2">12</td></tr>
<tr><td>工作任务</td><td colspan="2">仓库货区平面布置设计</td><td>任务学时</td><td colspan="2">4</td></tr>
<tr><td>计划方式</td><td colspan="2">小组讨论，制定计划</td><td>计划学时</td><td colspan="2">0.5</td></tr>
<tr><td>序　号</td><td colspan="2">实施步骤</td><td colspan="3">使用资源</td></tr>
<tr><td>1</td><td colspan="2"></td><td colspan="3"></td></tr>
<tr><td>2</td><td colspan="2"></td><td colspan="3"></td></tr>
<tr><td>3</td><td colspan="2"></td><td colspan="3"></td></tr>
<tr><td>4</td><td colspan="2"></td><td colspan="3"></td></tr>
<tr><td>5</td><td colspan="2"></td><td colspan="3"></td></tr>
<tr><td>6</td><td colspan="2"></td><td colspan="3"></td></tr>
<tr><td>制定计划说明</td><td colspan="5"></td></tr>
<tr><td rowspan="2">计划评价</td><td>班　级</td><td></td><td>第　组</td><td>组长签字</td><td></td></tr>
<tr><td>教师签字</td><td></td><td></td><td>日　期</td><td></td></tr>
<tr><td colspan="6">评语：</td></tr>
</table>

决 策 单

<table>
<tr><td>学习领域</td><td colspan="5">仓储作业管理</td></tr>
<tr><td>学习情境</td><td colspan="3">仓储规划设计</td><td>学 时</td><td>12</td></tr>
<tr><td>工作任务</td><td colspan="3">仓库货区平面布置设计</td><td>任务学时</td><td>4</td></tr>
<tr><td colspan="4">决策学时</td><td colspan="2">0.5</td></tr>
<tr><td rowspan="7">方案对比</td><td>组号</td><td>方案的可行性</td><td>实施的可操作性</td><td>知识运用的科学性</td><td>综合评价</td></tr>
<tr><td>1</td><td></td><td></td><td></td><td></td></tr>
<tr><td>2</td><td></td><td></td><td></td><td></td></tr>
<tr><td>3</td><td></td><td></td><td></td><td></td></tr>
<tr><td>4</td><td></td><td></td><td></td><td></td></tr>
<tr><td>5</td><td></td><td></td><td></td><td></td></tr>
<tr><td>6</td><td></td><td></td><td></td><td></td></tr>
<tr><td>方案评价</td><td colspan="5"></td></tr>
</table>

班 级		组长签字		教师签字		月 日

实 施 单

<table>
<tr><td>学习领域</td><td colspan="5">仓储作业管理</td></tr>
<tr><td>学习情境</td><td colspan="3">仓储规划设计</td><td>学 时</td><td>12</td></tr>
<tr><td>工作任务</td><td colspan="3">仓库货区平面布置设计</td><td>任务学时</td><td>4</td></tr>
<tr><td>实施方式</td><td colspan="3">分组实施,小组成员合作,按实际实施情况填写</td><td>实施学时</td><td>1.5</td></tr>
<tr><td rowspan="11">方案对比</td><td>序 号</td><td colspan="2">实施步骤</td><td colspan="2">使用资源</td></tr>
<tr><td>1</td><td colspan="2"></td><td colspan="2"></td></tr>
<tr><td>2</td><td colspan="2"></td><td colspan="2"></td></tr>
<tr><td>3</td><td colspan="2"></td><td colspan="2"></td></tr>
<tr><td>4</td><td colspan="2"></td><td colspan="2"></td></tr>
<tr><td>5</td><td colspan="2"></td><td colspan="2"></td></tr>
<tr><td>6</td><td colspan="2"></td><td colspan="2"></td></tr>
<tr><td>7</td><td colspan="2"></td><td colspan="2"></td></tr>
<tr><td>8</td><td colspan="2"></td><td colspan="2"></td></tr>
<tr><td>9</td><td colspan="2"></td><td colspan="2"></td></tr>
<tr><td>10</td><td colspan="2"></td><td colspan="2"></td></tr>
<tr><td colspan="6">实施说明:</td></tr>
<tr><td>班 级</td><td></td><td>第 组</td><td>组长签字</td><td colspan="2"></td></tr>
<tr><td>教师签字</td><td colspan="2"></td><td>日 期</td><td colspan="2"></td></tr>
</table>

»»»» 作 业 单 ««««

<table>
<tr><td>学习领域</td><td colspan="7">仓储作业管理</td></tr>
<tr><td>学习情境</td><td colspan="4">仓储规划设计</td><td colspan="2">学 时</td><td>12</td></tr>
<tr><td>工作任务</td><td colspan="4">仓库货区平面布置设计</td><td colspan="2">任务学时</td><td>4</td></tr>
<tr><td colspan="8">作业内容</td></tr>
<tr><td>1</td><td colspan="7">小组成员成立的公司物色一个合适的物流中心，基地总面积6 000 m^2，正面面临20 m道路，另三面毗邻其他公司厂房，其中大量储货区1 400 m^2，中量储货区800 m^2，小量储货区400 m^2，流通加工区200 m^2，进货区400 m^2，出货区600 m^2，行政管理区200 m^2。货品进出货流程：货车进场（入库停车场）、货品下车（装卸区）、验货签收（进货区）、入库保管（储存区）、出货拣取（储存区）、流通加工（促销加工区）、复核定位（出货区）、点货上车（装卸区）、发车配运（出库停车场）。
要求：(1)小组绘制物流中心平面布置图；(2)设计U形、L形、I形物流动线。</td></tr>
<tr><td colspan="8">作业解答：</td></tr>
<tr><td>2</td><td colspan="7">画出实训室布局图并判断布局是否合理。</td></tr>
<tr><td colspan="8">作业解答：</td></tr>
<tr><td rowspan="4">作业评价</td><td>班 级</td><td></td><td>第 组</td><td>组长签字</td><td colspan="3"></td></tr>
<tr><td>学 号</td><td></td><td>姓 名</td><td colspan="4"></td></tr>
<tr><td>教师评分</td><td></td><td>教师签字</td><td></td><td>日 期</td><td colspan="2"></td></tr>
<tr><td colspan="7">评语：</td></tr>
</table>

评 价 单

<table>
<tr><td>学习领域</td><td colspan="5">仓储作业管理</td></tr>
<tr><td>学习情境</td><td colspan="3">仓储规划设计</td><td>学 时</td><td>12</td></tr>
<tr><td>工作任务</td><td colspan="3">仓库货区平面布置设计</td><td>任务学时</td><td>4</td></tr>
<tr><td>评价类别</td><td>项 目</td><td>检查标准</td><td>个人评价</td><td>组内互评</td><td>教师评价</td></tr>
<tr><td rowspan="6">专业能力</td><td>资讯
（10%）</td><td>搜集信息充分适用，查阅资料完整</td><td></td><td></td><td></td></tr>
<tr><td>计划
（5%）</td><td>能运用知识进行完整方案设计</td><td></td><td></td><td></td></tr>
<tr><td>实施
（20%）</td><td>熟练利用信息单，工具运用正确</td><td></td><td></td><td></td></tr>
<tr><td>检查
（10%）</td><td>能够发现问题并修正</td><td></td><td></td><td></td></tr>
<tr><td>过程
（5%）</td><td>规范、有序</td><td></td><td></td><td></td></tr>
<tr><td>结果
（10%）</td><td>阐述观点正确</td><td></td><td></td><td></td></tr>
<tr><td rowspan="2">社会能力</td><td>团结协作
（10%）</td><td>积极与他人合作，共同完成任务</td><td></td><td></td><td></td></tr>
<tr><td>敬业精神
（10%）</td><td>在完成任务过程中的参与程度，积极主动</td><td></td><td></td><td></td></tr>
<tr><td rowspan="2">方法能力</td><td>计划能力
（10%）</td><td>逻辑清晰、方案设计合理</td><td></td><td></td><td></td></tr>
<tr><td>决策能力
（10%）</td><td>方案正确性</td><td></td><td></td><td></td></tr>
<tr><td rowspan="3">检查评价</td><td>班 级</td><td></td><td>姓 名</td><td>学 号</td><td></td></tr>
<tr><td>教师签字</td><td></td><td>第 组</td><td>组长签字</td><td>月 日</td></tr>
<tr><td colspan="5">评语：</td></tr>
</table>

任务5 货位编号与储位分配

》》》》》 任 务 单 《《《《《

<table>
<tr><td>学习领域</td><td colspan="6">仓储作业管理</td></tr>
<tr><td>学习情境</td><td colspan="3">仓储规划设计</td><td>学　时</td><td colspan="2">12</td></tr>
<tr><td>工作任务</td><td colspan="3">货位编号与储位分配</td><td>任务学时</td><td colspan="2">4</td></tr>
<tr><td colspan="7">布置任务</td></tr>
<tr><td>工作目标</td><td colspan="6">1. 掌握货位编号方法,掌握储存商品的一般性质与性能,会运用储位分配原则合理地为不同种类货物分配储位
2. 能根据货号准确找到商品
3. 完成储位编码作业
4. 完成货品编码作业</td></tr>
<tr><td>任务描述</td><td colspan="6">仓库接收了一批分属不同客户的货品,要求按一定规则对这些货物合理进行分配储位,能根据货号准确找到商品。具体内容如下:
1. 观察现有储存区结构,立体库房的结构层次一般为库房、货架、层次、货位;平面库房结构层次一般为货场、货区、排次、垛位
2. 使用仓储管理软件,在【区、储位管理】中定义库房各存储区,划分货位,进行货位编号
3. 使用条码打印机打印条码标签或手写编码
4. 将编号标签粘贴在货位的明显位置
5. 根据库存量、周转频率、货物相关性决定货物的最佳摆放位置
6. 按流动型进行货物的摆放</td></tr>
<tr><td rowspan="2">学时安排</td><td>资　讯</td><td>计　划</td><td>决　策</td><td>实　施</td><td>检　查</td><td>评　价</td></tr>
<tr><td>1 学时</td><td>0.5 学时</td><td>0.5 学时</td><td>1 学时</td><td>0.5 学时</td><td>0.5 学时</td></tr>
<tr><td>提供资料</td><td colspan="6">1. 薛威. 仓储作业管理. 北京:高等教育出版社,2012
2. 中国就业培训技术指导中心. 高级物流师. 北京:中国劳动社会保障出版社,2012
3. 林珍平. 仓储作业实务. 北京:化学工业出版社,2010
4. 校园网精品课程资源库资料</td></tr>
<tr><td>对学生的要求</td><td colspan="6">1. 能够独立自主学习相关知识,并对相关知识和技能进行运用
2. 了解储存物品的性质与性能
3. 了解待收货的单据及相关要求
4. 能够看懂送货单</td></tr>
</table>

资 讯 单

<table>
<tr><td>学习领域</td><td colspan="3">仓储作业管理</td></tr>
<tr><td>学习情境</td><td>仓储规划设计</td><td>学　时</td><td>12</td></tr>
<tr><td>工作任务</td><td>货位编号与储位分配</td><td>任务学时</td><td>4</td></tr>
<tr><td>资讯方式</td><td>结合案例，了解并掌握，查阅参考文献</td><td>资讯学时</td><td>1</td></tr>
<tr><td rowspan="8">资讯问题</td><td colspan="3">1. 货位编号与储位分配原则有哪些？</td></tr>
<tr><td colspan="3">2. 物流信息系统中储位编号规则有哪些？</td></tr>
<tr><td colspan="3">3. 怎样对每个储位进行编码定位？</td></tr>
<tr><td colspan="3">4. 货位的分布形式有哪几种？</td></tr>
<tr><td colspan="3">5. 货位编号的方法有哪些？</td></tr>
<tr><td colspan="3">6. 储存物品编码的作用是什么？</td></tr>
<tr><td colspan="3">7. 储存物品编码的方法有哪些？</td></tr>
<tr><td colspan="3">8. 储位指派方法有哪些？</td></tr>
<tr><td>资讯引导</td><td colspan="3">1. 薛威. 仓储作业管理. 北京：高等教育出版社，2012
2. 中国就业培训技术指导中心. 高级物流师. 北京：中国劳动社会保障出版社，2012
3. 中国仓储协会. 仓储管理员. 北京：北京师范大学出版社，2011
4. 校园网精品课程资源库资料</td></tr>
</table>

》》》》 信 息 单 《《《《

5.1 货位编号

进入仓库中储存的每一批物品在其理化性质、来源、去向、批号、保质期等各方面都有独特的特性，仓库要为这些物品确定一个合理的货位，既要保证保管的需要，更要便于仓库的作业和管理。仓库货位布置可根据仓库的条件、结构、需要，根据已确定的商品分类保管方案及仓容定额加以确定。货位编号也称方位制度，是对库房、货场、货棚、货架按地址、位置顺序统一编列号码，并做出明显标志。货位编号应符合"标志明显易找，编排规律有序"的要求，使商品存取工作顺利、快捷地进行。

货位编号秩序是对货位编号的朝向、间隔和编号标记的制作提出统一的要求。编号朝向，仓库范围的房、棚、场以及库房内的仓间、过道、段位的编号，基本上都以进门的方向、左单右双或自前而后的规则进行；段号间隔，段类编号，其间隔的宽窄，取决于储存物料批量的大小。

编排段号时，可沿着货位画线，通常保持间隔 1 m 或 2 m。整个仓间段号间隔应该等距，这除了可正确掌握存货位置、加速发货和据此填报空仓外，还可从间隔的段号上推算出仓间或过道的深度和宽度。

标记制作，货位编号的标记，种类繁多，有以甲、乙、丙、丁为标记，有以 A、B、C、D 为标记，也有以东、南、西、北方位和地名为标记。一般企业使用阿拉伯数字制作货位编号标记。

5.1.1 库房的编号

库房编号是把整个仓库的储存场所依地理位置按顺序编号，统一标识于库房外墙或库门上，编号要清晰醒目，色彩鲜艳，易于查找。如图 5.1 所示。

图 5.1 库房编号

5.1.2 库房内货位编号

根据库内业务情况，按库内主干、支干道分布，划分为若干货位，按顺序以各种简明符号与数字来表示，来编制货区、货位的号码，并标于明显处，如图 5.2 所示。

5.1.3 货架上的货位编号

在收发多种物品进行拼装作业的仓库，在一个库房有许多货架，每个货架有许多货格，作为存货的货位。可先按一个仓库的货架进行编号，然后再对每个货架的货位按层、位进行编号。常采用的是"四号定位"方法，即第一位，表示库序号；第二位，表示货架号；第三位，表示货架层号；第四位，表示货位号。顺序应从上到下，从左到右，从里到外，如图 5.3 所示。例如 13-15-2-26 是指 13 号库，15 号货架，第 2 层，第 26

号货位。

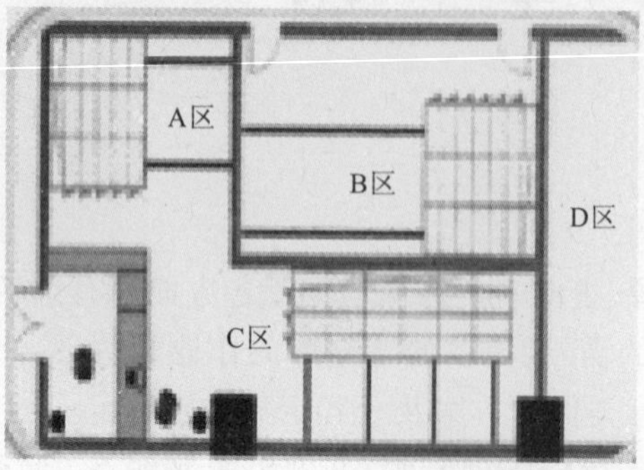

图 5.2 库房内货位编号

图 5.3 货架上货位编号

5.1.4 货场的货位编号

常见的货场货位编号有两种方法:一种是在整个货场内先编上排号,然后再按排号顺序依次编上货位号;另一种是不分排号,直接编上货位号。对于集装箱堆场,应对每个箱位进行编号,并画出箱门和四角位置标记,如图 5.4 所示。

图 5.4 货场货位编号

5.2 储位管理

储位管理就是利用储位使物品处于被保管状态,即利用这种管理明确地指示储位的位置,物品在储位上的变动情况等。

5.2.1　储位管理的基本原则

1. 明确指示储存位置

详细规划储存区域并标示编号，让每一项预备储存的物品均有位置可以储存。

2. 有效定位物品

根据物品保管区分方式的限制，寻求合适的储存单位、储存策略、指派法则把物品有效地放置在先前所规划的储位上。

3. 确定登录变动

当物品被有效的放置在规划好的储位上后，接下来的工作就是储位维护，即不管物品是因拣货取出还是因产品太旧换新等原因，导致物品的位置或数量有所改变，工作人员都必须记录变动情形，以使料账与实际数量完全吻合。

5.2.2　储位规划作业

仓库需要按照物品自身的理化性质和储存要求，根据分库、分区、分类的原则，将物品固定区域与位置存放。此外还应进一步在定置区域内，以物品材质和型号规格等系列，按一定顺序依次存放。

物品分区分类储存，根据“四一致”的原则(性能一致、养护措施一致、作业手段一致、消防方法一致)，把仓库划分为若干保管区域；把储存物品划分为若干类别，以便统一规划储存和保管。

1. 物品分区分类储存的方法

(1)按物品的种类和性质分区分类储存。按物品的自然属性，把怕热、怕光、怕潮、怕冻、怕风等具有不同自然属性的物品分区分类储存。

(2)按物品的危险性质分区分类储存。物品的危险性质主要是指易燃、易爆、易氧化、腐蚀性、毒害性、放射性等。

(3)按物品的发运地分区分类储存。物品的储存期较短，并且吞吐量较大的中转仓库或待运仓库，可按物品的发运地分区、运输方式及货主进行分区分类储存。

(4)按仓储作业的特点分区分类储存。

(5)按仓库的条件及物品的特性分区分类储存。

2. 选择和确定储位的原则

选择确定货位须按照最近、最捷、最廉、最适的“四最”原则，结合物品的性质和存储现场的布局进行。

(1)最近：使用距离最近，搬运距离最短。

(2)最捷：存取最快捷，最方便，没有无效过程。

(3)最廉：确保最少的投入，最大的收获。

(4)最适：最适合各种类别的物品“居住”。

3. 储位确定

(1)根据物品周转率确定储位。计算商品的周转率，将库存商品周转率进行排序，然后将排序结果分段或分列。将周转率大、出入库频繁的商品储存在接近出入口或专用线的位置，以加快作业速度和缩短搬运距离。周转率小的商品存放在远离出入口处，在同一段或同列内的商品则可以按照定位或分类储存法存放。

(2)根据物品相关性确定储位。相关性大的物品，通常被同时采购或同时出仓，对于这类物品应尽可能规划在同一储区或相近储区，以缩短搬运路径和拣货时间。

(3)根据物品特性确定储位。为了避免商品在储存过程中相互影响，性质相同或所要求保管条件相近的物品应集中存放，并相应安排在条件适宜的库房或货场。即将同一种货物存在同一保管位置，产品性能类似或互补的商品放在相邻位置。将相容性低,特别是互相影响其质量的商品分开存放。这样既提高作业效率,又防止商品在保管期间受到损失。

特殊商品的储区规划:①易燃物品必须存放在具有高度防护作用的独立空间内,且必须安装适当的防火设备;②易腐物品需储存在冷冻、冷藏或其他特殊的设备内;③易污损物品需与其他物品隔离; ④易窃物品必须隔离封闭管理。

(4)根据物品体积、重量特性确定储位。在仓库布局时,必须同时考虑商品体积、形状、重量单位的大小,以确定商品所需堆码的空间。通常,重大的物品保管在地面上或货架上的下层位置。为了适应货架的安全并方便人工搬运,人的腰部以下的高度通常宜储放重物或大型商品。

(5)根据物品先进先出的原则确定储位。先进先出是指先入库的商品先安排出库,这一原则对于寿命周期短的商品尤其重要,如食品、化学品等。在运用这一原则时,必须注意在产品形式变化少,产品寿命周期长,质量稳定不易变质等情况下,要综合考虑先进先出所引起的管理费用的增加,而对于食品、化学品等易变质的商品,应考虑的原则是“先到期的先出货”。

5.3 物品编码管理

物品编码是将物品按其分类内容,加以有次序的编排,用简明的文字、符号或数字,以代替物品的“名称”“类别”及其他有关资料的一种方式。

1. 物品编码的作用

(1)增加货品资料的正确性。

(2)提高货品活动的工作效率。

(3)可以利用计算机整理分析。

(4)可以节省人力、减少开支、降低成本。

(5)便于拣货及送货。

(6)便于正确查对可提供储存或拣取的物品。

(7)削减存货:因有了统一编号,可以防止重复订购相同的货品。

(8)可考虑选择作业的优先性,并达到货品先进先出的目的。

2. 储存物品编码的原则

(1)简单性。应将货品化繁为简,便于货品活动的处理。

(2)完整性。使每一种货品的编号能清楚完整的代表货品内容。

(3)单一性。使每一个编号代表一种货品。

(4)一贯性。号码位数要统一且有一贯性。

(5)伸缩性。为未来货品的扩展及产品规格的增加预留号码编列。

(6)组织性。应有组织,以便存盘或使用账上资料。

(7)充足性。其所采用的文字、记号或数字,必须有足够的数量及字段。

(8)易记性。应选择易于记忆的文字、符号或数字,或富于暗示及联想性。

(9)分类展开性。货品复杂,其物类编号大,分类后还要再加以细分。

(10)适应机械性。能适应事务性机器或计算机处理。

3. 储存物品编码的方法

(1)流水编码法。又称顺序码和延伸式编码。编码方法是将阿拉伯数字或英文字母按顺序往下编排。流水编码的优点是代码简单,使用方便,易于延伸,对编码对象的顺序无任何特殊规定和要求。缺点是代码本身不会给出任何有关商品的其他信息。流水编码多用于账号或发票编号。

(2)数字分段法。把数字分段,每一段代表一共同特性的一类商品。如表5.1所示。

表 5.1　数字分段法示例

编号	商品名称	
1	6 支牙膏	
2	12 支牙膏	
3	24 支牙膏	
4		牙膏组预留号
5		
6	黑妹牙膏	
7	中华牙膏	
8		牙膏预留号
9		
10		
11		
12		

(3)分组编码法。这种编号方法是按商品特性分成多个数字组,每个数组代表商品的一种特性。例如,第一组代表商品类别,第二组代表商品形状,第三组代表商品的供应商,第四组代表商品的尺寸。分组编码方法代码结构简单,容量大,便于计算机管理,在仓库管理中使用较广。

例如:075006110 可以描述为:

类别　形状　供应商　尺寸

07　5　006　110

其编码意义如表 5.2 所示。

表 5.2　分组编码法示例

商品	类别	形状	供应商	尺寸大小	意　义
编码　075006110	07				饮料
		5			圆瓶
			006		统一
				110	100×200×400

(4)按照实际意义的编码法。根据商品的名称、重量、尺寸、分区、储位、保存期限等其他实际情况来对商品进行编码。应用实际意义进行编码的特点是通过商品编号能够 迅速了解商品的内容及相关信息。

例如:FO4915B1,其实际意义如表 5.3 所示。

表 5.3　按实际意义编码法示例

编　码		含　义
FO4915B1	FO	表示 FOOD,食品类
	4915	表示 4×9×15,尺寸大小
	B	表示 B 区,商品存储区号
	1	表示第一排货架

(5)后位数编码法。利用编号末尾数字对同类商品进一步分类编码。如表 5.4 所示。

表 5.4 后位数编码法示例

编码	商品类别	编码	商品类别
520	饮料	531.1	箱装休闲食品
530	食品	531.11	洋芋片
531	休闲食品	531.12	鱿鱼丝

(6)暗示编码法。用数字与文字组合编码,编码暗示商品的内容和有关信息。暗示编码法容易记忆,又可防止商品信息外泄。

例如:BY005WB10,其暗示意义如表 5.5 所示。

表 5.5 暗示编码法示例

属性	商品名称	尺寸	颜色与形式	供应商
编码	BY	005	WB	10
含义	表示自行车(bicycle)	表示大小型号为 5 号	表示白色(white) 表示男孩款(boy)	表示供应商代号

5.4 储位指派

在完成储位确定、储位编号等工作之后,需要考虑用什么方法把商品指派到合适的储位上。指派的方法有人工指派法、计算机辅助指派法和计算机全自动指派法三种。

1. 人工指派法

人工指派法是指商品的存放位置由人工进行指定,其优点是计算机等设备投入费用少。缺点是指派效率低、出错率高。人工指派管理要点是:

(1)要求仓管人员必须熟记储位指派原则,并能灵活应用。

(2)仓储人员必须按指派单证把商品放在指定储位上,并做好详细记录。

(3)实施动态管理,当补货或拣货作业时,仓储人员必须做好登记消除工作,保证账物相符。

2. 计算机辅助指派法

计算机辅助指派储位方法是利用图形监控系统,收集储位信息,并显示储位的使用情况,把这作为人工指派储位依据进行储位指派作业。采用此法需要投入计算机、扫描仪等硬件设备及储位管理软件系统支持。

3. 计算机全自动指派方法

计算机全自动指派方法是利用图形监控储位管理系统和各种现代化信息技术,如条形码自动阅读机、无线电通信设备,网络技术、计算机系统等,收集储位有关信息,通过计算机分析后直接完成储位指派工作。

计　划　单

<table>
<tr><td>学习领域</td><td colspan="3">仓储作业管理</td></tr>
<tr><td>学习情境</td><td>仓储规划设计</td><td>学　时</td><td>12</td></tr>
<tr><td>工作任务</td><td>货位编号与储位分配</td><td>任务学时</td><td>4</td></tr>
<tr><td>计划方式</td><td>小组讨论，制定计划</td><td>计划学时</td><td>0.5</td></tr>
<tr><td>序　号</td><td>实施步骤</td><td colspan="2">使用资源</td></tr>
<tr><td>1</td><td></td><td colspan="2"></td></tr>
<tr><td>2</td><td></td><td colspan="2"></td></tr>
<tr><td>3</td><td></td><td colspan="2"></td></tr>
<tr><td>4</td><td></td><td colspan="2"></td></tr>
<tr><td>5</td><td></td><td colspan="2"></td></tr>
<tr><td>6</td><td></td><td colspan="2"></td></tr>
<tr><td>制定计划
说明</td><td colspan="3"></td></tr>
</table>

<table>
<tr><td rowspan="2">计划评价</td><td>班　级</td><td></td><td>第　组</td><td>组长签字</td><td></td></tr>
<tr><td>教师签字</td><td colspan="2"></td><td>日　期</td><td></td></tr>
<tr><td colspan="6">评语：</td></tr>
</table>

决 策 单

<table>
<tr><td>学习领域</td><td colspan="6">仓储作业管理</td></tr>
<tr><td>学习情境</td><td colspan="4">仓储规划设计</td><td>学 时</td><td>12</td></tr>
<tr><td>工作任务</td><td colspan="4">货位编号与储位分配</td><td>任务学时</td><td>4</td></tr>
<tr><td colspan="4">决策学时</td><td colspan="3">0.5</td></tr>
<tr><td rowspan="7">方案对比</td><td>组号</td><td>方案的可行性</td><td>实施的可操作性</td><td>知识运用的科学性</td><td colspan="2">综合评价</td></tr>
<tr><td>1</td><td></td><td></td><td></td><td colspan="2"></td></tr>
<tr><td>2</td><td></td><td></td><td></td><td colspan="2"></td></tr>
<tr><td>3</td><td></td><td></td><td></td><td colspan="2"></td></tr>
<tr><td>4</td><td></td><td></td><td></td><td colspan="2"></td></tr>
<tr><td>5</td><td></td><td></td><td></td><td colspan="2"></td></tr>
<tr><td>6</td><td></td><td></td><td></td><td colspan="2"></td></tr>
<tr><td>方案评价</td><td colspan="6"></td></tr>
</table>

班 级		组长签字		教师签字		月 日

实 施 单

<table>
<tr><td>学习领域</td><td colspan="4">仓储作业管理</td></tr>
<tr><td>学习情境</td><td colspan="2">仓储规划设计</td><td>学 时</td><td>12</td></tr>
<tr><td>工作任务</td><td colspan="2">货位编号与储位分配</td><td>任务学时</td><td>4</td></tr>
<tr><td>实施方式</td><td colspan="2">分组实施，小组成员合作，按实际实施情况填写</td><td>实施学时</td><td>1</td></tr>
<tr><td rowspan="11">方案对比</td><td>序 号</td><td>实施步骤</td><td colspan="2">使用资源</td></tr>
<tr><td>1</td><td></td><td colspan="2"></td></tr>
<tr><td>2</td><td></td><td colspan="2"></td></tr>
<tr><td>3</td><td></td><td colspan="2"></td></tr>
<tr><td>4</td><td></td><td colspan="2"></td></tr>
<tr><td>5</td><td></td><td colspan="2"></td></tr>
<tr><td>6</td><td></td><td colspan="2"></td></tr>
<tr><td>7</td><td></td><td colspan="2"></td></tr>
<tr><td>8</td><td></td><td colspan="2"></td></tr>
<tr><td>9</td><td></td><td colspan="2"></td></tr>
<tr><td>10</td><td></td><td colspan="2"></td></tr>
<tr><td colspan="5">实施说明：</td></tr>
</table>

<table>
<tr><td>班 级</td><td></td><td>第 组</td><td>组长签字</td><td></td></tr>
<tr><td>教师签字</td><td colspan="2"></td><td>日 期</td><td></td></tr>
</table>

作 业 单

<table>
<tr><td>学习领域</td><td colspan="3">仓储作业管理</td></tr>
<tr><td>学习情境</td><td>仓储规划设计</td><td>学　　时</td><td>12</td></tr>
<tr><td>工作任务</td><td>货位编号与储位分配</td><td>任务学时</td><td>4</td></tr>
<tr><td colspan="4">作业内容</td></tr>
<tr><td>1</td><td colspan="3">按一定规则对这些货物合理进行分配储位，能根据货号准确找到商品。</td></tr>
</table>

货物名称	单位	数量	细数(个/箱)	外包装尺寸(cm)	客户
奥利奥奶味饼干	箱	6	50	45 * 25 * 20	联华集团
康师傅红烧牛肉面	箱	50	36	50 * 30 * 20	
青岛啤酒	箱	100	12	60 * 40 * 15	
三星 GALAXY NOTE 3	箱	5	6	60 * 30 * 25	中兴公司
iPhone5	箱	5	6	60 * 30 * 25	
60 mL 高夫古龙香水	箱	2	18	30 * 25 * 20	物美公司
80 g 美加净日霜	箱	1	32	30 * 25 * 20	
统一方便面	箱	10	36	50 * 30 * 20	

作业解答：

<table>
<tr><td rowspan="4">作业评价</td><td>班　　级</td><td></td><td>第　　组</td><td>组长签字</td><td colspan="2"></td></tr>
<tr><td>学　　号</td><td></td><td>姓　　名</td><td colspan="3"></td></tr>
<tr><td>教师评分</td><td></td><td>教师签字</td><td></td><td>日　　期</td><td></td></tr>
<tr><td colspan="6">评语：</td></tr>
</table>

评 价 单

<table>
<tr><td>学习领域</td><td colspan="5">仓储作业管理</td></tr>
<tr><td>学习情境</td><td colspan="3">仓储规划设计</td><td>学 时</td><td>12</td></tr>
<tr><td>工作任务</td><td colspan="3">货位编号与储位分配</td><td>任务学时</td><td>4</td></tr>
<tr><td>评价类别</td><td>项 目</td><td>检查标准</td><td>个人评价</td><td>组内互评</td><td>教师评价</td></tr>
<tr><td rowspan="6">专业能力</td><td>资讯
(10%)</td><td>搜集信息充分适用,查阅资料完整</td><td></td><td></td><td></td></tr>
<tr><td>计划
(5%)</td><td>能运用知识进行完整方案设计</td><td></td><td></td><td></td></tr>
<tr><td>实施
(20%)</td><td>熟练利用信息单,工具运用正确</td><td></td><td></td><td></td></tr>
<tr><td>检查
(10%)</td><td>能够发现问题并修正</td><td></td><td></td><td></td></tr>
<tr><td>过程
(5%)</td><td>安全、合理</td><td></td><td></td><td></td></tr>
<tr><td>结果
(10%)</td><td>阐述观点正确</td><td></td><td></td><td></td></tr>
<tr><td rowspan="2">社会能力</td><td>团结协作
(10%)</td><td>积极与他人合作,共同完成任务</td><td></td><td></td><td></td></tr>
<tr><td>敬业精神
(10%)</td><td>在完成任务过程中的参与程度,积极主动</td><td></td><td></td><td></td></tr>
<tr><td rowspan="2">方法能力</td><td>计划能力
(10%)</td><td>逻辑清晰、方案设计合理</td><td></td><td></td><td></td></tr>
<tr><td>决策能力
(10%)</td><td>方案正确性</td><td></td><td></td><td></td></tr>
<tr><td rowspan="3">检查评价</td><td>班 级</td><td></td><td>姓 名</td><td>学 号</td><td></td></tr>
<tr><td>教师签字</td><td>第 组</td><td>组长签字</td><td></td><td>月 日</td></tr>
<tr><td colspan="5">评语:</td></tr>
</table>

学习情境三

仓储经营管理

学习指南

学习目标

学生在教师的指导下，明确工作任务和仓储经营管理的主要工作内容；掌握仓储经营计划、仓储合同的内容，完成仓储合同的拟定，仓单的填写，掌握仓储成本分析与仓储绩效评价方法，并能较熟练的进行成本、绩效分析。

工作任务

1. 仓储经营计划
2. 仓储合同
3. 仓储成本和绩效管理

学习情境的描述

本情境选取了“仓储经营计划”“仓储合同”“仓储成本和绩效管理”三个工作任务为载体，使学生通过模拟训练掌握仓储经营管理的内容。学习内容的组织如下：掌握仓储经营管理的内容（仓储业务活动管理、仓储商务活动管理），围绕仓储经营管理的内容展开，树立成本意识、效率意识，掌握仓储经营方法、仓储合同的订立、变更、解除、合同双方当事人的权利与义务以及仓单的相关内容，能根据保管人和存货人的实际需要制定完善的仓储合同根据货物交付情况编制仓单。

任务6 仓储经营计划

》》》》 任 务 单 《《《《

<table>
<tr><td>学习领域</td><td colspan="6">仓储作业管理</td></tr>
<tr><td>学习情境</td><td colspan="4">仓储经营管理</td><td>学　时</td><td>8</td></tr>
<tr><td>工作任务</td><td colspan="4">仓储经营计划</td><td>任务学时</td><td>2</td></tr>
<tr><td colspan="7">布置任务</td></tr>
<tr><td>工作目标</td><td colspan="6">1. 掌握仓储经营管理内容、方法
2. 能根据指定仓库选择某一仓储经营方法</td></tr>
<tr><td>任务描述</td><td colspan="6">仓储经营管理的内容包括仓储业务活动管理和仓储商务活动管理。仓储经营管理的全过程是改变传统的经营理念,运用新技术,充分利用仓储资源,开发新的服务方式的过程。具体内容如下:
1. 农民甲有500 kg土豆,农民乙有1 000 kg土豆,农民丙有800 kg土豆,他们需要将自己的土豆存入仓库,假如你是仓库经营人,请分析商品特性和仓库经营目的,从经营方法中选择一种合适的形式。
2. 实现效益最大化。
3. 分小组讨论,列出所有可能的仓储业务活动内容和仓储商务活动内容。</td></tr>
<tr><td rowspan="2">学时安排</td><td>资　讯</td><td>计　划</td><td>决　策</td><td>实　施</td><td>检　查</td><td>评　价</td></tr>
<tr><td>0.3学时</td><td>0.5学时</td><td>0.5学时</td><td>0.5学时</td><td>0.1学时</td><td>0.1学时</td></tr>
<tr><td>提供资料</td><td colspan="6">1. 薛威. 仓储作业管理. 北京:高等教育出版社,2012
2. 中国就业培训技术指导中心. 高级物流师. 北京:中国劳动社会保障出版社,2012
3. 杨欣茹. 仓储作业实务. 北京:北京师范大学出版社,2011
4. 校园网精品课程资源库资料</td></tr>
<tr><td>对学生的要求</td><td colspan="6">1. 能够独立自主学习仓储经营方法相关知识,学会根据实际情况选择合适方法
2. 小组成员具有团队合作精神</td></tr>
</table>

资 讯 单

<table>
<tr><td>学习领域</td><td colspan="3">仓储作业管理</td></tr>
<tr><td>学习情境</td><td>仓储经营管理</td><td>学　时</td><td>8</td></tr>
<tr><td>工作任务</td><td>仓储经营计划</td><td>任务学时</td><td>2</td></tr>
<tr><td>资讯方式</td><td>结合案例,了解并掌握,查阅参考文献</td><td>资讯学时</td><td>0.3</td></tr>
<tr><td rowspan="8">资讯问题</td><td colspan="3">1. 什么是仓储经营管理？包括哪些内容？</td></tr>
<tr><td colspan="3">2. 仓储经营计划包括哪些内容？</td></tr>
<tr><td colspan="3">3. 仓储经营计划体系与指标体系的内容有哪些？</td></tr>
<tr><td colspan="3">4. 仓储经营方法有哪些？</td></tr>
<tr><td colspan="3">5. 不同仓储经营方法有哪些特点？</td></tr>
<tr><td colspan="3">6. 仓储业务管理的手段有哪些？</td></tr>
<tr><td colspan="3">7. 仓储商务管理的内容有哪些？</td></tr>
<tr><td colspan="3">8. 仓储经营组织的目标是什么？</td></tr>
<tr><td>资讯引导</td><td colspan="3">1. 薛威. 仓储作业管理. 北京:高等教育出版社,2012
2. 中国就业培训技术指导中心. 高级物流师. 北京:中国劳动社会保障出版社,2012
3. 罗宾斯,德森佐,库尔特. 管理学:原理与实践. 北京:机械工业出版社,2012
4. 杨欣茹. 仓储作业实务. 北京:北京师范大学出版社,2011
5. 单凤儒. 管理学基础. 北京:高等教育出版社,2008
6. 校园网精品课程资源库资料</td></tr>
</table>

信 息 单

6.1 仓储经营管理

仓储经营管理是指在仓库管理活动中，运用先进的管理原理和科学的方法，对仓储经营活动进行的计划、组织、指挥、协调、控制和监督，以降低仓储成本，提高仓储经营效益的活动过程。

仓储经营管理既包括仓储企业对内部仓储业务活动的管理，也包括对整个企业资源的经营活动的管理，即仓储商务活动的管理。

6.1.1 仓储业务管理

仓储业务管理是指对仓库和仓库中储存的物资进行管理。这种业务管理是仓储经营管理的基础，是各种公共仓储、营业仓储和自营仓储都必须进行的管理活动。这种对仓库和仓库中储存的物资的管理工作，是随着储存物资的品种多样化和仓库设计结构、技术设备的科学化而不断变化发展的。仓储业务管理的手段既有经济的，也有纯技术的，具体包括以下几个方面。

1. 仓库的选址与决策管理

企业在建立仓库选址时要依据企业生产经营的运行和发展来考虑；应保证所建仓库各种设备的有效利用，不断提高仓库的经济效益；要能保证仓库运营的安全，一方面要保证储存物资不受各种可能的自然灾害或人为破坏，另一方面要保证储存物资对企业及周围环境的安全。

2. 仓库的机械作业的选择与配置

企业根据实际需要以及自身的实力要决定是否采用机械化、智能化设备，若要使用，就要对智能化的程度、投资规模、设备选择、安装、调试与运行维护等的管理。

3. 仓库的日常业务管理

例如，如何组织物资入库前的验收，如何存放入库物资，如何对物资进行有效的保养，如何出库等。

4. 仓库的库存管理

库存管理包括对库存物资的分类、库存量、进货量、进货周期等的确定。

5. 仓库安全管理

仓库安全管理是其他一切管理工作的基础和前提，包括仓库的警卫和保卫管理、仓库的消防管理、仓库的安全作业管理等内容。

6. 其他业务管理

除了以上的业务管理外，仓库业务考核问题、新技术和新方法在仓库管理中的运用问题等都是仓储业务管理所涉及的内容。

6.1.2 仓储商务管理

仓储商务是指仓储经营人利用所具有的仓储保管能力向社会提供仓储保管产品和获得经济收益所进行的交换行为。仓储商务是仓储企业对外的基于仓储经营而进行的经济交换活动，是一种商业性的行为，因而，仓储商务发生在公共仓储和营业仓储之中，企业自营仓储则不发生仓储商务。

仓储商务管理则是仓储经营人对仓储商务所进行的计划、组织、指挥和控制的过程，是独立经营的仓储企业对外商务行为的内部管理，属于企业管理的一个方面。仓储商务管理的目的是为了仓储企业充分利用仓储资源，最大限度地获得经济收入和提高经济效益。仓储商务管理涉及企业的经营目标、经营收益,因而更为重视管理的经济性、效益性。相对于其他企业项目管理,商务管理具有外向性,围绕着仓储企业与外部发生的经济活动的管理;商务管理又有整体性的特征,商务工作不仅是商务职能部门的工作,涉及仓储企业整体的经营和效益,也是其他部门能否获得充足工作量的保证。其具体内容有以下几个方面。

1. 仓储经营组织管理

仓储经营组织管理包括仓储经营管理机构的设定、经营管理人员的选用和配备、经营管理制度、工作制度的制定与实施等。

2. 仓储企业经营战略管理

经营战略管理包括企业经营战略的制定、经营环境跟踪、战略调整、战略实施等内容。在制定企业经营战略时,要综合考虑企业自身的人力、财力和物力以及市场对仓储产品的需求和供给状况,以实现可持续发展和利润最大化为原则,合理制定企业经营发展目标和经营发展方法。仓储企业可以在总体经营战略的基础上选择租赁经营、公共仓储、物流中心或者配送中心的经营模式,或者采用单项专业经营或者综合经营,实行独立经营或者联合经营的经营定位。另外要根据经营环境因素的变化以及根据战略实施的结果反馈进行分析后,对战略进行相应的调整,并对战略规划的实施进行管理。

3. 市场管理

仓储企业要广泛开展市场调查和研究,对市场环境因素以及仓储服务的消费者行为进行分析,细分市场以发现和选择市场机会;向社会提供能满足客户需求的仓储服务、制定合理的价格策略;加强市场监督和管理,广泛开展市场宣传,巩固和壮大企业的客户队伍。

4. 资源管理

仓储企业需要充分利用仓储资源,为企业创造和实现更多的商业机会。因此,要合理利用仓储资源,做到物尽其用。

5. 制度管理

高效的商务管理离不开规范、合理的管理制度。仓储企业应该在资源配置、市场管理、合同管理等方面建立和健全规范的管理制度,做到权力、职责明确。

6. 成本管理

一方面,企业应该准确进行仓储成本核算、确定合适价格,提高产品或服务的竞争力;另一方面,企业应该通过科学合理的组织、充分利用先进的技术来降低交易成本。

7. 合同管理

仓储企业应该加强商务谈判和对合同履行的管理,做到诚实守信、依约办事,创造良好的商业信誉。

8. 风险管理

仓储企业通过细致的市场调研和分析、严格的合同管理,以及规范的商务责任制度,妥善处理商务纠纷和冲突,防范和减少商务风险。

9. 人员管理

商务人员的业务素质和服务态度在很大程度上影响着企业的整体形象,因此,商务管理还应该包含对商务人员的管理。仓储企业应该以人为本,重视商务人员的培训和提高,通过合理的激励机制调动商务人员的积极性和聪明才智,同时还要加强对商务人员的监督管理,创建一支高效、负责的商务队伍。

6.2 仓储经营组织目标

仓储经营组织是以实现仓储经营的最高经济效益和社会效益为目标,将仓储作业人员与仓储作业手段有效地结合起来，完成仓储作业过程各环节的职责，为商品流通提供良好的仓储服务和有效的经营管理的经营实体。

6.2.1　仓储经营组织总体目标

仓储经营的总体目标是按照仓储活动的各项要求和仓储管理上的需要，把与仓储经营有关各部门、各环节合理组织起来，使各方面的工作协调、有效地进行，加速商品在仓库中的周转，合理地使用人、财、物，以最小的资源取得最大的经济效益。

6.2.2　仓储经营组织具体目标

具体来说仓储经营目标是要实现仓储经营活动的“入库快速化、出库快速化、储存高效化、经营多样化、保管科学化、费用节约化”——“快进、快出、多储存、多经营、保管好、费用省”。

(1)入库快速化是指物资运抵港口、车站或仓库专用线时，要以最快的速度完成物资的接运、验收和入库作业活动。

(2)出库快速化是指物资出库时，要及时迅速和高效地完成备料、复核、出库和交货清理作业活动。

(3)储存高效化是在库容合理规划的基础上，最大限度地有效利用现有的储存面积和空间，提高单位面积的储存量与面积利用率。

(4)经营多样化指采用多种经营方式提高仓储企业的收益，如仓储增值服务、运输中介、配送与配载等。

(5)保管科学化指按照物资性质要求和储存条件，合理安排储存场所，采取科学的保管方法，使其在保管期内质量完好，数量准确。

(6)费用节约化指物资输入和输出以及保管的整个过程，都要努力节省人力、物力和财力消耗，以最低的仓储成本取得最好的经济效益。

6.3　仓储经营计划

仓储经营计划是指根据市场的需求及企业的仓储能力确定经营目标，预先拟定组织、指挥、调节、控制企业各部门、各环节的工作内容和步骤，以达到完成仓储经营任务，实现提高仓储作业经济效益的最终目的。

6.3.1　仓储经营计划编制依据

仓储经营计划是仓储企业经营活动的统筹规划和总体安排，企业要在国家实行的调控政策、市场调查、预测的基础上，结合企业实际情况（仓储结构、品种数量、仓储能力、组织结构等综合平衡）制定仓储经营计划。

仓储经营计划编制依据可以概括为以下几方面：市场需求变化情况；客户提出的货物存储申报计划及服务需求；仓储经营条件及经营能力。

编制仓储经营计划必须充分考虑经营条件的许可及经营能力的限制，仓储企业可从硬件和软件两个方面投入，扩大经营条件和经营能力，为社会提供更便捷的物流服务。

6.3.2　仓储经营计划体系与指标体系

仓储经营计划体系是围绕仓储多种经营活动所编制的多层次的、相互衔接、相互补充而形成的计划群。主要由长远规划、年度经营计划、工作进度计划构成。

1. 仓储经营计划体系

(1) 长远规划。长远规划是仓储确定未来发展方向和战略目标的计划,是对未来若干年内应当实现的任务的总体性规划,是仓储在连续几年中必须遵循的行动纲领。

长远规划注重的是长期经济效益、安全与稳定,其内容是仓储发展中的一些重大问题,未来若干年可能使企业获得独特优势。

(2)年度计划。年度计划是长远规划的具体化,是指导仓储经营活动的行动计划。它涉及仓储各部分、各环节、各方面经济活动的平衡,规定了各项具体的技术经济指标,它是在计划年度内的行动纲领,是仓储的重要计划形式。其内容包括:商品运输计划、商品仓储计划、流通加工计划、劳动工资计划、技术组织措施计划、基本建设计划、设备维修计划、财务计划和人力资源开发计划。

(3) 工作进度计划。工作进度计划是具体执行计划,是仓储用以指导和组织日常经营活动的计划。仓储各方面的经营活动都要制定季度计划,以便将年度计划的各个组成部分进一步具体化,如月度运输计划、月度储存计划、购销合同计划、流通加工产出进度计划等。

2. 仓储经营计划指标体系

仓储经营计划指标体系主要包括四个基本组成部分。

(1)规定工作量的基本指标。主要包括商品销售量(额)、商品购进量(额)、商品储备量(额)、商品调入(出)和商品运输量。规定劳动力的使用与补偿的指标,如职工人数、劳动效率、工资总额等。

(2)规定资源利用程度的指标。主要包括仓储面积利用率、仓容利用率、机械设备完好率和机械设备利用率等。

(3)规定企业经营成果的基本指标。主要包括资金占用额、资金周转天数、资金周转次数和利润率等。

(4)规定企业服务水平的基本指标。主要包括客户满意程度、缺货率、准时交货率、货损货差赔偿率等。

6.4 常见的仓储经营方法

1. 保管仓储

保管仓储是指保管人储存存货人交付的仓储物,存货人支付仓储费的一种仓储经营方法。

2. 混藏仓储

混藏仓储是指存货人将一定品质、数量的种类物交付保管人储藏,而在储存保管期限届满时,保管人只需以相同种类、相同品质、相同数量的替代物返还的一种仓储经营方法。

3. 消费仓储

消费仓储是指存货人不仅将一定数量、品质的种类物交付仓储管理人储存保管,而且与保管人相互约定,将储存物的所有权也转移给保管人,在合同期届满时,保管人以相同种类、相同品质、相同数量替代品返还的一种仓储方法。

4. 仓库租赁经营

仓库租赁经营是通过出租仓库、场地,出租仓库设备,由存货人自行保管货物的仓库经营方式。

上述各种经营方法的特点见表6.1。

5. 仓储多种经营

仓储多种经营是指仓储企业为了实现经营目标,采用多种经营方式的经营方式。如在开展仓储业务的同时,还开展运输中介、商品交易、配载与配送、仓储增值服务等。

表 6.1　仓储经营方法的特点

方法	特　点	举　例
保管仓储	①保管对象是特定物 ②原物返还,所有权不转移 ③收入主要来自仓储费 ④仓储过程由保管人操作	存货企业将自己的货物存入仓储企业,仓储企业对仓储物实施必要的保管,确保原物形状。存货企业支付仓储费。仓储企业与存货企业是一种提供劳务的关系,仓储企业没有处分仓储物的权力
混藏仓储	①保管对象是种类物 ②替代物返还,所有权不转移 ③收入主要来自仓储费 ④仓储过程由保管人操作	农民将玉米交付给仓储企业保管,仓储企业将所有收存的玉米混合储存于相同品种的玉米仓库,形成一种保管物为混合物(所有权的混合)状况,玉米的所有权并未交给加工厂,各寄存人对该混合保管物按交付保管时的份额,各自享有所有权。在农民需要时,仓储企业从玉米仓库取出相应数量的存货交还该农民
消费仓储	①保管对象是种类物 ②替代物返还,所有权随交付而转移 ③收入主要来自于仓储物消费的收入 ④仓储过程由仓库保管人操作	建筑仓储经营人直接将委托仓储的水泥用于建筑生产,在保管到期前从市场购回相同的水泥归还存货人;或者通过仓储物市场价格的波动进行高卖、低买,获得差价受益。最终,需要买回仓储物归还存货人
仓库租赁经营	①存货人自行保管货物 ②收入主要来自于租金 ③设备维修由保管人负责	对一般居民和家庭的贵重物品,如金银首饰、高级衣料、高级皮毛制品、古董、艺术品等,仓库业务者向他们出租体积较小的箱柜来保管非交易物品的一种仓库业务(箱柜委托租赁保管业务)

计 划 单

<table>
<tr><td>学习领域</td><td colspan="3">仓储作业管理</td></tr>
<tr><td>学习情境</td><td>仓储经营管理</td><td>学　　时</td><td>8</td></tr>
<tr><td>工作任务</td><td>仓储经营计划</td><td>任务学时</td><td>2</td></tr>
<tr><td>计划方式</td><td>小组讨论，制定计划</td><td>计划学时</td><td>0.5</td></tr>
<tr><td>序　　号</td><td>实施步骤</td><td colspan="2">使用资源</td></tr>
<tr><td>1</td><td></td><td colspan="2"></td></tr>
<tr><td>2</td><td></td><td colspan="2"></td></tr>
<tr><td>3</td><td></td><td colspan="2"></td></tr>
<tr><td>4</td><td></td><td colspan="2"></td></tr>
<tr><td>5</td><td></td><td colspan="2"></td></tr>
<tr><td>6</td><td></td><td colspan="2"></td></tr>
<tr><td>制定计划说明</td><td colspan="3"></td></tr>
</table>

<table>
<tr><td rowspan="2">计划评价</td><td>班　　级</td><td></td><td>第　　组</td><td>组长签字</td><td></td></tr>
<tr><td>教师签字</td><td colspan="2"></td><td>日　　期</td><td></td></tr>
<tr><td colspan="6">评语：</td></tr>
</table>

»»»» 决 策 单 ««««

<table>
<tr><td>学习领域</td><td colspan="5">仓储作业管理</td></tr>
<tr><td>学习情境</td><td colspan="3">仓储经营管理</td><td>学 时</td><td>8</td></tr>
<tr><td>工作任务</td><td colspan="3">仓储经营计划</td><td>任务学时</td><td>2</td></tr>
<tr><td colspan="4">决策学时</td><td colspan="2">0.5</td></tr>
<tr><td rowspan="7">方案对比</td><td>组号</td><td>方案的可行性</td><td>实施的可操作性</td><td>知识运用的科学性</td><td>综合评价</td></tr>
<tr><td>1</td><td></td><td></td><td></td><td></td></tr>
<tr><td>2</td><td></td><td></td><td></td><td></td></tr>
<tr><td>3</td><td></td><td></td><td></td><td></td></tr>
<tr><td>4</td><td></td><td></td><td></td><td></td></tr>
<tr><td>5</td><td></td><td></td><td></td><td></td></tr>
<tr><td>6</td><td></td><td></td><td></td><td></td></tr>
<tr><td>方案评价</td><td colspan="5"></td></tr>
</table>

班 级		组长签字		教师签字		月 日

实 施 单

<table>
<tr><td>学习领域</td><td colspan="4">仓储作业管理</td></tr>
<tr><td>学习情境</td><td colspan="2">仓储经营管理</td><td>学 时</td><td>8</td></tr>
<tr><td>工作任务</td><td colspan="2">仓储经营计划</td><td>任务学时</td><td>2</td></tr>
<tr><td>实施方式</td><td colspan="2">分组实施，小组成员合作，按实际实施情况填写</td><td>实施学时</td><td>0.5</td></tr>
<tr><td rowspan="11">方案对比</td><td>序 号</td><td>实施步骤</td><td colspan="2">使用资源</td></tr>
<tr><td>1</td><td></td><td colspan="2"></td></tr>
<tr><td>2</td><td></td><td colspan="2"></td></tr>
<tr><td>3</td><td></td><td colspan="2"></td></tr>
<tr><td>4</td><td></td><td colspan="2"></td></tr>
<tr><td>5</td><td></td><td colspan="2"></td></tr>
<tr><td>6</td><td></td><td colspan="2"></td></tr>
<tr><td>7</td><td></td><td colspan="2"></td></tr>
<tr><td>8</td><td></td><td colspan="2"></td></tr>
<tr><td>9</td><td></td><td colspan="2"></td></tr>
<tr><td>10</td><td></td><td colspan="2"></td></tr>
<tr><td colspan="5">实施说明：</td></tr>
</table>

<table>
<tr><td>班 级</td><td></td><td>第 组</td><td>组长签字</td><td></td></tr>
<tr><td>教师签字</td><td colspan="2"></td><td>日 期</td><td></td></tr>
</table>

作 业 单

<table>
<tr><td>学习领域</td><td colspan="3">仓储作业管理</td></tr>
<tr><td>学习情境</td><td>仓储经营管理</td><td>学 时</td><td>8</td></tr>
<tr><td>工作任务</td><td>仓储经营计划</td><td>任务学时</td><td>2</td></tr>
<tr><td colspan="4">作业内容</td></tr>
<tr><td>1</td><td colspan="3">常见的仓储经营方法有哪些？各有什么特点？</td></tr>
<tr><td colspan="4">作业解答：</td></tr>
<tr><td>2</td><td colspan="3">仓库租赁经营的经营方在经营方法上应注意哪些问题？</td></tr>
<tr><td colspan="4">作业解答：</td></tr>
</table>

<table>
<tr><td rowspan="4">作业评价</td><td>班 级</td><td></td><td>第 组</td><td>组长签字</td><td colspan="2"></td></tr>
<tr><td>学 号</td><td></td><td>姓 名</td><td colspan="3"></td></tr>
<tr><td>教师评分</td><td></td><td>教师签字</td><td></td><td>日 期</td><td></td></tr>
<tr><td colspan="6">评语：</td></tr>
</table>

评 价 单

<table>
<tr><td>学习领域</td><td colspan="5">仓储作业管理</td></tr>
<tr><td>学习情境</td><td colspan="3">仓储经营管理</td><td>学　时</td><td>8</td></tr>
<tr><td>工作任务</td><td colspan="3">仓储经营计划</td><td>任务学时</td><td>2</td></tr>
<tr><td>评价类别</td><td>项　目</td><td>检查标准</td><td>个人评价</td><td>组内互评</td><td>教师评价</td></tr>
<tr><td rowspan="6">专业能力</td><td>资讯（10%）</td><td>搜集信息充分适用，查阅资料完整</td><td></td><td></td><td></td></tr>
<tr><td>计划（5%）</td><td>能运用知识进行完整方案设计</td><td></td><td></td><td></td></tr>
<tr><td>实施（20%）</td><td>熟练利用信息单，工具运用正确</td><td></td><td></td><td></td></tr>
<tr><td>检查（10%）</td><td>能够发现问题并修正</td><td></td><td></td><td></td></tr>
<tr><td>过程（5%）</td><td>安全、合理</td><td></td><td></td><td></td></tr>
<tr><td>结果（10%）</td><td>阐述观点正确</td><td></td><td></td><td></td></tr>
<tr><td rowspan="2">社会能力</td><td>团结协作（10%）</td><td>积极与他人合作，共同完成任务</td><td></td><td></td><td></td></tr>
<tr><td>敬业精神（10%）</td><td>在完成任务过程中的参与程度，积极主动</td><td></td><td></td><td></td></tr>
<tr><td rowspan="2">方法能力</td><td>计划能力（10%）</td><td>逻辑清晰、方案设计合理</td><td></td><td></td><td></td></tr>
<tr><td>决策能力（10%）</td><td>方案正确性</td><td></td><td></td><td></td></tr>
<tr><td rowspan="3">检查评价</td><td>班　级</td><td></td><td>姓　名</td><td></td><td>学　号</td><td></td></tr>
<tr><td>教师签字</td><td></td><td>第　组</td><td>组长签字</td><td></td><td>月　日</td></tr>
<tr><td colspan="6">评语：</td></tr>
</table>

任务7 仓储合同

》》》》》任 务 单《《《《《

<table>
<tr><td>学习领域</td><td colspan="6">仓储作业管理</td></tr>
<tr><td>学习情境</td><td colspan="4">仓储经营管理</td><td>学 时</td><td>8</td></tr>
<tr><td>工作任务</td><td colspan="4">仓储合同</td><td>任务学时</td><td>4</td></tr>
<tr><td colspan="7">布 置 任 务</td></tr>
<tr><td>工作目标</td><td colspan="6">1. 掌握仓储合同的主要条款
2. 能够在物流信息系统中建立客户档案和货品档案
3. 能根据保管人和存货人的实际需要撰写正式的仓储服务合同
4. 能根据货物交付情况编制仓单</td></tr>
<tr><td>任务描述</td><td colspan="6">存货人B需要存储一批货物,货物为王老吉罐装500箱,康师傅方便面100箱,卫生卷纸50箱,草莓酱20箱,货物要在5月20日入库,C公司是生产企业,且拥有大型仓库,可以为B提供仓储服务。具体内容如下:
1. 存货人B和生产企业C签订仓储合同
2. 签订仓储合同后,上述货物已经运抵并交付给保管人A仓库,假设你是保管人A仓库,请参照存储货物及合同内容填写仓单
3. 该批货物需要在6月1日转让给D公司,仓单上要注明
4. 现D公司凭该仓单提货,保管人A仓库实际操作</td></tr>
<tr><td rowspan="2">学时安排</td><td>资 讯</td><td>计 划</td><td>决 策</td><td>实 施</td><td>检 查</td><td>评 价</td></tr>
<tr><td>1学时</td><td>0.5学时</td><td>0.5学时</td><td>1学时</td><td>0.5学时</td><td>0.5学时</td></tr>
<tr><td>提供资料</td><td colspan="6">1. 薛威. 仓储作业管理. 北京:高等教育出版社,2012
2. 中国就业培训技术指导中心. 高级物流师. 北京:中国劳动社会保障出版社,2012
3. 中华人民共和国合同法
4. 校园网精品课程资源库资料</td></tr>
<tr><td>对学生的要求</td><td colspan="6">1. 能够独立自主学习相关知识,并对相关知识和技能进行运用
2. 学会遵循仓储合同订立的原则和程序,就合同条款进行谈判磋商
3. 谈判磋商后确立的条款记录尽可能详细完整</td></tr>
</table>

资讯单

<table>
<tr><td>学习领域</td><td colspan="3">仓储作业管理</td></tr>
<tr><td>学习情境</td><td>仓储经营管理</td><td>学　　时</td><td>8</td></tr>
<tr><td>工作任务</td><td>仓储合同</td><td>任务学时</td><td>4</td></tr>
<tr><td>资讯方式</td><td>结合案例，了解并掌握，查阅参考文献</td><td>资讯学时</td><td>1</td></tr>
<tr><td rowspan="7">资讯问题</td><td colspan="3">1. 什么是仓储合同，仓储合同的种类、特征有哪些？</td></tr>
<tr><td colspan="3">2. 仓储合同的订立遵循哪些原则？</td></tr>
<tr><td colspan="3">3. 仓储合同的订立有哪些程序？</td></tr>
<tr><td colspan="3">4. 仓储合同合同条款包括哪些内容？</td></tr>
<tr><td colspan="3">5. 仓储合同的生效、无效、变更和解除有哪些相关规定？</td></tr>
<tr><td colspan="3">6. 仓储合同当事双方的权利和义务有哪些？</td></tr>
<tr><td colspan="3">7. 什么是仓单？仓单的性质是什么？</td></tr>
<tr><td>资讯引导</td><td colspan="3">1. 薛威. 仓储作业管理. 北京：高等教育出版社，2012
2. 中国就业培训技术指导中心. 高级物流师. 北京：中国劳动社会保障出版社，2012
3. 中华人民共和国合同法
4. 校园网精品课程资源库资料</td></tr>
</table>

信　息　单

7.1　仓储合同概述

7.1.1　仓储合同的定义

《中华人民共和国合同法》(以下简称《合同法》)第381条指出,仓储合同是仓储保管人储存存货人交付的仓储物,存货人支付仓储费的合同。提供储存保管服务的一方称为保管人,接受储存保管服务并支付报酬的一方称为存货人。交付保管的货物为仓储物。从《合同法》的界定可以看出,仓储合同是由仓储保管人提供场所,存放存货人的货物、物品,仓储人员只收取仓储费和劳务费的合同。其中,存货人交付储存物,支付合同规定的储存费是仓储合同成立的必要条件。

7.1.2　仓储合同的种类

仓储合同的种类按物流工作的不同分为以下几种,见表7.1。

表7.1　仓储合同的种类

种类	具体特征
商品储存合同	商品储存合同是保管方根据存货方的要求为其储存保管商品,存货方向保管方支付商品储存的有关费用而订立的一种合同。商品保管合同是最基本的一种储存合同,除此之外,仓储企业还可以根据存货方的要求和本身的条件接受其他劳务性质的业务,收取一定的劳务费用,双方订立相应的合同。这些劳务合同,可以在商品储存合同以外单独订立,也可以在双方协商一致的基础上单列条款,与商品储存合同合并订立
商品检验合同	仓库在接受商品入库时。对商品的验收一般只是清点数量、检查外观、从商品包装外观查对品名、规格、产地等项目,查看是否有无雨淋、水湿、残损等异常情况。如果存货单位要求仓库检验商品的内在质量,应当另行签订商品检验合同
商品包装合同	当存货方要求保管方进行商品包装或进行商品重新组配时,双方应当订立商品包装合同
商品养护合同	为保证商品储存过程中的质量,在储存过程中需要采用翻倒、晾晒、防霉、杀虫等养护措施时,双方应当订立商品养护合同。商品养护合同一般在储存保管合同中单列条款,与储存合同合并订立
代办运输合同	当存货方要求储运企业代办提取、运送、装卸、拴标签等工作时,应当签订运输合同
代办保险合同	受存货方委托,仓储企业代向保险部门办理保险手续时,双方应签订代办保险合同

7.1.3　仓储合同的特征和相关概念

1. 仓储合同的特征

(1)保管人必须是具有仓库营业资质的人,即具有仓储设施、仓储设备,专事仓储保管业务的人。这是仓储合同主体上的重要特征。

(2)仓储合同的对象仅为动产,不动产不可能成为仓储合同的对象。

(3)仓储合同为诺成合同。仓储合同自成立时起生效。

(4)仓储合同为不要式合同,可以是书面形式,也可以是口头形式。

(5)仓储合同为双务、有偿合同。保管人提供储存、保管的义务,存货人承担支付仓储费的义务。

(6)仓单是仓储合同的重要特征。

2. 仓储合同的相关概念

(1)仓储合同的当事人。仓储合同的当事人就是参与合同签订的存货人和保管人。其在合同签订时双方必须都在场,并且在合同上必须有当事人的签名盖章。

(2)仓储合同的标的物。仓储合同的标的物是仓储物,是仓储合同标的的载体和表现。仓储合同的标的物必须是动产,不动产不能成为仓储合同的标的物。

7.2 仓储合同的订立和主要条款

7.2.1 仓储合同订立

仓储合同的订立可以采用书面形式,也可以采用口头形式或者其他形式。仓单在仓储合同中具有重要作用。

1. 仓储合同的订立原则

(1)平等原则。当事人双方法律地位平等是合同订立的基础,是任何合同行为都需要遵循的原则。任何一方采取恃强凌弱、以大欺小或者行政命令的方式订立的合同都是无效合同。任何一方不能采取歧视的方式选择订立合同的对象。

(2)等价有偿原则。仓储合同是双务合同,合同双方都要承担相应的合同义务,享受相应的合同利益。保管人的利益体现在收取仓储费和劳务费两方面。在仓储过程中保管人的劳动、资源投入的多少,决定了保管人能获得多少报酬。等价有偿的原则也体现在当事人双方合同权利和义务对等上。

(3)自愿与协商一致的原则。生效合同是指当事人完全根据自身的需要和条件,通过广泛的协商,在整体上接受合同的约定时所订的合同。任何采取胁迫、欺诈等手段订立的合同都将是无效的合同。若合同未经协商一致,将来在合同履行中就会发生严重的争议,甚至会导致合同无法履行。

(4)合法和不损害社会公共利益。当事人在订立合同时要严格遵守相关法律法规,不得发生侵犯国家主权、危害环境、超越经营权、侵害所有权等违法行为。合同主体在合同行为中不得有扰乱社会经济秩序、妨碍人民生活、违背道德的行为。

2. 仓储合同订立的程序

一般来说,订立仓储合同主要有两个阶段,即准备阶段和实质阶段,实质阶段又包括要约和承诺两个阶段。

(1)准备阶段。在许多场合,当事人并非直接提出要约,而是经过一定的准备,进行一些先期性活动,才考虑订立合同。其中包括接触、预约和预约邀请,其意义在于使双方当事人相互了解,为双方进入实质的缔约阶段创造条件,扫除障碍。

(2)实质阶段。根据《合同法》规定,只要存货人与仓储保管人之间依法就仓储合同的有关内容经过要约和承诺的方式达成意思表示一致,仓储合同即告成功。正因为要约与承诺直接关系到当事人的利益,决定合同是否成立,所以将其称为合同订立的实质阶段。

签订合同一般要经过以下三步:

第一步:提出"要约"。即由存货或保管的一方提出签约的建议,包括订约的要求和合同的主要内容。

第二步:"承诺"。对另一方的"要约",表示完全同意,在此基础上签订协议、合同即具有法律效力;如果对"要约"的内容、条件有不同的意见,必须经过充分协商,取得一致意见。

第三步:"签约"。由双方的法人代表签字、单位盖章。如果法定代表授权本单位的经办人员代理签订合同时,代理人应事先取得本企业的委托证明。如果法人之间代理签订合同,代理单位必须事先取得委托单位的委托证明,并根据授权范围以委托单位的名义签订,才对委托单位直接产生权利和义务。

(3)仓储保管合同订立的不同情况。

①按照国家物资储存计划必须储存的物资,存货方和保管方必须按国家下达的计划签订仓储保管合同,以保障国家物资储存计划的执行。如果双方不能达成一致意见,由双方下达计划的上级主管机关处理。

②大宗货物的储存，由存货方提出委托储存保管的要求，保管方根据自己的仓储容量等条件，经双方协商签订仓储保管合同。

③零星货物的储存，存货方和保管方根据有关规定签订仓储保管合同。

7.2.2 仓储合同主要条款

(1)货物的品名和种类。

(2)货物的数量、质量及包装。

(3)货物验收的内容、标准、方法和时间。

(4)货物保管条件和保管要求。

(5)货物进出的库存手续、时间、地点、运输方式。

(6)货物损耗标准和损耗处理。

(7)计费项目、标准和结算方式、银行、账号、时间。

(8)责任的划分和违约处理。

(9)合同的有效期限。

(10)变更和解除合同的期限。

(11)争议的解决方式。

7.3 仓储合同的生效和无效

7.3.1 仓储合同生效

仓储合同是诺成合同，又称为不要式合同，即双方当事人意思表示一致就可成立、生效的合同。无论仓储物是否交付存储，仓储合同自成立时就生效。在仓储合同生效后，存货人未交付仓储物、保管人不能接收仓储物都视为仓储合同的未履行，由责任人承担违约责任。

保管合同是实践合同。就保管合同而言，仅有当事人双方意思表示一致，合同还不能成立，还必须有寄存人将保管物交付给保管人的事实，《合同法》第 367 条规定："保管合同自保管物交付时成立，但当事人另有约定的除外。"这是仓储合同和保管合同的重要区别。

7.3.2 无效合同

无效合同是指已订立的合同，由于违反了法律规定，从而被认定为无效。合同无效由人民法院或者仲裁机构、工商行政机关认定，分为合同整体无效或者部分无效，可以采取变更或者撤销的方式处理。合同无效可以在合同订立之后认定。

无论无效合同在什么时候被认定，都是自始无效，即因无效合同所产生的民事关系自始无效。

仓储合同无效的原因有以下多种：一方以欺诈、胁迫手段订立合同，损害国家利益；恶意串通，损害国家、集体或者第三人利益；以合法形式掩盖非法目的；损害社会公共利益；违反法律、行政法规强制性规定；无效代理。对于由于重大误解订立的合同以及显失公平的合同，当事人一方有权请求人民法院或者仲裁机构给予变更或者撤销。

7.4 仓储合同格式

仓储合同是不要式合同，当事人可以协议采用任何合同格式。

合同书是仓储合同的最常用格式由合同名称、合同编号、合同条款、当事人签署四部分构成。合同书具有形式完整、内容全面、程序完备的特征，便于合同订立、履行、留存及合同争议的解决。

仓储合同示例

仓储合同

合同编号:________________

订立合同双方:

存货人(甲方):________________地址________________联系人及电话________________

保管人(乙方):________________地址________________联系人及电话________________

签订地点:____________________签订日期:______年______月______日

根据《中华人民共和国合同法》的有关规定,存货人和保管人根据委托储存计划和仓储容量,经双方协商一致,签订本合同。

第一条 仓储物的品名、品种、规格、数量、质量、包装、件数和标记

1. 货物品名:____。

2. 品种规格:____。

3. 数量:____。

4. 质量:____。

5. 货物包装:____。

6. 件数:____。

7. 标记:____。

或者采用如下表格

货物品名	品种规格	性质	数量	质量	包装	件数	标记

(注:空格若不够用,可以另接)

第二条 货物验收的内容、标准、方法、时间、资料

____

第三条 货物保管条件和保管要求

____

第四条 货物入库、出库手续、时间、地点、运输方式

____

第五条 货物的损耗标准和损耗处理

____

第六条 仓储费计费项目、标准和结算方式

____

第七条 违约责任

1. 保管人的责任

(1)在货物保管期间,未按合同规定的储存条件和保管要求保管货物,造成货物灭失、短少、变质、污染、损坏的,应承担赔偿责任。

(2)对于危险物品和易腐物品等未按国家和合同规定的要求操作、储存,造成毁损的,应承担赔偿责任。

(3)由于保管人的责任,造成退仓不能入库时,应按合同规定赔偿存货人运费和支付违约金__________元。

(4)由保管人负责发运的货物,不能按期发货,应赔偿存货人逾期交货的损失;错发到货地点,除按

合同规定无偿运到规定的到货地点外，并赔偿存货人因此而造成的实际损失。

(5)其他约定责任：____。

2. 存货人的责任

(1)由于存货人的责任造成退仓不能入库时，存货人应偿付相当于相应保管__________%(或__________‰)的违约金。超议定储存量储存的，存货人除交纳保管费外，还应向保管人偿付违约金__________元，或按双方协议办。

(2)易燃、易爆、易渗漏、有毒等危险物品以及易腐、超限等特殊物品，必须在合同中注明，并向保管人提供必要的保管运输技术资料，否则造成的货物毁损、仓库毁损或人身伤亡，由存货人承担赔偿责任直至刑事责任。

(3)货物临近失效期或有异状的，在保管人通知后不及时处理，造成的损失由存货人承担。

(4)未按国家或合同规定的标准和要求对仓储物进行必要的包装，造成货物损坏、变质的，由存货人负责。

(5)存货人已通知出库或合同期已到，由于存货人(含用户)的原因致使货物不能如期出库，存货人除按合同的规定交付保管费外，并应偿付违约金__________元。由于出库凭证或调拨凭证上的差错所造成的损失，由存货人负责。

(6)按合同规定由保管人代运的货物，存货人未按合同规定及时提供包装材料或未按规定期限变更货物的运输方式、到站、接货人，应承担延期的责任和增加的有关费用。

(7)其他约定责任：____。

第八条 储存期间从______年______月______日至______年______月______日止。

第九条 变更和解除合同的期限

由于不可抗力事故，致使直接影响合同的履行或者不能按约定的条件履行时，遇有不可抗力事故的一方，应立即将事故情况电报通知对方，并应在______天内，提供事故详情及合同不能履行、或者部分不能履行、或者需要延期履行的理由的有效证明文件，此项证明文件应由事故发生地区的__________机构出具。按照事故对履行合同影响的程度，由双方协商解决是否解除合同，或者部分免除履行合同的责任，或者延期履行合同。

第十条 合同争议的解决方式

本合同在履行过程中发生的争议，由双方当事人协商解决；协商不成的，按下列第______种方式解决：

1. 提交__________仲裁委员会仲裁；

2. 依法向人民法院起诉。

当事人双方同意由______________仲裁委员会仲裁；当事人双方未在本合同中约定仲裁机构，事后又未达成书面仲裁协议的，可向人民法院起诉。

第十一条 货物商检、验收、包装、保险、运输等其他约定事项。

第十二条 本合同未尽事宜，一律按《中华人民共和国合同法》执行。

存货人(章)：	保管人(章)：	鉴(公)证意见：
地址：	地址：	
法定代表人：	法定代表人：	
委托代理人：	委托代理人：	
电话：	电话：	
开户银行：	开户银行：	鉴(公)证机关(章)：
账号：	账号：	经办人：
		年 月 日

7.5 仓储合同当事人权利和义务

7.5.1 保管人权利和义务

1. 保管人权利

(1)向存货人收取仓储费。

(2)按照约定对入库仓储物进行验收。

(3)《合同法》第383条第1款规定:“储存易燃、易爆、有毒、有腐蚀性、有放射性等危险物品或者变质物品,存货人应当说明该物品的性质,提供相关资料。”在存货人违反该项规定时,仓储保管人有权拒收仓储物,也有权采取相应措施避免发生损失,并有权要求存货人承担因此而发生的费用。

(4)要求存货人提取仓储物的权利。合同约定的仓储时间届满时,要求存货人按期提取货物,因存货人逾期提取仓储物,有权加收仓储费;合同没有约定仓储时间,保管人在给予了存货人必要的准备时间,有权随时要求存货人提取仓储物。

(5)有权提存仓储物。在仓储期间届满,存货人、持单人不提取仓储物,保管人在履行催告义务后,存货人仍不提取仓储物,保管人可以提存仓储物。

2. 保管人义务

(1)向存货人交付仓单。

(2)保管储存易燃、易爆、有毒,有腐蚀性、放射性有害物品的,应具备符合规定的条件。

(3)按合同约定对仓储物进行检查验收。

(4)按合同约定,妥善保管仓储物;发现仓储物有不安全因素时应及时通知存货人,并采取有效措施,减少存货人的损失,这种情况包括:发现仓储物变质或损坏;第三人对仓储物主张权利而起诉扣押;仓储物数量发生变化;仓储物发生失效期等。

(5)接受存货人的要求,允许对仓储物进行检查或提取样品。

(6)到期返还仓储物。仓储物约定的保管时间未到,存货人有权提前要求仓储保管人返还仓储物,仓储人不能拒绝,但不减收仓储费。双方在合同中没有确定保管期限,6个月后,仓储保管人在提前1个月通知的前提下,可以随时要求存货人提取仓储物。

7.5.2 存货人权利和义务

1. 存货人权利

(1)将约定仓储物交付仓储。

(2)交付仓储物时,要求保管人给付仓单。

(3)凭仓单提取仓储物的权利。

(4)转让提取仓储物的权利。

(5)仓储合同中没有约定仓储时间的,有随时提取仓储物的权利。

(6)仓储合同中约定仓储时间的,存货人仍有提前提取仓储物的权利。

(7)因仓储人的原因造成仓储物损坏、灭失,有向仓储人索取赔偿的权利。

2. 存货人义务

(1)存货人应依合同的约定,支付仓储费包括运费、修缮费、保险费、转仓费、仓储费等费用。

(2)按合同的约定交付仓储物并及时入库。

(3)需包装的物品,应将其妥善包装。

(4)向仓储保管人提供有关仓储物验收的资料。

(5)仓储易燃、易爆、有毒、有害、有腐蚀、有放射性等危险物品或变质物品,存货人应说明其性质,并提供相关资料。

(6)按合同约定,按期提取仓储物;如果因延迟提取,应承担赔偿责任。

7.5.3 仓储合同的违约责任和免责

1. 仓储合同的违约责任

仓储合同的违约责任是指仓储合同的当事人,因自己的过错不履行合同或履行合同不符合约定条件时所承担的法律责任。依法制裁违约行为,可以保护受害当事人的合法权益,预防和避免违约行为发生,有利于市场的稳定和秩序。

违约责任往往以弥补对方的损失为原则,违约方需对对方的损失,包括直接造成的损失和合理预见的利益损失给予弥补。违约责任的承担方式有支付违约金、损害赔偿、继续履行、采取补救措施等。

(1)支付违约金。违约金是指一方违约应当向另一方支付的一定数量的货币。从性质上而言,违约金是"损失赔偿额的预定",具有赔偿性,同时,又是对违约行为的惩罚,具有惩罚性。在仓储合同中,赔偿性违约金是指存货人与保管人对违反仓储合同可能造成的损失而做出的预定的赔偿金额。当一方当事人违约给对方当事人造成某种程度的损失,而且这种数额超过违约金数额时,违约的一方当事人应当依照法律规定实行赔偿,以补足违约金不足部分。惩罚性违约金,是指仓储合同的一方当事人违约后,不论其是否给对方造成经济损失,都必须支付的违约金。

违约金分为法定违约金和约定违约金两种。法定违约金是指国家法律或法规有明确规定的违约金。根据法律、法规对违约金的比例是否有明确规定,法定违约金又可分为两种。一是固定比率的违约金,即有关法规具体规定了违约金的交付比率;一是浮动比率的违约金,即有关法律只规定了违约金上下浮动界限的百分比,具体比例由当事人在此范围内约定。对于仓储合同,我国法律只规定了固定比率的违约金,而没有规定浮动比率的违约金。约定违约金是指仓储合同当事人在签订合同时协商确定的违约金。约定违约金是仓储合同当事人的自主意思表示,没有比例幅度,完全由存货人与保管人协商确定。但是,当事人约定违约金既不能过高,也不能过低,过高会加重违约方的经济负担,过低则起不到督促当事人履行合同的作用。

(2)损害赔偿。损害赔偿是指合同的一方当事人违约时,在违约方履行义务或者采取其他补救措施后,如果对方还有其他损失时,违约方应承担赔偿损失的责任。

(3)继续履行。继续履行是指一方当事人在不履行合同时,对方有权要求违约方按照合同规定的标的履行义务,或向法院请求强制违约方按照合同规定的标的履行义务,而不得以支付违约金和赔偿金的办法代替履行。

通常情况下,继续履行有下列的构成要件:①仓储合同的一方当事人有违约行为;②违约一方的仓储合同当事人要求继续履行;③继续履行不违背合同本身的性质和法律;④违约方能够继续履行。在仓储合同中,要求继续履行作为非违约方的一项权利,是否需要继续履行,取决于仓储合同非违约一方的当事人,他可以请求支付违约金、赔偿金,也可以要求继续履行。

2. 仓储合同的免责

仓储合同的免责也称仓储合同违约责任免除,是一方当事人不履行合同或法律规定的义务,致使对方受到遭受损失,由于有不可归责于违约方的事由,法律规定违约方可以不承担民事责任的情况。仓储合同对违约责任的免除有以下几种情况:

(1)不可抗力。不可抗力是指当事人不能预见、不能避免并且不能克服的客观情况。它包括自然灾害(如火山爆发、地震、台风、冰雹和洪水侵袭等)和某些社会现象(如战争、罢工等)。因不可抗力造成仓储保管合同不能履行或不能完全履行,违约方不承担民事责任。

合同签订后因出现不可抗力的时间不同,会有几种不同的法律后果:当出现不可抗力以后,再要求义务人继续履行义务已无任何可能性时,可以全部免除当事人的履行义务;不可抗力的出现只对合同的部分履行带来影响,在此情况下只能免除不能履行部分的责任;如果不可抗力的出现只是对合同的履行暂时产生影响,等不可抗力的情势消失后,当事人应继续履行合同。

不可抗力的免责是有条件的,在不可抗力发生以后,作为义务方必须要采取以下积极的措施才可以免除其违约责任:

①发生不可抗力事件后,应当积极采取有效措施,尽最大努力避免和减少损失,如果当事人有能力避免损失的加剧,但未采取有效措施致使损失扩大,扩大的损失不属于不可抗力造成的损失。

②发生不可抗力事件后,应当及时向对方通报不能履行或延期履行合同的理由。及时通报的目的是使对方当事人根据合同不能履行的具体情况,采取适当措施,尽量避免或减少由此而造成的损失。如果遭受不可抗力的一方没有及时通报,由此而加重了对方的损失,则加重部分不在免责之列。

③发生不可抗力事件后,应当取得有关证明。即遭遇不可抗力的当事人要取得有关机关的书面材料,证明不可抗力发生以及影响当事人履行合同的情况,这样如果日后发生纠纷,也可以做到有据可查。

(2)仓储物自然特性。根据《合同法》及有关规定,由于储存货物本身的自然性质和合理损耗,造成货物损失的,当事人不承担责任。如原我国内贸部发布的《国家粮油仓库管理办法》中规定,一般粮食保管自然损耗率(即损耗量占入库量的百分比)为:保管时间在半年以内的,不超过0.10%;保管时间在半年以上至1年的,不超过0.15%;保管时间在1年以上直至出库,累计不超过0.20%。因此在此范围内的损耗属于合理损耗,保管人对此不承担任何责任。

(3)存货人的过失。由于存货人的原因造成仓储物的损害,如包装不符合约定、未提供准确的验收资料、隐瞒和夹带、存货人的错误指示和说明等,保管人不承担赔偿责任。

(4)合同约定的免责。基于当事人的利益,双方在合同中约定免责事项,对负责事项造成的损失,不承担互相赔偿责任。如约定货物入库时不验收重量,则保管人不承担重量短少的赔偿责任;约定不检验货物内容质量的,保管人不承担非作业保管不当的内容变质损坏责任。

7.6 仓单的填写

仓单(warehouse receipt)是保管人收到仓储物后给存货人开付的提取仓储物的凭证。它表示一定数量的货物已由存货人交付保管人。

仓单除作为已收取仓储物的凭证和提取仓储物的凭证外,还可以通过背书,转让仓单项下货物的所有权,或者用于出质。存货人在仓单上背书并经保管人签字或者盖章,转让仓单始生效力。

7.6.1 仓单的性质

1. 仓单为有价证券

《合同法》第387条规定:“仓单是提取仓储物的凭证。存货人或者仓单持有人在仓单上背书并经保管人签字或者盖章的,可以转让提取仓储物的权利。”可见,仓单表明存货人或者仓单持有人对仓储物的交付请求权,故为有价证券。

2. 仓单为要式证券

《合同法》第386条规定,仓单须经保管人签名或者盖章,且须具备一定的法定记载事项,故为要式证券。

3. 仓单为物权证券

仓单上所载仓储物的移转,必须自移转仓单始生所有权转移的效力,故仓单为物权证券。

4. 仓单为文义证券

文义证券是指证券上权利义务的范围以证券的文字记载为准。仓单的记载事项决定当事人的权利义务,当事人须依仓单上的记载主张权利义务,故仓单为文义证券。

5. 仓单为自付证券

仓单是由保管人自己填发的,又由自己负担给付义务,故仓单为自付证券。仓单证明存货人已经交付了仓储物和保管人已经收到了仓储物的事实，它作为物品证券，在保管期限届满时，存货人或者仓单持有人可凭仓单提取仓储物，也可以背书的形式转让仓单所代表的权利。

7.6.2　仓单生效的条件

1. 保管人须在仓单上签字或者盖章

保管人在仓单上签字或者盖章表明保管人对收到存货人交付仓储物的事实进行确认。保管人未签字或者盖章的仓单说明保管人还没有收到存货人交付的仓储物，故该仓单不发生法律效力。当保管人为法人时，由其法定代表人或其授权的代理人及雇员签字；当保管人为其他经济组织时，由其主要负责人签字；当保管人为个体工商户时，由其经营者签字。盖章指加盖保管人单位公章。签字或者盖章由保管人选择其一即可。

2. 仓单须包括一定的法定必要记载事项

依《合同法》第386条的规定，仓单的法定必要记载事项共有8项：

(1)存货人的名称或者姓名和住所。

(2)仓储物的品种、数量、质量、包装、件数和标记。

(3)仓储物的损耗标准。

(4)储存场所。

(5)储存期间。

(6)仓储费。

(7)仓储物已经办理保险的，其保险金额、期间以及保险人的名称。

(8)填发人、填发地和填发日期。仓单是提取仓储物的凭证。仓单不象提单那样可以通过背书流通转让。持有人将仓单转让给第三人时，须办理过户手续，第三人才能取得货物的所有权。

其中，存货人的名称或者姓名和住所，仓储物的品种、数量、质量、包装、件数和标记，储存场所，填发人、填发地和填发日期四项为绝对必要记载事项，不记载则不发生相应的证券效力。其余四项属于相对必要记载事项，如当事人不记载则按法律的规定来处理。

7.6.3　仓单的范例

1. 通用仓储仓单示例

仓单正面(此仓单背面无内容)。

×××公司仓单

凭单提货

填发日期(大写)　　年　　月　　日　　　　NO. ____________

存货人:____________________　　　　账号:____________________

储存期:__________至__________　　　　仓库地址:____________________

仓储物名称	规格	单位	数量	包装	体积	重量	备注
货值合计金额(大写)					¥(小写)		

正本提货联

注:仓储物(已/未)办理保险，

保管人(签章)　　　　保险金额¥__________元，保险期限__________，保险人:__________。

记账:　　　　　　　　复核:

骑缝章加盖处

（附件粘贴处）

2. 金融仓储仓单示例

(1)仓单正面。

×××公司仓单

凭单提货

填发日期(大写)　　年　月　日　　NO. ____________

存货人:____________________　　账号:____________________

储存期:________至________　　仓库地址:____________________

仓储物名称	规格	单位	数量	包装	标记	仓储费率	备注
货值合计金额(大写)					¥(小写)		

正本提货联

注:仓储物(已/未)办理保险,

保管人(签章)　　保险金额¥____________元,保险期限____________,保险人:____________。

记账:　　复核:

骑缝章加盖处

（附件粘贴处）

(2)仓单背面。

被背书人	被背书人	被背书人
背书人签章 年　月　日	背书人签章 年　月　日	背书人签章 年　月　日
保管人签章 年　月　日	保管人签章 年　月　日	保管人签章 年　月　日

(贴粘单处)

持单人向公司　　　　　　　　　　身份证件名称:
提示取货签章:　　　　　　　　　　号　　码:
发证机关:

计 划 单

<table>
<tr><td>学习领域</td><td colspan="5">仓储作业管理</td></tr>
<tr><td>学习情境</td><td colspan="3">仓储经营管理</td><td>学　时</td><td>8</td></tr>
<tr><td>工作任务</td><td colspan="3">仓储合同</td><td>任务学时</td><td>4</td></tr>
<tr><td>计划方式</td><td colspan="3">小组讨论,制定计划</td><td>计划学时</td><td>0.5</td></tr>
<tr><td>序　号</td><td colspan="3">实施步骤</td><td colspan="2">使用资源</td></tr>
<tr><td>1</td><td colspan="3"></td><td colspan="2"></td></tr>
<tr><td>2</td><td colspan="3"></td><td colspan="2"></td></tr>
<tr><td>3</td><td colspan="3"></td><td colspan="2"></td></tr>
<tr><td>4</td><td colspan="3"></td><td colspan="2"></td></tr>
<tr><td>5</td><td colspan="3"></td><td colspan="2"></td></tr>
<tr><td>6</td><td colspan="3"></td><td colspan="2"></td></tr>
<tr><td>制定计划说明</td><td colspan="5"></td></tr>
<tr><td rowspan="2">计划评价</td><td>班　级</td><td></td><td>第　组</td><td>组长签字</td><td></td></tr>
<tr><td>教师签字</td><td colspan="2"></td><td>日　期</td><td></td></tr>
<tr><td colspan="6">评语：</td></tr>
</table>

决　策　单

<table>
<tr><td>学习领域</td><td colspan="5">仓储作业管理</td></tr>
<tr><td>学习情境</td><td colspan="3">仓储经营管理</td><td>学　时</td><td>8</td></tr>
<tr><td>工作任务</td><td colspan="3">仓储合同</td><td>任务学时</td><td>4</td></tr>
<tr><td colspan="4">决策学时</td><td colspan="2">0.5</td></tr>
<tr><td rowspan="7">方案对比</td><td>组号</td><td>方案的可行性</td><td>实施的可操作性</td><td>知识运用的科学性</td><td>综合评价</td></tr>
<tr><td>1</td><td></td><td></td><td></td><td></td></tr>
<tr><td>2</td><td></td><td></td><td></td><td></td></tr>
<tr><td>3</td><td></td><td></td><td></td><td></td></tr>
<tr><td>4</td><td></td><td></td><td></td><td></td></tr>
<tr><td>5</td><td></td><td></td><td></td><td></td></tr>
<tr><td>6</td><td></td><td></td><td></td><td></td></tr>
<tr><td>方案评价</td><td colspan="5"></td></tr>
</table>

<table>
<tr><td>班　级</td><td></td><td>组长签字</td><td></td><td>教师签字</td><td></td><td>月　日</td></tr>
</table>

实 施 单

<table>
<tr><td>学习领域</td><td colspan="4">仓储作业管理</td></tr>
<tr><td>学习情境</td><td colspan="2">仓储经营管理</td><td>学　时</td><td>8</td></tr>
<tr><td>工作任务</td><td colspan="2">仓储合同</td><td>任务学时</td><td>4</td></tr>
<tr><td>实施方式</td><td colspan="2">分组实施，小组成员合作，按实际实施情况填写</td><td>实施学时</td><td>1</td></tr>
<tr><td rowspan="11">方案对比</td><td>序　号</td><td>实施步骤</td><td colspan="2">使用资源</td></tr>
<tr><td>1</td><td></td><td colspan="2"></td></tr>
<tr><td>2</td><td></td><td colspan="2"></td></tr>
<tr><td>3</td><td></td><td colspan="2"></td></tr>
<tr><td>4</td><td></td><td colspan="2"></td></tr>
<tr><td>5</td><td></td><td colspan="2"></td></tr>
<tr><td>6</td><td></td><td colspan="2"></td></tr>
<tr><td>7</td><td></td><td colspan="2"></td></tr>
<tr><td>8</td><td></td><td colspan="2"></td></tr>
<tr><td>9</td><td></td><td colspan="2"></td></tr>
<tr><td>10</td><td></td><td colspan="2"></td></tr>
<tr><td colspan="5">实施说明：</td></tr>
</table>

班　级		第　组	组长签字	
教师签字			日　期	

作 业 单

<table>
<tr><td>学习领域</td><td colspan="3">仓储作业管理</td></tr>
<tr><td>学习情境</td><td>仓储经营管理</td><td>学 时</td><td>8</td></tr>
<tr><td>工作任务</td><td>仓储合同</td><td>任务学时</td><td>4</td></tr>
<tr><td colspan="4">作业内容</td></tr>
<tr><td>1</td><td colspan="3">根据仓储合同内容要求认真填写仓储合同。
2011 年 2 月 1 日,龙江仓储服务公司与哈尔滨家家福签订仓储合同。下表为哈尔滨家家福在龙江仓储服务公司存储货物公司在存储货物的情况表。
<table>
<tr><th>编号</th><th>外包装尺寸(m)</th><th>货物名称</th><th>数量</th><th>质量规格</th></tr>
<tr><td>20110101</td><td>0.4×0.3×0.2</td><td>方便面</td><td>1 000 箱</td><td>150 g</td></tr>
<tr><td>20110102</td><td>0.33×0.2×0.23</td><td>酥饼</td><td>2 000 箱</td><td>50g×10</td></tr>
<tr><td>20110105</td><td>0.4×0.2×0.2</td><td>芒果汁</td><td>2 000 箱</td><td>500 mL</td></tr>
</table></td></tr>
<tr><td colspan="4">作业解答:</td></tr>
<tr><td>2</td><td colspan="3">房屋、汽车、家庭电器、家具中哪些商品不能成为仓储合同的标的物?</td></tr>
<tr><td colspan="4">作业解答:</td></tr>
</table>

<table>
<tr><td rowspan="4">作业评价</td><td>班 级</td><td></td><td>第 组</td><td>组长签字</td><td colspan="2"></td></tr>
<tr><td>学 号</td><td></td><td>姓 名</td><td colspan="3"></td></tr>
<tr><td>教师评分</td><td></td><td>教师签字</td><td></td><td>日 期</td><td></td></tr>
<tr><td colspan="6">评语:</td></tr>
</table>

评 价 单

<table>
<tr><td>学习领域</td><td colspan="6">仓储作业管理</td></tr>
<tr><td>学习情境</td><td colspan="3">仓储经营管理</td><td>学 时</td><td>8</td></tr>
<tr><td>工作任务</td><td colspan="3">仓储合同</td><td>任务学时</td><td>4</td></tr>
<tr><td>评价类别</td><td>项 目</td><td>检查标准</td><td>个人评价</td><td>组内互评</td><td>教师评价</td></tr>
<tr><td rowspan="6">专业能力</td><td>资讯（10%）</td><td>搜集信息充分适用，查阅资料完整</td><td></td><td></td><td></td></tr>
<tr><td>计划（5%）</td><td>能运用知识进行完整方案设计</td><td></td><td></td><td></td></tr>
<tr><td>实施（20%）</td><td>仓储合同格式填写正确</td><td></td><td></td><td></td></tr>
<tr><td>检查（10%）</td><td>能够发现问题并修正</td><td></td><td></td><td></td></tr>
<tr><td>过程（5%）</td><td>安全、合理</td><td></td><td></td><td></td></tr>
<tr><td>结果（10%）</td><td>阐述观点正确</td><td></td><td></td><td></td></tr>
<tr><td rowspan="2">社会能力</td><td>团结协作（10%）</td><td>积极与他人合作，共同完成任务</td><td></td><td></td><td></td></tr>
<tr><td>敬业精神（10%）</td><td>在完成任务过程中的参与程度，积极主动</td><td></td><td></td><td></td></tr>
<tr><td rowspan="2">方法能力</td><td>计划能力（10%）</td><td>逻辑清晰、方案设计合理</td><td></td><td></td><td></td></tr>
<tr><td>决策能力（10%）</td><td>方案正确性</td><td></td><td></td><td></td></tr>
<tr><td rowspan="3">检查评价</td><td>班 级</td><td></td><td>姓 名</td><td></td><td>学 号</td><td></td></tr>
<tr><td>教师签字</td><td></td><td>第 组</td><td>组长签字</td><td></td><td>月 日</td></tr>
<tr><td colspan="6">评语：</td></tr>
</table>

任务8　仓储成本和绩效管理

任　务　单

<table>
<tr><td>学习领域</td><td colspan="8">仓储作业管理</td></tr>
<tr><td>学习情境</td><td colspan="6">仓储经营管理</td><td>学　时</td><td>8</td></tr>
<tr><td>工作任务</td><td colspan="6">仓储成本和绩效管理</td><td>任务学时</td><td>2</td></tr>
<tr><td colspan="9">布置任务</td></tr>
<tr><td>工作目标</td><td colspan="8">1. 了解仓储成本的构成内容,掌握仓储成本分析与控制的内容
2. 掌握仓储绩效考核指标的分析方法
3. 能运用仓储绩效评价量化指标体系对仓储绩效进行分析和改进</td></tr>
<tr><td>任务描述</td><td colspan="8">学生5人一组,观察仓储各环节实地操作录像,发现并记录出现及可能出现的显性成本、隐性成本
思考并分析在哪些环节可以改进优化而降低成本
给出某仓储公司资源利用程度、服务水平、能力与质量方面绩效评价与管理指标分析单证,学生填写完善相关绩效评价单证</td></tr>
<tr><td rowspan="2">学时安排</td><td>资　讯</td><td>计　划</td><td>决　策</td><td>实　施</td><td colspan="2">检　查</td><td colspan="2">评　价</td></tr>
<tr><td>0.5学时</td><td>0.2学时</td><td>0.3学时</td><td>0.5学时</td><td colspan="2">0.3学时</td><td colspan="2">0.2学时</td></tr>
<tr><td>提供资料</td><td colspan="8">1. 薛威. 仓储作业管理. 北京:高等教育出版社,2012
2. 张铎. 仓储管理实务. 北京:中国铁道出版社,2008
3. 钟苹. 仓储管理实务. 大连:大连理工大学出版社,2009
4. 校园网精品课程资源库资料</td></tr>
<tr><td>对学生的要求</td><td colspan="8">1. 能够独立自主学习相关知识,并对相关知识和技能进行运用
2. 掌握会计学相关知识
3. 具备物流统计学相关知识</td></tr>
</table>

资 讯 单

<table>
<tr><td>学习领域</td><td colspan="3">仓储作业管理</td></tr>
<tr><td>学习情境</td><td>仓储经营管理</td><td>学　　时</td><td>8</td></tr>
<tr><td>工作任务</td><td>仓储成本和绩效管理</td><td>任务学时</td><td>2</td></tr>
<tr><td>资讯方式</td><td>结合案例，了解并掌握，查阅参考文献</td><td>资讯学时</td><td>0.5</td></tr>
<tr><td rowspan="7">资讯问题</td><td colspan="3">1. 进行仓储绩效评价时要遵循哪些原则？</td></tr>
<tr><td colspan="3">2. 对仓储成本和绩效进行分析时可以从哪些方面进行？</td></tr>
<tr><td colspan="3">3. 仓储绩效评价的标准有哪些？</td></tr>
<tr><td colspan="3">4. 仓储绩效评价和管理对企业自身的意义有哪些？</td></tr>
<tr><td colspan="3">5. 如何对装卸搬运作业进行成本控制？</td></tr>
<tr><td colspan="3">6. 降低仓储包装作业成本，应考虑哪些方面问题？</td></tr>
<tr><td colspan="3">7. 为什么说仓储服务水平应该是在合理的仓储成本之下的服务质量？</td></tr>
<tr><td>资讯引导</td><td colspan="3">1. 赵奕凌. 物流成本管理与控制. 成都：西南交通大学出版社，2013
2. 薛威. 仓储作业管理. 北京：高等教育出版社，2012
3. 中国就业培训技术指导中心. 高级物流师. 北京：中国劳动社会保障出版社，2012
4. 钟苹. 仓储管理实务. 大连：大连理工大学出版社，2009
5. 仓储服务质量要求. GB/T 21071—2007
6. 校园网精品课程资源库资料</td></tr>
</table>

»»»» 信　息　单 ««««

8.1　仓储成本管理

随着我国经济的快速发展,物流业已成为21世纪我国经济发展的重要产业。仓储在物流系统中起着举足轻重的作用,仓储成本管理水平的高低,对整个物流成本管理具有重要的意义。

8.1.1　仓储成本的构成

仓储成本是指仓储企业在储存物品过程中,包括收发物品、存储保管、装卸搬运、流通加工等各环节,所消耗的人力、物力、财力及风险成本的总和,是仓储企业在开展仓储业务活动中各种要素投入的以货币计算的总和。

与库存成本不同,货物的仓储成本主要是指货物保管的各种支出,其中一部分为仓储设施和设备的投资,另一部分则为仓储保管作业中的活劳动或者物化劳动的消耗,主要包括工资和能源消耗等。根据货物在保管过程中的支出,可以将仓储成本分成以下几类。

1. 保管费

为存储货物所开支的货物养护、保管等费用,它包括:用于货物保管的货架、货柜的费用开支,仓库场地的房地产税等。

2. 仓库管理人员的工资和福利费

仓库管理人员的工资一般包括固定工资、奖金和各种生活补贴。福利费可按标准提取,一般包括住房基金、医疗以及退休养老支出等。

3. 折旧费或租赁费

仓储企业有的是以自己拥有所有权的仓库以及设备对外承接仓储业务,有的是以向社会承包租赁的仓库及设备对外承接业务。自营仓库的固定资产每年需要提取折旧费,对外承包租赁的固定资产每年需要支付租赁费。仓储费或租赁费是仓储企业的一项重要的固定成本,构成仓储企业的成本之一。对仓库固定资产按折旧期分年提取,主要包括:库房、堆场等基础设施的折旧和机械设备的折旧等。

4. 修理费

主要用于设备、设施和运输工具的定期大修理,每年可以按设备、设施和运输工具投资额的一定比率提取。

5. 装卸搬运费

装卸搬运费是指货物入库、堆码和出库等环节发生的装卸搬运费用,包括搬运设备的运行费用和搬运工人的成本。

6. 管理费用

管理费用指仓储企业或部门为管理仓储活动或开展仓储业务而发生的各种间接费用,主要包括仓库设备的保险费、办公费、人员培训费、差旅费、招待费、营销费、水电费等。

7. 仓储损失

仓储损失是指保管过程中货物损坏而需要仓储企业赔付的费用。造成货物损失的原因一般包括仓库本身的保管条件,管理人员的人为因素,货物本身的物理、化学性能,搬运过程中的机械损坏等,实际中应根据具体情况,按照企业的制度标准,分清责任合理计入成本。

8.1.2　仓储成本分析与控制

根据成本的性态可将仓储成本分为固定成本和变动成本两部分。

固定成本是指仓储作业活动中,在一定时期内不随仓库储存量的大小、仓库空间利用率的高低变化而变化的成本。主要包括:保险、大修理提存、固定资产折旧或长期租赁费用、固定工资及附加费等。

变动成本是指指仓储作业活动中,在一定时期内随着仓库储存量的增减变化而呈正比例增减变化的成本。主要包括:保管费、加班费、苫垫物料费、设备运转成本(燃料、材料消耗、维修)等。

仓储成本的降低直接实现物流成本的降低。产品在仓储中的组合、妥善配载和流通包装、成组等流通加工就是为了提高装卸效率,充分发挥运输能力,从而降低运输成本,合理和准确地仓储可以减少商品的流动、换装、降低作业次数,采取机械化和自动化的仓储作业,有利于降低作业成本。优良的仓储管理,对商品实施有效的保管和养护,准确的数量控制,都能大大减少风险成本。

1. 储存成本分析与控制

储存成本分析主要是对固定成本的分摊分析,一定的储存量和稳定的储存规律性可以通过降低单位物品的储存成本来提高储存效益,因此要提高仓库储存量,应合理规划仓储空间。

2. 装卸搬运作业成本分析与控制

装卸搬运作业成本主要包括装卸搬运机具成本和费用、燃料、润料消耗费用、人工成本和时间费用等。

(1)合理选择装卸搬运机具。合理选择和使用装卸搬运机具是提高装卸效率、降低装卸搬运成本的重要环节。装卸搬运机械化程度可分为三个等级:第一级是用简单的装卸器具;第二级是使用专用的高效率机具;第三级是依靠电脑控制实行自动化、无人化操作。

选择哪一级别,不仅要从是否经济合理来考虑,而且还要从加快物流速度、减轻劳动强度和保证人与物的安全等方面来考虑。

如果装卸搬运的物品属于偶然性作业,又属于重、大物品,必须采用机械进行装卸搬运时,可临时租借设备,如果属于风险性大的作业,无操作经验,应该将此业务外包出去。

(2)提高物品装卸搬运的活化性与可运性。装卸搬运的活化性要求装卸搬运作业必须为下一个环节的物流活动作好准备,为了对活性有所区别,并能有计划地提出活性要求,使每一步装卸搬运都能按一定活性要求进行操作,对于不同放置状态的物品做了不同的活性规定,这就是“活性指数”,活性指数越高,物品越容易进入装卸搬运状态。如果很容易转变为下一步的装卸搬运而不需过多做装卸搬运前的准备工作,则活性就高;如果难于转变为下一步的装卸搬运,则活性低。

根据物料所处的状态,可分为不同的级别。

0 级——物料杂乱地堆在地面上的状态。

1 级——物料装箱或经捆扎后的状态。

2 级——箱子或被捆扎后的物料,下面放有枕木或其他衬垫后,便于叉车或其他机械作业的状态。

3 级——物料被放于台车上或用起重机吊钩钩住,即刻移动的状态。

4 级——被装卸、搬运的物料,已经被起动、直接作业的状态。

从理论上讲,活性指数越高越好,但也必须考虑到实施的可能性。例如,物料在储存阶段中,活性指数为 4 的输送带和活性指数为 3 的车辆,在一般的仓库中很少被采用,这是因为大批量的物料不可能存放在输送带和车辆上的缘故。

装卸搬运的可运性就是指装卸搬运的难易程度。影响装卸搬运难易程度的因素主要包括:①物品外形尺寸;②物品密度或笨重程度;③物品形状;④物品、设备或人员损伤的可能性;⑤物品的活性程度等。装卸搬运物品的可运性的度量标准是根据装卸搬运的工具不同而定的。如人工装卸搬运,是指物品整理的用一只手可以方便地拿起放下,不散不勒手;若用电动叉车装卸搬运,不用其他辅助工具,物品整齐坚固的码放在托盘上,堆码不歪、不斜、不倒。提高装卸搬运的可运性是降低装卸搬运成本的重要手段。

(3)利用重力作用,减少能量消耗。在装卸搬运时应尽可能借助物品重力的作用,减轻劳动力和其他能源的消耗。如利用流利货架、利用地势安装倾斜无动力小型传送带进行物品装卸,使物品依靠本身重量完成装卸搬运作业。

(4)合理选择装卸搬运方式。在装卸搬运过程中,必须根据物品的种类、性质、形状、重量来确定装卸搬运方式。在装卸时对物品进行处理的方式有三种:

第一种是"单品处理",即按普通包装对物品逐个进行装卸,一般符合物品的可运性,对体积较大的单品来讲效率较高,对体积较小的单品,虽符合物品的可运性,但效率仍较低。

第二种是"单元处理",即物品以托盘、集装箱为单位进行组合后进行装卸搬运,一般符合物品的可运性,可以提高装卸效率。

第三种是"散装处理"即对粉粒状货物不加包装而进行的装卸搬运,虽然活性程度较低,可运性较差但可节省包装费用,如果再使用简单的装卸器具(如传送带)进行装卸,可节约设备费用。

(5)改进装卸搬运作业方法。装卸搬运是物流的辅助功能之一,是重要的一个环节。合理分解装卸搬运活动,选择适合企业的装卸搬运设备,提高机械化和自动化装卸水平,对于改进装卸搬运作业,提高装卸搬运效率,降低装卸搬运成本有着重要的意义。

3. 备货作业成本分析与控制

备货作业是仓储作业中最繁杂的作业,为了降低备货作业成本,以采取以下方式。

(1)合理选择备货作业方式。备货的作业方式包括全面分拣,批处理分拣,分区分拣,分组分拣。

①全面分拣。由一个备货人员全面负责一个订单,并负责订单从开始到结束的整个履行过程,分拣全过程实行摘果法。当备货物品的种类较多时,应采用全面分拣方式。

②批处理分拣。备货人员负责一组订单,在接收这批订单后,先建立批处理清单(包括整个订单组里每种储存单元的物品总数),然后按照批处理订单,采用摘果法分拣物品,并将物品送到站台,再采用播种法将它们在各个订单之间进行分配。当备货物品的物品种类较少时,应采用批处理分拣方式。

③分区分拣。将仓库分成若干个区域,每个区域配有备货人员,在分区订单处理计划中,备货人员挑选出订单中存放在其所负责区域的物品,并将其传给下一个备货人员,由他挑选出下一个区域内的物品,依次传递下去。这种方式,一个订单的分拣由很多人来完成。当仓库面积比较大,存放不同物品的区域相隔较远时,应采用分区分拣方式。

④分组分拣。是指按一个指定特征划分,如按承运人分,根据提单将某一承运人所运送的物品拣出。当不同的订单由不同的承运人承担运输时,应采用分组分拣方式,可以节约成本。

(2)合理安排仓储空间,降低备货成本。仓储的空间越大,备货时移动的距离就越长。在备货作业中,妨碍作业效率提高的主要因素是仓储空间,因此,应合理安排仓储空间,将仓储空间分为保管区和备货区,有利于提高备货的作业效率。

(3)加强货位管理,提高备货作业效率。备货人员必须熟悉物品存放的货位。应用计算机管理的仓库,备货人员可利用仓储管理系统,查出订单中物品的存放位置,提高备货作业效率,降低备货成本

4. 流通加工作业成本分析与控制

(1)确定合理的加工能力。流通加工的成本属于半变动成本,即设备的折旧一般不随着加工量的变化而变化,但材料、能源、人工等费用却随着加工量的增加成正比增加。按照固定成本和变动成本的性质,流通加工的数量越大,流通加工的成本总额也相应增加,若加工数量超过加工能力,需要增加投入,倘若加工作业量又不均衡,就可能会给企业带来更大的损失。但是,加工批量过小,表现为加工能力过剩,会造成加工设备、加工人员的闲置,带来成本损失。因此,仓储企业应根据客户需要和企业的加工能力来确定加工批量和数量。

(2)确定合理的流通加工方式。流通加工的方式很多,加工方式又与流通加工成本存在着一定的联系。仓储企业应根据企业的加工能力和客户的需求,选择适当的加工方法和加工深度。在确定加工方式时,必须进行经济核算和可行性研究,确定合理的加工成本。

(3)加强流通加工的生产管理。流通加工的生产管理与流通加工成本联系十分紧密。一般地,生产

管理的水平越高，其成本越低。流通加工生产管理的内容很多，如劳动生产率、设备利用率、能源的消耗比率、加工物资消耗定额等，都与流通加工成本密切相关。

5. 人工费用的分析与控制

对仓储过程中投入的劳动力，仓储企业应尽可能充分的利用，并使其能够发挥最大的效用。若要实现这一目标，就应当分析工时利用率。

工时利用率指标如下：

$$\text{时间利用率}=\frac{\text{某一期间作业性活动的实际时间}}{\text{同期全体员工数}\times\text{制度工作小时数}}\times 100\%$$

该比率接近于1，就说明利用率高；反之利用率低。若减少非生产人员，就可以在提高时间利用率的同时降低工资费用。

仓储企业还可以通过考察每项主要业务活动所耗用的生产时间的百分比做进一步分析，对劳动实行定量管理。如用收货、存放、拣选、发货等任何一项活动及其具体作业内容与时间的比率来说明劳动生产率，如用单位时间托盘的装载量和卸载量、单位时间托盘货物的入库量、单位时间包装量、单位时间拣选出库量等。利用这些作业量指标核算成本支出的数据，进行成本控制，达到降低成本的目的。

6. 包装作业成本分析与控制

包装作业成本是影响仓储管理成本的重要成本之一，要考虑以下几个方面的问题：

（1）使用价廉物美的包装材料。

（2）包装作业机械化，提高包装效率。

（3）采用大包装，尽量使包装简单化，节约包装材料。

（4）利用原有包装，加贴新标签。

7. 机具物料和燃料的成本控制

在仓储作业过程中，各种工具、索具、叉车、吊车、制冷、除湿、通风等的使用，都要耗费燃料、润料、电力和水资源等。要进行有效的控制，把消耗降至最低点。需要制定合理的作业流程，尽量减少不必要的重复性作业，避免过度使用设备，提高设备完好率。

8. 提高仓储服务质量，降低仓储成本

通常情况下，仓储服务质量越高仓储成本就越高。但是仓储服务质量也有饱和点，当仓储质量达到一定高度时，仓储质量的增长速度慢于仓储成本的增长速度，这时仓储质量的提高是依靠成本的大幅度提高而提高的，客户是不认同这种质量提高的。客户总是希望以最经济的成本得到最佳的服务，所以仓储服务水平应该是在合理的仓储成本之下的服务质量。

9. 降低机会成本和风险成本

在仓储过程中，以下几种情况会形成企业风险成本：

（1）物品会因各种原因被污染、损坏、腐烂、被盗或由于其他原因不适于或不能使用，直接造成物品的损失。

（2）客户未履行合同的违约金以及仓库支付的赔偿金。

（3）保险作为一种保护性措施，能帮助企业预防灾害性损失，但保险费也构成风险成本的一部分。

（4）库存物品价值的提高，仓库所承担的风险也在提高，因此从理论上说，仓储费是根据物品价值收取的，物品价值增加，仓储费用也应当相应增加。从这个意义上讲，货主就必须将物品的价值、特性等告诉保管人，以便其提出相应的仓储费用的报价。但是，货主若故意隐瞒物品的价值，势必就增加了仓储企业的风险成本。

若仓储企业为了减少风险成本或远离风险，对易碎性、易破损性的物品不予经营，势必减少了仓库吞吐量，增加了机会成本。此外，对于轻、大和重物，短期储存和长期储存都存在机会成本的问题，企业要根据经验和规律合理解决。

8.2　仓储绩效管理

仓储企业的作业与管理绩效如何,需要用绩效评价指标来进行评价分析,仓储绩效评价与考核的指标是由多方面的指标所构成的指标体系,主要包括反映仓储作业效率指标、仓储作业效益的指标、仓储作业设施设备利用程度的指标、仓储作业消耗的指标、仓储作业质量的指标、物品储存的安全性指标等。

8.2.1　反映仓储作业效率的指标

1. 货物吞吐量

货物吞吐量也称物品周转量,是指计划期内进出库货物的总量,一般以吨表示,计划指标通常以年吞吐量计算。其计算公式为

$$计划期货物吞吐量=计划期货物总进库量+计划期货物总出库量+计划期货物直拨量$$

其中,计划期货物总进库量指验收后入库的货物数量,计划期货物出库量指按调拨计划、销售计划发出的货物数量,计划期货物直拨量指从港口、车站直接拨给用户或货到专用线未经卸车直接拨给用户的货物数量。吞吐量是反映仓储工作的数量指标,是仓储工作考核中的主要指标,也是计算其他指标的基础和依据。

2. 平均收发货时间

平均收发货时间是指仓库收发每笔货物(即每张出入货单据上的货物)平均所使用的时间,收发时间总和一般按天计算。它是一项反映仓储服务质量的指标,同时也能反映仓库的劳动效率。其计算公式为

$$平均收发每笔货时间(小时/笔)=\frac{收发货时间总和(小时)}{收发货总笔数(笔)}$$

收发货时间一般界定为:收货时间指自单证和货物到齐后开始计算时间,经验收入库,填写入库单送交保管会计登账为止所经历的时间;发货时间指自仓库接到发货单(调拨单)开始,经备货、包装、填单等流程,到办妥出库手续为止所经历的时间,一般不把在库待运时间列为发货时间。

3. 物品及时验收率

物品及时验收率表明仓库按照规定的时限执行验收物品的情况。其计算公式为

$$物品及时验收率=\frac{一定时期内及时验收笔数}{同期收货总笔数}\times 100\%$$

4. 全员劳动生产率

一定时期内,仓库全体员工平均每人完成的出入库商品的数量。其计算公式为

$$全员劳动生产率=\frac{仓库全年吞吐量}{年平均员工人数}$$

5. 库存物品周转率

库存效率方面的指标主要是以库存周转率来反映,影响库存效率的其他指标最终都是通过库存周转率反映出来的。

(1)基本表示方法。一般情况下,货物的周转速度可以用周转次数和周转天数两个指标来反映。其计算公式为

$$货物年周转次数(次/年)=\frac{年发货总量}{年货物平均储存量}\times 100\%$$

$$货物年周转天数(天/次)=\frac{360}{货物年周转次数}$$

其中,年货物平均储存量通常采用每月月初货物储存量的平均数,货物周转次数越少,则周转天数越

多,表明货物的周转越慢,周转的效率就越低,反之则效率就越高。

(2)库存数量表示方法。其计算公式为

$$库存周转率 = \frac{使用数量}{库存数量} \times 100\%$$

(3)库存金额表示方法。如果将数量用金额表示出来,则库存周转率公式为

$$库存周转率 = \frac{使用金额}{库存金额} \times 100\%$$

计算周转率的方法,根据需要可以有周单位、旬单位、月单位、半年单位、年单位等,一般企业所采取的是月单位或年单位,大多数以年单位计算,只有零售业使用月单位、周单位。

6. 仓库作业效率

仓库作业效率用平均每人每天完成的出入库物品量来表示。出入库量是指吞吐量减去直拨量。其计算公式为

$$仓库作业效率 = \frac{全年物品出入库总量}{仓库全体员工年制度日数}$$

8.2.2 反映仓储作业效益的指标

1. 利润总额

利润总额指企业在生产经营过程中各种收入扣除各种耗费后的盈余,反映企业在报告期内实现的盈亏总额。其计算公式为

$$利润总额 = 仓库营业收入 - 储存成本和费用 - 税金 + 其他业务利润 \pm 营业外收支净额$$

或

$$利润总额 = 报告期仓库总收入额 - 同期仓库总支出额$$

2. 工资利润率

工资利润率是指一定时期内,仓库实现的利润总额与同期工资总额的比率。该指标反映了仓库所得与所费的比例,反映了仓库的经济效益。其计算公式为

$$工资利润率 = \frac{利润总额}{同期工资总额} \times 100\%$$

3. 成本利润率

成本利润率是指一定时期内仓储企业的利润总额和同期仓储成本总额的比率。它反映成本支出的获利程度,成本利润率越高,说明收入大于支出,其经济效益就越高。其计算公式为

$$成本利润率 = \frac{利润总额}{同期仓储成本总额} \times 100\%$$

4. 资金利润率

资金利用率是指仓储所得利润与全部资金占用之比,它可以用来反映仓储的资金利用效果。其计算公式为

$$资金利润率 = \frac{利润总额}{固定资产平均占用额 + 流动资金平均占用额} \times 100\%$$

5. 收入利润率

收入利润率是指仓库利润总额与仓库营业收入总额的比率。其计算公式为

$$收入利润率 = \frac{利润总额}{仓库营业收入总额} \times 100\%$$

6. 每吨物品保管利润

每吨物品保管利润是指报告期实现的利润总额与同期物品储存总量(t)的比率。其计算公式为

$$每吨物品保管利润=\frac{报告期利润总额}{报告期物品储存总量(t)}$$

8.2.3 反映仓储作业设施设备利用程度的指标

1. 仓库货物周转率

仓库货物周转率是衡量货物周转速度的指标。指一定时间内的出库量与该时间段平均库存数量的比。是指在一定期间(一年或半年)库存周转的速度,能够反映仓库的作业规模,也能够放映出仓库的利用情况。其计算公式为

$$仓库货物周转率=\frac{一定时间内出库量}{平均库存量}$$

2. 单位面积储存量

单位面积储存量反映了仓库的平面利用效率。其计算公式为

$$单位面积储存量=\frac{日平均储存量}{仓库或货场使用面积}$$

3. 仓库面积利用率

仓库面积利用率是衡量和考核仓库利用程度的指标,仓库面积利用率越大,表明仓库面积的有效使用情况越好。其计算公式为

$$仓库面积利用率=\frac{仓库可利用面积}{仓库建筑面积}\times 100\%$$

4. 仓容利用率

仓容利用率是衡量和考核仓库利用程度的另一项指标,是仓库有效容积中实际使用的容积所占的比率。仓容利用率越大,表明仓库的利用率越高,其计算公式为

$$仓库容积利用率=\frac{报告期储存商品体积之和}{报告期仓库的有效容积}\times 100\%$$

仓库面积利用率和仓容利用率是反映仓库管理工作水平的主要经济指标。考核这两项指标,可以反映货物储存面积与仓库实际面积的对比关系及仓库面积的利用是否合理,也可以为挖潜多储、提高仓库面积的有效利用率提供依据。

5. 设备利用率

设备利用率是考核运输、装卸搬运、加工、分拣等设备利用程度的指标,设备利用率越大,说明设备的利用程度越高。其计算公式为

$$设备利用率=\frac{设备实际使用台时数}{设备总台时数}\times 100\%$$

仓储设备是企业的重要资源,设备利用率高表明仓储企业进出业务量大,是经营绩效良好的表现。

8.2.4 反映仓储作业消耗的指标

1. 材料、燃料和动力消耗指标

这类指标有机械设备耗油量、苫垫物料年消耗量、苫垫物料重复使用率、月摊销额等,各企业考核大多与企业同期比较。

2. 平均储存费用

平均储存费用是指保管每吨货物每月平均所需的费用开支。货物保管过程中消耗的一定数量的活劳动和物化劳动的货币形式即为各项仓储费用。这些费用包括在货物出入库、验收、存储和搬运过程中消耗的材料、燃料、人工工资和福利费、固定资产折旧、修理费、照明费、租赁费以及应分摊的管理费等,这些费用的总和构成仓储费用总额。

平均储存费用是仓库经济核算的主要经济指标之一，它可以综合地反映仓库的经济成果、劳动生产率、技术设备利用率、材料和燃料节约情况和管理水平等。其计算公式为

$$平均储存费用=\frac{储存费用总额}{同期平均储存最}$$

8.2.5 反映仓储作业质量的指标

1. 货损货差率

货损货差率是指一定时期内，仓库由于作业技术和保管措施等原因而发生的实际差错笔数与同期入库、出库总笔数的比率。其计算公式为

$$货损货差率=\frac{收发货累计差错笔数}{收发货累计总笔数}\times 100\%$$

2. 设备完好率

设备完好率是指处于良好状态、随时能投入使用的设备占全部设备的百分比。其计算公式为

$$设备完好率=\frac{完好设备台时数}{设备总台时数}\times 100\%$$

设备完好台时数是指设备处于良好状态的累计台时数，其中不包括正在修理或待修了设备的台时数。

3. 保管损耗率

保管损耗率即库存物品自然损耗率，是某种物品在一定的保管条件和保管期间内，其自然损耗量与该物品库存量之比。损耗率指标主要用于那些易干燥、风化、挥发、失重或破碎物品保管工作的考核。

其计算公式为

$$物品损耗率=\frac{物品损耗量}{同期物品库存总量}\times 100\%$$

库存商品的损耗通常表现为以下几方面：

(1)物品的自然损耗。物品的自然损耗是指物品在库期间，因物品性能、自然条件、包装情况、装卸搬运设备、技术操作等所造成的不可避免的损耗与自然减量，如物品发生干燥、风化、挥发、粘结、潮解、漏损、破碎等现象，以及在搬运、装卸、检验、更换包装、倒垛等过程中产生的损耗。

(2)人为因素或自然灾害造成的损耗。是指因操作或业务人员的失职和保管不善，致使货物发生霉烂、变质或丢失而造成的损失；或由于水灾、地震等自然灾害而造成的非常损失等而造成的损耗。

(3)磅差。磅差是物品在进出库时，由于计量工具精度的差别造成的物品数量的差异。允许磅差是商品流通各环节对物品称量允许发生的重量差别。

为了判定物品的损耗是否合理、一般对不同情况，不同物品规定相应的合理损耗标准，即某种物品在库期间保管这种物品所允许发生的自然损耗，称为标准损耗率，通常以百分数表示。某种物品保管损耗率若低于该物品标准损耗率的为合理损耗，高于该物品标准损耗率的部分为不合理损耗。

4. 账货相符率

账货相符率是指仓储账册上的货物存储量与实际仓库中保存的货物数量之间的相符合程度。一般在对仓储货物盘点时，逐笔与账面数字核对，账货相符率指标反映出仓库的管理水平，是避免企业财产损失的主要考核指标。其计算公式为

$$账货相符率=\frac{账货相符笔数}{库存货物总笔数}\times 100\%$$

5. 收发货差错率

收、发货的准确与否关系到仓储服务质量的高低。因此，应严格考核收发货差错率指标，将收发货差错率控制在0.005%以下。其计算公式为

$$收发货差错率 = \frac{收发货差错累计单数}{收发货累计总单数} \times 100\%$$

或

$$收发货差错率 = \frac{账货差错件数(重量)}{期内储存总件数(重量)} \times 100\%$$

两种算法有一定差异,如果一单件数较大,则按单计算差异率就低,按件计算差异率就高,按件计算较为真实。

8.2.6 物品储存的安全性指标

物品储存的安全性指标主要用发生的各种事故的大小和次数来表示,主要有人身伤亡事故、仓库失火、爆炸、被盗事故、机械损坏事故几类。这类指标一般不需计算,只是根据实际出现事故的损失大小来划分等级。

上述指标形成了对仓储管理的比较完整的绩效指标体系,从不同方面反映了仓储部门经营管理、工作质量和经济效益水平。

计 划 单

<table>
<tr><td>学习领域</td><td colspan="3">仓储作业管理</td></tr>
<tr><td>学习情境</td><td>仓储经营管理</td><td>学 时</td><td>8</td></tr>
<tr><td>工作任务</td><td>仓储成本和绩效管理</td><td>任务学时</td><td>2</td></tr>
<tr><td>计划方式</td><td>小组讨论，制定计划</td><td>计划学时</td><td>0.2</td></tr>
<tr><td>序 号</td><td>实施步骤</td><td colspan="2">使用资源</td></tr>
<tr><td>1</td><td></td><td colspan="2"></td></tr>
<tr><td>2</td><td></td><td colspan="2"></td></tr>
<tr><td>3</td><td></td><td colspan="2"></td></tr>
<tr><td>4</td><td></td><td colspan="2"></td></tr>
<tr><td>5</td><td></td><td colspan="2"></td></tr>
<tr><td>6</td><td></td><td colspan="2"></td></tr>
<tr><td>制定计划说明</td><td colspan="3"></td></tr>
</table>

<table>
<tr><td rowspan="2">计划评价</td><td>班 级</td><td></td><td>第 组</td><td>组长签字</td><td></td></tr>
<tr><td>教师签字</td><td colspan="2"></td><td>日 期</td><td></td></tr>
<tr><td colspan="6">评语：</td></tr>
</table>

决 策 单

<table>
<tr><td>学习领域</td><td colspan="5">仓储作业管理</td></tr>
<tr><td>学习情境</td><td colspan="3">仓储经营管理</td><td>学 时</td><td>8</td></tr>
<tr><td>工作任务</td><td colspan="3">仓储成本和绩效管理</td><td>任务学时</td><td>2</td></tr>
<tr><td colspan="3">决策学时</td><td colspan="3">0.3</td></tr>
<tr><td rowspan="7">方案对比</td><td>组号</td><td>方案的可行性</td><td>实施的可操作性</td><td>知识运用的科学性</td><td>综合评价</td></tr>
<tr><td>1</td><td></td><td></td><td></td><td></td></tr>
<tr><td>2</td><td></td><td></td><td></td><td></td></tr>
<tr><td>3</td><td></td><td></td><td></td><td></td></tr>
<tr><td>4</td><td></td><td></td><td></td><td></td></tr>
<tr><td>5</td><td></td><td></td><td></td><td></td></tr>
<tr><td>6</td><td></td><td></td><td></td><td></td></tr>
<tr><td>方案评价</td><td colspan="5"></td></tr>
</table>

班 级		组长签字		教师签字		月 日

实 施 单

<table>
<tr><td>学习领域</td><td colspan="4">仓储作业管理</td></tr>
<tr><td>学习情境</td><td colspan="2">仓储经营管理</td><td>学 时</td><td>8</td></tr>
<tr><td>工作任务</td><td colspan="2">仓储成本和绩效管理</td><td>任务学时</td><td>2</td></tr>
<tr><td>实施方式</td><td colspan="2">分组实施，小组成员合作，按实际实施情况填写</td><td>实施学时</td><td>0.5</td></tr>
<tr><td rowspan="11">方案对比</td><td>序 号</td><td>实施步骤</td><td colspan="2">使用资源</td></tr>
<tr><td>1</td><td></td><td colspan="2"></td></tr>
<tr><td>2</td><td></td><td colspan="2"></td></tr>
<tr><td>3</td><td></td><td colspan="2"></td></tr>
<tr><td>4</td><td></td><td colspan="2"></td></tr>
<tr><td>5</td><td></td><td colspan="2"></td></tr>
<tr><td>6</td><td></td><td colspan="2"></td></tr>
<tr><td>7</td><td></td><td colspan="2"></td></tr>
<tr><td>8</td><td></td><td colspan="2"></td></tr>
<tr><td>9</td><td></td><td colspan="2"></td></tr>
<tr><td>10</td><td></td><td colspan="2"></td></tr>
<tr><td colspan="5">实施说明：</td></tr>
</table>

班 级		第 组	组长签字	
教师签字			日 期	

作 业 单

<table>
<tr><td>学习领域</td><td colspan="5">仓储作业管理</td></tr>
<tr><td>学习情境</td><td colspan="3">仓储经营管理</td><td>学 时</td><td>8</td></tr>
<tr><td>工作任务</td><td colspan="3">仓储成本和绩效管理</td><td>任务学时</td><td>2</td></tr>
<tr><td colspan="6">作业内容</td></tr>
<tr><td>1</td><td colspan="5">仓储成本由哪些内容构成？仓储管理指标体系包括哪些？如何计算？</td></tr>
<tr><td colspan="6">作业解答：</td></tr>
<tr><td>2</td><td colspan="5">某仓库有 8 400 台计算机显示器到库，单件外形尺寸为 60 cm×60 cm× 60 cm，质量为 50 kg，外包装上标示的堆码极限标志为 6，问仓管员需准备多大的货位？若该批显示器全部存放在一个使用面积为 600 m^2 的仓库中，则该仓库的面积利用率为多大？</td></tr>
<tr><td colspan="6">作业解答：</td></tr>
<tr><td rowspan="4">作业评价</td><td>班 级</td><td></td><td>第 组</td><td>组长签字</td><td></td></tr>
<tr><td>学 号</td><td></td><td>姓 名</td><td colspan="2"></td></tr>
<tr><td>教师评分</td><td></td><td>教师签字</td><td></td><td>日 期</td></tr>
<tr><td colspan="5">评语：</td></tr>
</table>

评 价 单

<table>
<tr><td>学习领域</td><td colspan="6">仓储作业管理</td></tr>
<tr><td>学习情境</td><td colspan="4">仓储经营管理</td><td>学 时</td><td>8</td></tr>
<tr><td>工作任务</td><td colspan="4">仓储成本和绩效管理</td><td>任务学时</td><td>2</td></tr>
<tr><td>评价类别</td><td>项 目</td><td colspan="2">检查标准</td><td>个人评价</td><td>组内互评</td><td>教师评价</td></tr>
<tr><td rowspan="6">专业能力</td><td>资讯
（10%）</td><td colspan="2">搜集信息充分适用，查阅资料完整</td><td></td><td></td><td></td></tr>
<tr><td>计划
（5%）</td><td colspan="2">能运用知识进行完整方案设计</td><td></td><td></td><td></td></tr>
<tr><td>实施
（20%）</td><td colspan="2">熟练利用信息单，工具运用正确</td><td></td><td></td><td></td></tr>
<tr><td>检查
（10%）</td><td colspan="2">能够发现问题并修正</td><td></td><td></td><td></td></tr>
<tr><td>过程
（5%）</td><td colspan="2">安全、合理</td><td></td><td></td><td></td></tr>
<tr><td>结果
（10%）</td><td colspan="2">阐述观点正确</td><td></td><td></td><td></td></tr>
<tr><td rowspan="2">社会能力</td><td>团结协作
（10%）</td><td colspan="2">积极与他人合作，共同完成任务</td><td></td><td></td><td></td></tr>
<tr><td>敬业精神
（10%）</td><td colspan="2">在完成任务过程中的参与程度，积极主动</td><td></td><td></td><td></td></tr>
<tr><td rowspan="2">方法能力</td><td>计划能力
（10%）</td><td colspan="2">逻辑清晰、方案设计合理</td><td></td><td></td><td></td></tr>
<tr><td>决策能力
（10%）</td><td colspan="2">方案正确性</td><td></td><td></td><td></td></tr>
<tr><td rowspan="3">检查评价</td><td>班 级</td><td></td><td>姓 名</td><td></td><td>学 号</td><td></td></tr>
<tr><td>教师签字</td><td></td><td>第 组</td><td>组长签字</td><td></td><td>月 日</td></tr>
<tr><td colspan="6">评语：</td></tr>
</table>

学习情境 四

仓储作业管理

学习指南

学习目标

学生在教师的指导下，能分析影响入库作业的各种因素，制定入库作业计划，熟悉软件系统中订单录入方法；掌握在库操作实务流程，会合理安排装卸搬运业务和商品包装加工工作，熟练掌握盘点作业流程，学会处理盘点中发现的问题，并对库存物品进行控制；熟练掌握出库作业流程和作业内容，学会填写出库作业中的各种单证并根据不同订单选择正确的拣货方式，能处理出库作业中的常见问题。具备根据仓库主要设备及特点选择能满足生产经营活动设施设备的能力。

工作任务

1. 入库作业管理
2. 在库作业管理
3. 出库作业管理
4. 库存控制

学习情境的描述

根据仓储作业的基本流程，选取了“入库作业管理”“在库作业管理”“出库作业管理”“库存控制”四个工作任务为载体，使学生通过学习掌握物品入库准备的内容、接运的几个基本类型及物品验收的方法和技巧，填制验收后入库所涉及的相关单据；初步掌握物品的堆码、温湿度的控制、保管养护和盘点作业的技巧；能够根据出库凭证，进行核对凭证、备货、复核、点交、发放等一系列作业和业务管理活动；通过学习现代库存控制方法的原理，在保证供应的前提下，对库存货物进行控制。

任务9 入库作业管理

》》》》 任 务 单 《《《《

<table>
<tr><td>学习领域</td><td colspan="6">仓储作业管理</td></tr>
<tr><td>学习情境</td><td colspan="4">仓储作业管理</td><td>学 时</td><td>42</td></tr>
<tr><td>工作任务</td><td colspan="4">入库作业管理</td><td>任务学时</td><td>6</td></tr>
<tr><td colspan="7">布置任务</td></tr>
<tr><td>工作目标</td><td colspan="6">1. 明确入库作业基本流程
2. 能分析影响入库作业的各种因素，制定入库作业计划
3. 熟悉软件系统中订单录入方法
4. 了解入库单所包含的的内容及制作提货凭证的知识</td></tr>
<tr><td>任务描述</td><td colspan="6">仓库接到了客户的入库通知，要求：模拟仓库人员制定入库作业计划，分析影响入库作业的因素。按客户重要程度划分优先级，选择入库类型；对入库作业进行资源调度和货位安排</td></tr>
<tr><td rowspan="2">学时安排</td><td>资 讯</td><td>计 划</td><td>决 策</td><td>实 施</td><td>检 查</td><td>评 价</td></tr>
<tr><td>1 学时</td><td>0.5 学时</td><td>1.5 学时</td><td>2 学时</td><td>0.5 学时</td><td>0.5 学时</td></tr>
<tr><td>提供资料</td><td colspan="6">1. 薛威．仓储作业管理．北京：高等教育出版社，2012
2. 中国就业培训技术指导中心．高级物流师．北京：中国劳动社会保障出版社，2012
3. 蓝仁昌．物流技术与实务．北京：高等教育出版社，2007
4. 中国仓储协会．仓储管理员．北京：北京师范大学出版社，2011
5. 孙科柳．仓管员日清日高工作法．广州：广东经济出版社，2009
6. 仓储服务质量要求（GB/T 21071—2007）
7. 校园网精品课程资源库资料</td></tr>
<tr><td>对学生的要求</td><td colspan="6">1. 能够独立自主学习相关知识，并对相关知识和技能进行运用
2. 了解入库单的录入内容
3. 小组具有团队合作精神，群策群力完成工作任务
4. 严格遵守课堂纪律，不迟到，不早退</td></tr>
</table>

资　讯　单

<table>
<tr><td>学习领域</td><td colspan="3">仓储作业管理</td></tr>
<tr><td>学习情境</td><td>仓储作业管理</td><td>学　　时</td><td>42</td></tr>
<tr><td>工作任务</td><td>入库作业管理</td><td>任务学时</td><td>6</td></tr>
<tr><td>资讯方式</td><td>结合案例,了解并掌握,查阅参考文献</td><td>资讯学时</td><td>1</td></tr>
<tr><td rowspan="9">资讯问题</td><td colspan="3">1. 入库准备应做好哪些工作?</td></tr>
<tr><td colspan="3">2. 配置搬运器械包括哪些内容?</td></tr>
<tr><td colspan="3">3. 入库作业验收流程及要求有哪些?</td></tr>
<tr><td colspan="3">4. 入库交接所需单据、程序和要求有哪些?</td></tr>
<tr><td colspan="3">5. 商品验收时应核对哪些材料?</td></tr>
<tr><td colspan="3">6. 影响入库作业的因素有哪些?</td></tr>
<tr><td colspan="3">7. 入库作业计划单的作用和内容是什么?</td></tr>
<tr><td colspan="3">8. 收货人员的主要操作环节包括哪些?</td></tr>
<tr><td colspan="3">9. 入库凭证与实际送到的货物不一致如何处理?</td></tr>
<tr><td>资讯引导</td><td colspan="3">1. 薛威．仓储作业管理．北京:高等教育出版社,2012
2. 中国就业培训技术指导中心．高级物流师．北京:中国劳动社会保障出版社,2012
3. 蓝仁昌．物流技术与实务．北京:高等教育出版社,2007
4. 中国仓储协会．仓储管理员．北京:师范大学出版社,2011
5. 孙科柳．仓管员日清日高工作法．广州:广东经济出版社,2009
6. 校园网精品课程资源库资料</td></tr>
</table>

信 息 单

9.1 入库作业准备

物品入库作业是仓储配送作业管理的第一步，是仓储配送作业管理关键的环节。

9.1.1 接收入库申请

1. 入库申请

入库申请是生成入库作业计划的依据，是存货人（供货商）对仓储服务产生需求，并向仓储企业发出需求通知。仓储企业接到申请后，对此项业务进行评估并结合企业自身状况做出接收或拒绝该项业务的决定。如果拒绝该项业务，仓储企业应做出合理解释，求得客户谅解；如果接受该项业务，仓储企业需制定入库作业计划，并分别传递给存货人和仓库，做好入库准备工作。

2. 入库通知单

入库通知单是存货人向仓储企业提出入库申请的书面形式。是货主或货主委托方根据仓储协议，在一批货物送达仓库前下达任务给仓库，仅仅起到预报入库信息的作用，见表9.1。

表9.1 入库通知单

送货单位：					日期：			编号：	
编号	名称	规格	单位	应收数量	实收数量	单价	金额	摘要	附注

9.1.2 编制入库作业计划

1. 入库作业计划的内容

入库作业计划是存货人发货和仓库部门进行入库前准备的依据。经仓库部门对仓库计划分析评估之后，即可开始进行物品入库前的准备工作，其中主要包括以下几项内容：到货时间、接运方式、包装单元与状态、存储时间及物品名称、品种、规格、数量、单件体积与重量、物理、化学、生物特性等详细信息，见表9.2。

表9.2 入库作业计划单

No ________

预计到库时间				客户名称			
预计存储期				入库类型			
入库方式				其他要求			
库房				优先级			
货品编码	货品名称	规格	批次	单位	数量	体积	重量
制表人							

仓库部门对入库作业计划的内容要进行分析，并根据物品在库时间、物理、化学、生物特性，单品体积、质量、包装物等，合理安排货位，仓库部门通过对入库作业计划做出测评与分析之后，即可进行物品入库前的准备工作。

2. 影响入库作业的因素

(1)货品供应商及货物运输方式。仓储企业所涉及的供应商数量、供应商的送货方式、送货时间等因素直接影响到入库作业的组织和计划，因此，在设计进货作业时，主要应掌握以下六个方面的数据：

①每天的供货商数量(平均数量及高峰数量)。平均每天来送货的供应商数量的多少和一天中最多有多少供应商来送货对仓库入库作业的影响最大。其直接影响到收货月台、停车泊位的利用率及装卸搬运设备的配备、收货检验人员的班次排定等。

②送货的车型及车辆台数。送货的车型主要影响卸货站台的合理安排与利用及卸货方式，车辆台数直接影响作业人员的配置和作业设备、作业方式的选择。

③每台车的平均卸货时间。每台车平均卸货的时间是用来衡量入库作业效率高低的重要指标，每台车平均卸货的时间越短，服务水平就越高，但设施设备的自动化、机械化的程度要求就越高。

④货物到达的高峰时间。物品到达的高峰时间是制定作业人员轮班轮岗的重要依据，要合理安排不同班次的作业人数，以求做到作业人员的作业量和劳动强度的均衡性，同时既可以降低成本又可以保证服务水平。

⑤物品的装车方式。物品的装车方式主要影响卸货的方式和方法，如果物品是以散货形式散装的话，在卸车时要充分利用货物自身的重力；如果以件杂货形式且经过配装的话，卸车时主要以人工为主，那就应尽可消除物品自身的重力，采用不落地的装卸搬运方式，以降低作业强度；如果装车以单元形式的话，则尽可能选择机械作业方式。

⑥中转运输的转运方式。中转运输的转运方式包括：直达转运、直通转运、储存分拣转运、流通加工转运、投机转运等形式。

直达转运就是物品不经过卸车入库等环节，留在运输工具上按货主要求的时间、地点直送货主手中。

直通转运就是在仓库的站台上卸货不经入库环节，而直接转换运输方式或运输工具送达货主手中。

储存分拣转运就是物品抵达仓库时物品的去向信息不明，要先经过验收、装卸搬运、入库堆存、理货等作业，等候客户(货主)下达指令(出库单、订单等)，然后按客户要求经分拣环节送抵客户。这是一种最典型的转运方式，工作量较大且涉及的设施、设备复杂。

流通加工转运是指物品抵达仓库后，经过卸货、验收、搬运、分拣(按加工工艺)、加工、再分拣(按货主、流向、理化性质)等作业环节后送抵客户手中。

投机转运是指物品抵达仓库时物品去向信息不明，但目的明确，是囤积物品待物品价格达到期望目标时再经过验收、装卸搬运、入库堆存、理货等作业，根据货主下达的指令(出库单、订单等)，按客户要求送抵客户而获取超额利润的转运方式。

(2)货物种类、特性与数量。不同种类的货物具有不同的特性，因此需要不同的作业方式与之配合，另外，到货数量的大小也对组织入库作业产生直接影响，在进行具体分析时，应重点掌握以下数据：每天平均的到货品种数和最多的到货品种数；货物单元的尺寸及重量；货物的包装形态；货物的保存期限；货物的特性，是一般性货物还是危险性货物；装卸搬运方式。

(3)入库作业的组织管理情况。根据入库作业要求，合理设计作业岗位，确定各岗位所需的设备器材种类及数量，根据作业量大小合理确定各岗位的人员数量，另外各岗位必须安排合适的人选。整个组织管理活动应以作业内容为中心，充分考虑各环节的衔接与配套问题，合理设计基本作业流程，与此同时要考虑与后续作业的配合方式。

9.1.3　入库准备

入库准备是仓库部门根据拟定好的入库作业计划，合理安排好货位及苫垫材料、验收及装卸搬运器械以及人员和单证等,以便货物入库。

1. 货位的准备

根据入库计划,在物品到达前确定存储的位置和所需的存储货位的大小。核算占用货位大小,可分别采取以下三种方法。

(1)计重货物堆码空间。

堆码占用面积=商品到货重量/单位有效面积物品堆存量

(2)计件商品堆码空间。对于有外包装的计件货物,其堆码占用面积计算公式为

堆码占用面积=(入库总件数/允许堆码层数)×单件商品底面积

(3)上架商品摆放空间。对于放置于货架上的商品,其存放时所需占用货位的计算公式为

商品所占货位=单件商品所占货位×商品数量

2. 苫垫材料的准备

根据入库物资的性能、保管要求、体积、质量、数量、到货时间及库场的具体条件,结合物品分区、分类和货位管理的要求预先确定物品的拣货场所和储存位置。确定好货位后,要做好防雨、防潮、防尘、防晒准备,即制定苫垫方案,准备好所需的苫垫材料,确保入仓货物的安全。

苫垫材料应根据货位位置和到货物品特性进行合理的选择。苫垫分为下垫和上苫。

(1)下垫。垫垛材料主要用于物品免受地坪潮气的侵蚀,使垛底通风透气,其主要材料包括:枕木、方木、木板、石条、水泥墩、防潮纸(布)及各种人工垫板等。衬垫物数量计算公式为

$$N=\frac{Q_m}{l\times w\times q-Q_{自}}$$

式中:N——衬垫物数量;

Q_m——物品质量;

$Q_{自}$——衬垫物自重;

l——衬垫物长度;

w——衬垫物宽度;

q——仓库地坪承载能力。

(2)上苫。苫盖材料主要用于物品免受风吹、雨打、日晒、冰冻的侵蚀,苫盖材料主要包括塑料布、席子、油毡纸、铁皮、苫布及各种人工苫盖瓦等等。选择苫盖用品时,应符合“防火、经济、耐用”的要求。

3. 验收及装卸搬运器械准备

仓库理货人员要根据仓储管理制度和到货物品的种类、包装、数量、特性、货位、设备条件、人员等情况,科学合理的制定卸车搬运工艺,确定验收方法,准备验收所需要的计件、检斤、测试、开箱、装箱、丈量、移动照明等器具,配备备好搬运车辆(如人工叉车、机动叉车、手推车、传送装置),准备好防护工具(如车辆防爆装置、人员防爆服、车辆防静电装置、人员防静电服等),安排好卸货站台或场地,保证装卸搬运作业效率。

4. 人员及单证准备

按照到货物品的入库时间和到货数量,按计划安排好接运、卸货、检验、搬运物品的作业人员;仓管员对物品入库所需的各种报表、单证、账簿要准备好,以备使用。

9.2 入库作业流程

商品的入库作业是指从接到调拨单开始,到货物接运,把货物卸下,检查商品数量、质量,并完成货物的上架、登账、立卡,之后将有关进货信息进行处理等作业。图9.1为入库作业流程图。

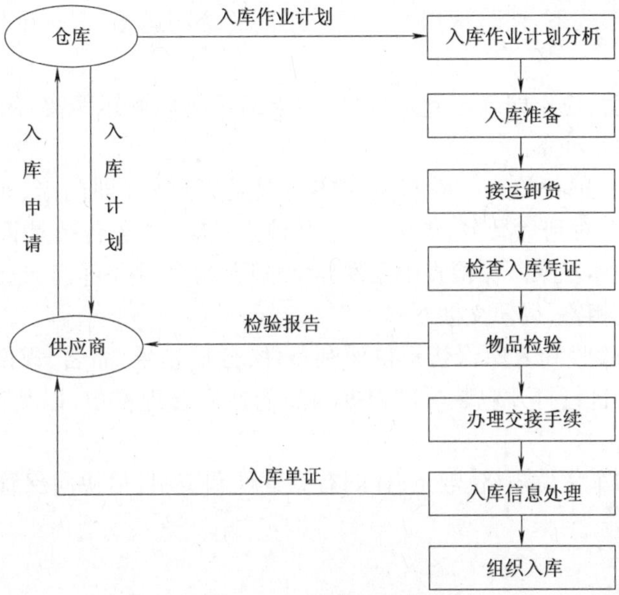

图 9.1　入库作业流程图

9.2.1　接运卸货

企业的采购信息或者调拨信息是货物接运的依据。到达仓库的商品有一部分是由供应商直接运到仓库交货,其他商品则要经过铁路、公路、航运和空运等运输工具转运。商品接运是商品进货作业的第一道作业环节,也是商品仓库直接与外部发生的经济联系。主要任务是及时而准确地向交通运输部门提取入库商品,要求手续清楚,责任分明,避免将一些在运输过程中或运输前就已经损坏的商品带入仓库,为仓库验收工作创造有利条件。

根据到达商品的数量、理化性质及包装单位,合理安排好人力及装卸搬运设备,并安排好卸货站台空间。接运方式主要有以下几种。

1. 车站、码头提货

车站、码头提货是由外地托运单位委托铁路、水运、民航等运输部门或邮局代运或邮递货物到达本埠车站、码头、民航站、邮局后,仓库依据货物通知单派车提运货物的作业活动。此外,在接受货主的委托,代理完成提货、末端送货的活动的情况下也会发生到车站、码头提货的作业活动。这种到货提运形式大多是零担托运、到货批量较小的货物。

提货人员对所提取的商品应了解其品名、型号、特性和一般保管知识以及装卸搬运注意事项等,在提货前应做好接运货物的准备工作,例如装卸运输工具,腾出存放商品的场地等。提货人员在到货前,应主动了解到货时间和交货情况,根据到货多少,组织装卸人员、机具和车辆,按时前往提货。

提货时应根据运单以及有关资料详细核对品名、规格、数量,并要注意商品外观,查看包装、封印是否完好,有无沾污、受潮、水渍、油渍等异状。若有疑点或不符,应当场要求运输部门检查。对短缺损坏情况,凡属铁路方面责任的,应做出商务记录,属于其他方面责任需要铁路部门证明的应做出普通记录,由铁路运输人员签字。注意记录内容与实际情况要相符。

在短途运输中,要做到不混不乱,避免碰坏损失。危险品应按照危险品搬运规定办理。

商品到库后,提货员应与保管员密切配合,尽量做到提货、运输、验收、入库、堆码成一条龙作业,从而缩短入库验收时间,并办理内部交接手续。

2. 专用线接车

专用线接车是指仓库备有铁路专用线,大批整车或零担到货接运的形式。一般铁路专线都与公路干线联合。在这种联合运输形式下,铁路承担主干线长距离的货物运输,汽车承担支线部分的直接面向收货方的短距离的运输。

接到专用线到货通知后,应立即确定卸货货位,力求缩短场内搬运距离;组织好卸车所需要的机械、人员以及有关资料,做好卸车准备。

车皮到达后,引导对位,进行检查。看车皮封闭情况是否良好(即门卡、车窗、铅封、苫布等有无异状);根据运单和有关资料核对到货品名、规格、标志和清点件数;检查包装是否有损坏或有无散包;检查是否有进水、受潮或其他损坏现象。在检查中发现异常情况,应请铁路部门派员复查,做出普通或商务记录,记录内容应与实际情况相符,以便交涉。

卸车时要注意为商品验收和入库保管提供便利条件,分清车号、品名、规格,不混不乱;保证包装完好,不碰坏,不压伤,更不得自行打开包装。应根据商品的性质合理堆放,以免混淆。卸车后在商品上应标明车号和卸车日期。

编制卸车记录,记明卸车货位规格、数量,连同有关证件和资料,尽快向保管员交代清楚,办好内部交接手续。

3. 仓库自行接货

这是仓库受托运方的委托,直接到供货单位提货的一种形式。其作业内容和程序主要是当仓库接到托运通知单后,做好一切提货准备,并将提货与物资的初步验收工作结合在一起进行。最好在供货人员在场的情况下,当场进行验收。因此,接运人员要按照验收注意事项提货,必要时可由验收人员参与提货。

4. 托运单位送货到库接货

这种接货方式通常是托运单位与仓库在同一城市或附近地区,不需要长途运输时被采用。其作业内容和程序是当托运方送货到货栈后,根据托运单(需要现场办理托运手续先办理托运手续)当场办理接货验收手续,检查外包装,清点数量,做好验收记录。如有质量和数量问题托运方应在验收记录上签证。

收货人员核对产品名称与司机提供的送货单(或入库通知)上信息一致后,则指挥装卸工将货品按照堆码标准整齐地码放在托盘上。

卸货的过程中必须注意:杜绝野蛮装卸和违规操作(如货品倒置、抛扔等),切实防止货物在装卸过程中的损坏;货品的外包装完好;保证相同产品(或代码)及同一生产日期(或批次)码放在同一托盘上;货品码放整齐并压缝,保证货品安全;货品码放高度不得超过货品规定的最高限度。

9.2.2 核查入库凭证

货物到库后,仓库收货人员首先要检查货物入库凭证(图 9.2),然后根据入库凭证开列的收货单位和货物名称与送交的货物内容和标记进行核对。然后就可以与送货人员办理交接手续。如果在以上工序中无异常情况出现,收货人员在送货回单上盖章表示货物收讫。如发现有异常情况,必须在送货单上详细注明并由送货人员签字,或由送货人员出具差错、异常情况记录等书面材料,作为事后处理的依据。

9.2.3 物品检验

物品检验是按验收业务流程,核对凭证等规定的程序和手续,对入库商品进行数量和质量检验的经济技术活动的总称。即对到库商品进行理货、分类后,根据有关单据和进货信息等凭证清点到货数量,确保入库商品数量准确,同时,通过目测或借助检验仪器对商品质量和包装情况进行检查,并填写验收单据和其他验收凭证等验收记录。对查出的问题及时进行处理,以保证入库商品在数量及质量方面的准确性,避免给企业造成损失。

入 库 凭 证

No.0016481

单位：＿＿＿＿＿＿＿＿　　　　年　　　月　　　日

名称规格	摘　　要	单位	入库数量	单价	金　　额							
					十	万	千	百	十	元	角	分
合 计												

第二联 仓库

业务：　　　　　　保管员：　　　　　　制单：

图 9.2　入库凭证

1. 物品检验的基本要求

(1)及时。到库商品必须在规定的期限内完成验收入库工作。这是因为商品虽然到库，但未经过验收的商品没有入账，不算入库，不能供应给用料单位。只有及时验收，尽快提出检验报告才能保证商品尽快入库入账，满足用料单位的需求，加快商品和资金的周转。同时商品的托收承付和索赔都有一定的期限，如果验收时发现商品不合规定要求，要提出退货、换货或赔偿等请求，均应在规定的期限内提出。否则，供方或责任方不再承担责任，银行也将办理拒付手续。

(2)准确。验收应以商品入库凭证为依据，准确地查验入库货物的实际数量和质量状况，并通过书面材料准确地反映出来。做到货、账、卡相符，提高账货相符率，降低收货差错率，提高企业的经济效益。

(3)严格。仓库的各方都要严肃认真地对待商品验收工作。验收工作的好坏直接关系到国家和企业的利益，也关系到以后各项仓储业务的顺利开展。因此，仓库领导应高度重视验收工作，直接参与验收人员要以高度负责的精神来对待这项工作，明确每批商品验收的要求和方法，并严格按照仓库验收入库的业务操作程序办事。

(4)经济。商品在验收时，多数情况下，不仅需要检验设备和验收人员，而且需要装卸搬运机具和设备以及相应工种工人配合。这就要求各工种密切协作，合理组织调配人员与设备，以节省作业费用。此外在验收工作中，尽可能保护原包装，减少或避免破坏性试验，也是提高作业经济性的有效手段。

2. 物品检验的程序

物品检验的程序如图 9.3。

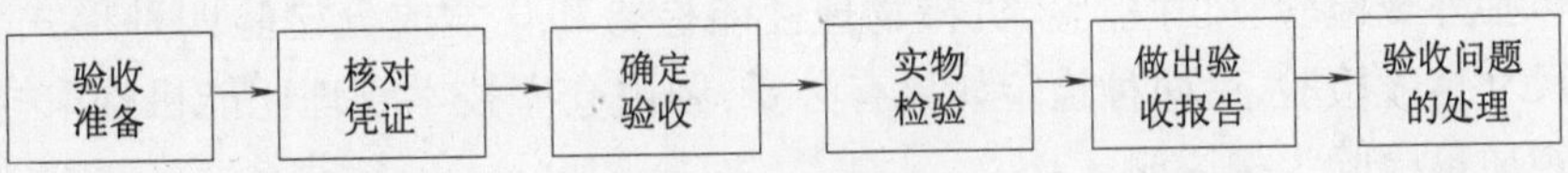

图 9.3　商品验收程序

(1)验收准备。验收准备是货物入库验收的第一道程序。仓库接到到货通知后，应根据商品的性质和批量提前做好验收的准备工作，包括以下内容：

①全面了解验收物资的性能、特点和数量，根据其需求确定存放地点、垛形和保管方法。

②准备堆码苫垫所需材料和装卸搬运机械、设备及人力，以便使验收后的货物能及时入库保管存放，减少货物停顿时间；若是危险品则需要准备防护设施。

③准备相应的检验工具，并做好事前检查，以便保证验收数量的准确性和质量的可靠性。

④收集和熟悉验收凭证及有关资料。

⑤进口物资或上级业务主管部门指定需要检验质量者,应通知有关检验部门会同验收。

(2)核对凭证。入库商品必须具备下列凭证：

①货主提供的入库通知单和订货合同副本,这是仓库接收商品的凭证。

②供货单位提供的验收凭证,包括材质证明书、装箱单、磅码单、发货明细表、说明书、保修卡及合格证等。

③承运单位提供的运输单证,包括提货通知单和登记货物残损情况的货运记录、普通记录以及公路运输交接单等,作为向责任方进行交涉的依据。

核对凭证,就是将上述凭证加以整理后全面核对。入库通知单、订货合同要与供货单位提供的所有凭证逐一核对,相符后,才可以进入下一步的实物检验;如果发现有证件不齐或不符等情况,要与存货、供货单位及承运单位和有关业务部门及时联系解决。

(3)检验货物。检验货物是仓储业务中的一个重要环节,包括检验数量、检验外观质量和检验包装三方面的内容,即复核货物数量是否与入库凭证相符,货物质量是否符合规定的要求,货物包装能否保证在储存和运输过程中的安全。

①数量检验是保证物资数量准确不可缺少的措施,要求物资入库时一次进行完毕。一般在质量验收之前,由仓库保管职能机构组织进行。按商品性质和包装情况,数量检验分为三种形式,即计件、检斤、检尺求积。

a. 计件法。计件是按件数供货或以件数为计量单位的商品,在做数量验收时的清点件数。计件商品应全部清查件数(带有附件和成套的机电设备须清查主件、部件、零件和工具等)。固定包装的小件商品,如包装完好,打开包装对保管不利,国内货物可采用抽验法,按一定比例开箱点件验收,可抽验内包装5%~15%。其他只检查外包装,不拆包检查;贵重商品应酌情提高检验比例或全部检验。进口商品则按合同或惯例办理。

b. 检斤法。检斤是对按重量供货或以重量为计量单位的商品,做数量验收时的称重。商品的重量一般有毛重、皮重、净重之分。毛重是指商品重量包括包装重量在内的实重;净重是指商品本身的重量,即毛重减去皮重。我们通常所说的商品重量多是指商品的净重。

金属材料、某些化工产品多半是检斤验收。按理论换算重量供应的商品,先要通过检尺,例如金属材料中的板材、型材等,然后,按规定的换算方法换算成重量验收。对于进口商品,原则上应全部检斤,但如果订货合同规定按理论换算重量交货,则按合同规定办理。所有检斤的商品,都应填写磅码单。

c. 检尺求积法。检尺求积是对以体积为计量单位的商品,例如木材、竹材、沙石等,先检尺,后求体积所做的数量验收。

凡是经过数量检验的商品,都应该填写磅码单。在做数量验收之前,还应根据商品来源、包装好坏或有关部门规定,确定对到库商品是采取抽验还是全验方式。

②质量检验包括外观检验、尺寸检验、机械物理性能检验和化学成分检验四种形式。仓库一般只作外观质量检验和尺寸精度检验,后两种检验如果有必要,则由仓库技术管理职能机构取样,委托专门检验机构检验。以外观质量检验为例说明。

外观检验是指通过人的感觉器官检查商品外观质量的检查过程。主要检查货物的自然属性是否因物理及化学反应而造成负面的改变;是否受潮、沾污、腐蚀、霉烂等;检查商品包装的牢固程度;检查商品有无损伤,例如撞击,变形,破碎等。对外观检验有严重缺陷的商品,要单独存放,防止混杂,等待处理。凡经过外观检验的商品,都应该填写“检验记录单”。

外观检验的基本要求是:凡是通过人的感觉器官检验商品后,就可决定商品质量的,由仓储业务部门自行组织检验,检验后做好商品的检验记录;对于一些特殊商品,则由专门的检验部门进行化验和技术测定。验收完毕后,应尽快签返验收入库凭证,不能无故积压单据。

③包装检验。物资包装的好坏、干潮直接关系着物资的安全储存和运输。所以对物资的包装要进行严格验收，凡是产品合同对包装有具体规定的要严格按规定验收，如箱板的厚度，纸箱、麻包的质量等。对于包装的干潮程度，一般是用眼看、手摸方法进行检查验收。

(4)验收中发现问题的处理。在物品验收过程中，如果发现物品数量或质量的问题，应该严格按照有关制度进行处理。验收过程中发现的数量和质量问题可能发生在各个流通环节，可能是由于供货方或交通运输部门或收货方本身的工作造成的。按照有关规章制度对问题进行处理，有利于分清各方的责任，并促使有关责任部门吸取教训，改进今后的工作。所以对验收过程发现的问题进行处理时应该注意以下几个方面：

①在物品入库凭证未到齐之前不得正式验收。如果入库凭证不齐或不符，仓库有权拒收或暂时存放，待凭证到齐再验收入库。

②发现物品数量或质量不符合规定，要会同有关人员当场做出详细记录，交接双方应在记录上签字。如果是交货方的问题，仓库应该拒绝接收。如果是运输部门的问题就应该提出索赔。

③在数量验收中，计件物品应及时验收，发现问题要按规定的手续，在规定的期限内向有关部门提出索赔要求。否则超过索赔期限，责任部门对形成的损失将不予负责。

9.2.4 办理交接手续

入库物品经过点数、查验之后，可以安排入库堆码，表示仓库接受物品。在卸货、搬运、堆垛作业完毕，与送货人办理交接手续，并建立仓库台账。

交接手续是指仓库对收到的物品向送货人进行的确认，表示已接受物品。办理完交接手续，意味着划分清运输、送货部门和仓库的责任。完整的交接手续包括以下步骤。

1. 接受物品

仓库通过理货、查验物品，将不良物品剔出、退回或者编制残损单证等明确责任，确定收到物品的确切数量、物品表面状态良好。

2. 接受文件

接受送货人送交的物品资料、运输的货运记录、普通记录等，以及随货的在运输单证上注明的相应文件，如图纸、准运证等。

3. 签署单证

仓库与送货人或承运人共同在送货人交来的送货单、交接清单(表 9.3)上签署后留存相应单证。提供相应的入库、查验、理货、残损单证、事故报告由送货人或承运人签署。

表 9.3 到接货交接单

交接单　　　　年　　月　　日

收货人	发站	发货人	品名	标记	单位	件数	重量	号车	运单号	货位	合同号
备注											

送货人　　　　接收人　　　　经办人

9.2.5 入库信息处理

处理入库信息是将货物相关信息录入的过程，主要包括登账、立卡、建档等环节。

1. 登账

物品入库，仓库应建立详细反映物品仓储的明细账，登记物品入库、出库、结存的详细情况，用以记录库存物品动态和入出库过程。入库单见图 9.4。

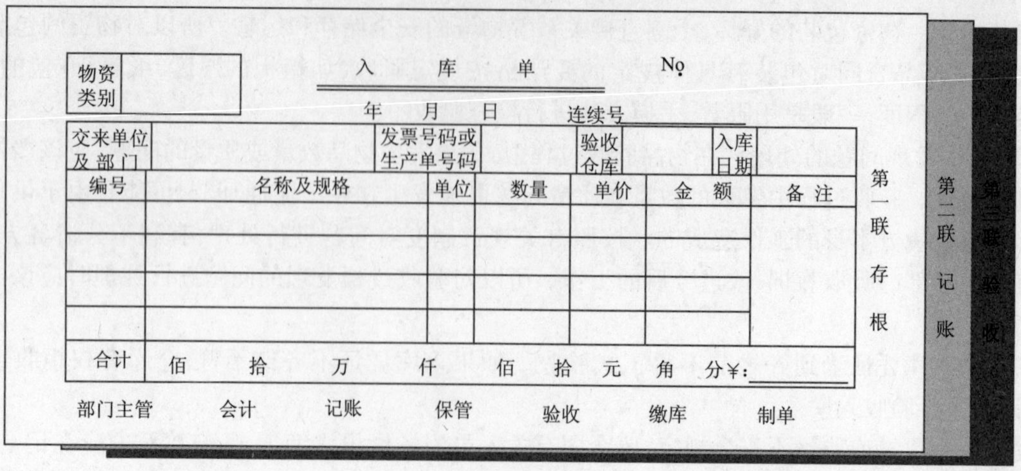

物资类别		入　库　单				№:	
		年　月　日		连续号			
交来单位及部门		发票号码或生产单号码		验收仓库		入库日期	
编号	名称及规格	单位	数量	单价	金额	备注	
合计	佰　拾　万　仟　佰　拾　元　角　分¥:						
部门主管	会计	记账	保管	验收	缴库	制单	

第一联存根　第二联记账　第三联验收

图 9.4　入库单样表

登账的主要内容有：物品名称、规格、数量、件数、累计数或结存数、存货人或提货人、批次、金额，注明货位号或运输工具、接(发)货经办人。

2. 立卡

物品入库或上架后，将物品名称、规格、数量或出入状态等内容填在料卡(表 9.4)上，称为立卡。料卡又称为货卡、货牌，插放在货架上物品下方的货架支架上或摆放在货垛正面明显位置。

表 9.4　料卡

计算单位：　　　　**材料等级：**

材料名称			用　途			
材料编号			主要供应商			
估计年用量		订货期			经济批量	
安全存量		替代品				

月份	实际用量	需求计划						平均单价
1月								
2月								
3月								
4月								
5月								
6月								
7月								
8月								
9月								
10月								
11月								
12月								
合计								

收发记录

日期	单据号码	发料量	存料量	收料量	退回	订货记录	备注

审核：　　　　　　　　制表：

9.2.6　生成提货凭证

仓库在接收物品后，根据合同的约定或存货人的要求，及时向存货人签发仓单，并作为提货时的有效凭证。在存储期满，根据仓单的记载向仓单持有人交付物品，并承担仓单所明确的责任。

图 9.5 为日本汽车进货验收流程图。

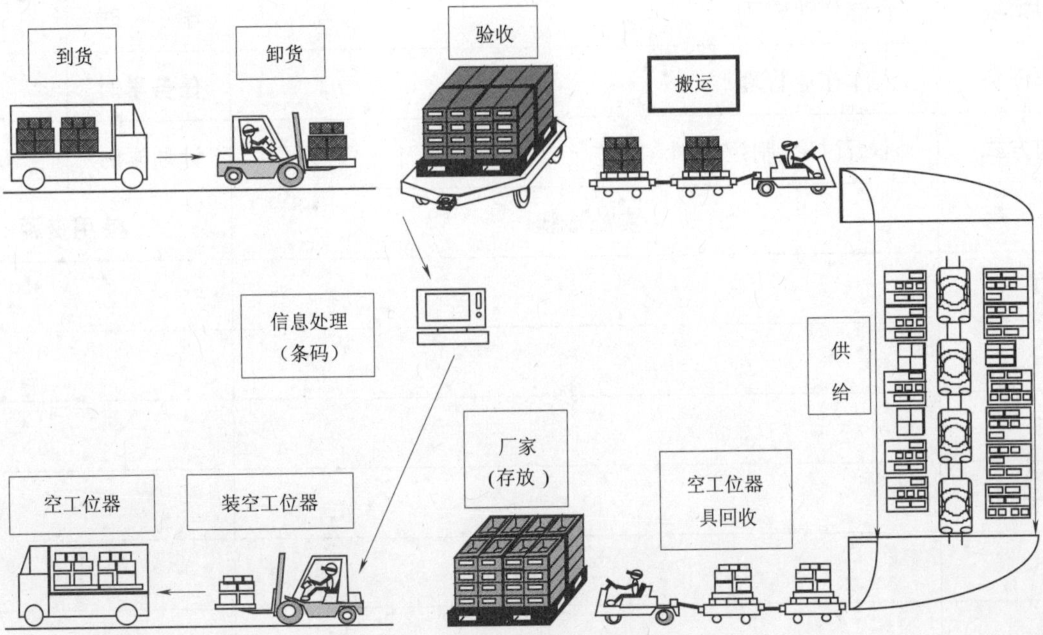

图 9.5　日产汽车进货验收流程图

计 划 单

<table>
<tr><td>学习领域</td><td colspan="3">仓储作业管理</td></tr>
<tr><td>学习情境</td><td>仓储作业管理</td><td>学　　时</td><td>42</td></tr>
<tr><td>工作任务</td><td>入库作业管理</td><td>任务学时</td><td>6</td></tr>
<tr><td>计划方式</td><td>小组讨论,制定计划</td><td>计划学时</td><td>0.5</td></tr>
<tr><td>序　　号</td><td>实施步骤</td><td colspan="2">使用资源</td></tr>
<tr><td>1</td><td></td><td colspan="2"></td></tr>
<tr><td>2</td><td></td><td colspan="2"></td></tr>
<tr><td>3</td><td></td><td colspan="2"></td></tr>
<tr><td>4</td><td></td><td colspan="2"></td></tr>
<tr><td>5</td><td></td><td colspan="2"></td></tr>
<tr><td>6</td><td></td><td colspan="2"></td></tr>
<tr><td>制定计划说明</td><td colspan="3"></td></tr>
</table>

<table>
<tr><td rowspan="2">计划评价</td><td>班　　级</td><td></td><td>第　　组</td><td>组长签字</td><td></td></tr>
<tr><td>教师签字</td><td colspan="2"></td><td>日　　期</td><td></td></tr>
<tr><td colspan="6">评语:</td></tr>
</table>

决 策 单

<table>
<tr><td>学习领域</td><td colspan="5">仓储作业管理</td></tr>
<tr><td>学习情境</td><td colspan="3">仓储作业管理</td><td>学 时</td><td>42</td></tr>
<tr><td>工作任务</td><td colspan="3">入库作业管理</td><td>任务学时</td><td>6</td></tr>
<tr><td colspan="3">决策学时</td><td colspan="3">1.5</td></tr>
<tr><td rowspan="7">方案对比</td><td>组号</td><td>方案的可行性</td><td>实施的可操作性</td><td>知识运用的科学性</td><td>综合评价</td></tr>
<tr><td>1</td><td></td><td></td><td></td><td></td></tr>
<tr><td>2</td><td></td><td></td><td></td><td></td></tr>
<tr><td>3</td><td></td><td></td><td></td><td></td></tr>
<tr><td>4</td><td></td><td></td><td></td><td></td></tr>
<tr><td>5</td><td></td><td></td><td></td><td></td></tr>
<tr><td>6</td><td></td><td></td><td></td><td></td></tr>
<tr><td>方案评价</td><td colspan="5"></td></tr>
</table>

班 级		组长签字		教师签字		月 日

实 施 单

<table>
<tr><td>学习领域</td><td colspan="4">仓储作业管理</td></tr>
<tr><td>学习情境</td><td colspan="2">仓储作业管理</td><td>学 时</td><td>42</td></tr>
<tr><td>工作任务</td><td colspan="2">入库作业管理</td><td>任务学时</td><td>6</td></tr>
<tr><td>实施方式</td><td colspan="2">分组实施,小组成员合作,按实际实施情况填写</td><td>实施学时</td><td>2</td></tr>
<tr><td rowspan="11">方案对比</td><td>序 号</td><td>实施步骤</td><td colspan="2">使用资源</td></tr>
<tr><td>1</td><td></td><td colspan="2"></td></tr>
<tr><td>2</td><td></td><td colspan="2"></td></tr>
<tr><td>3</td><td></td><td colspan="2"></td></tr>
<tr><td>4</td><td></td><td colspan="2"></td></tr>
<tr><td>5</td><td></td><td colspan="2"></td></tr>
<tr><td>6</td><td></td><td colspan="2"></td></tr>
<tr><td>7</td><td></td><td colspan="2"></td></tr>
<tr><td>8</td><td></td><td colspan="2"></td></tr>
<tr><td>9</td><td></td><td colspan="2"></td></tr>
<tr><td>10</td><td></td><td colspan="2"></td></tr>
<tr><td colspan="5">实施说明:</td></tr>
</table>

班 级		第 组	组长签字	
教师签字			日 期	

作 业 单

学习领域	仓储作业管理		
学习情境	仓储作业管理	学 时	42
工作任务	入库作业管理	任务学时	6

作业内容

1

仓库分别以传真、E-mail 和电话方式接到了 3 个客户的入库通知，详情如下：

客户 1：物美集团：

货品	数量(箱)	预计到货时间
康师傅红烧牛肉面	5	7:00
康师傅西红柿打卤面	5	
达能闲趣饼干	6	
奥利奥牛奶味饼干	6	

客户 2：星丰公司

货品名称	数(盒)	细数(个/盒)	预计到货时间
NOKIA5300	20	20	12:00
NOKIAN80	40	20	

客户 3：华联集团

货品名称	数(箱)	预计到货时间
60 mL 高夫经典古龙香水	2	19:00
80 g 美加净护手霜	1	
五谷道场庖丁鲜蔬面	5	
五谷道场香辣牛肉面	10	

要求制定入库作业计划，分析影响入库作业的因素。按客户重要程度划分优先级，选择入库类型；对入库作业进行资源调度和货位安排。

作业解答：

作业评价

班 级		第 组	组长签字		
学 号		姓 名			
教师评分		教师签字		日 期	

评语：

评 价 单

<table>
<tr><td>学习领域</td><td colspan="6">仓储作业管理</td></tr>
<tr><td>学习情境</td><td colspan="4">仓储作业管理</td><td>学 时</td><td>42</td></tr>
<tr><td>工作任务</td><td colspan="4">入库作业管理</td><td>任务学时</td><td>6</td></tr>
<tr><td>评价类别</td><td>项目</td><td colspan="2">检查标准</td><td>个人评价</td><td>组内互评</td><td>教师评价</td></tr>
<tr><td rowspan="6">专业能力</td><td>资讯
(10%)</td><td colspan="2">搜集信息充分适用,查阅资料完整</td><td></td><td></td><td></td></tr>
<tr><td>计划
(5%)</td><td colspan="2">入库作业流程正确、清晰</td><td></td><td></td><td></td></tr>
<tr><td>实施
(20%)</td><td colspan="2">入库单据内容填写正确</td><td></td><td></td><td></td></tr>
<tr><td>检查
(10%)</td><td colspan="2">能够发现问题并修正</td><td></td><td></td><td></td></tr>
<tr><td>过程
(5%)</td><td colspan="2">安全、合理</td><td></td><td></td><td></td></tr>
<tr><td>结果
(10%)</td><td colspan="2">阐述观点正确</td><td></td><td></td><td></td></tr>
<tr><td rowspan="2">社会能力</td><td>团结协作
(10%)</td><td colspan="2">积极与他人合作,共同完成任务</td><td></td><td></td><td></td></tr>
<tr><td>敬业精神
(10%)</td><td colspan="2">在完成任务过程中的参与程度,积极主动</td><td></td><td></td><td></td></tr>
<tr><td rowspan="2">方法能力</td><td>计划能力
(10%)</td><td colspan="2">逻辑清晰、方案设计合理</td><td></td><td></td><td></td></tr>
<tr><td>决策能力
(10%)</td><td colspan="2">方案正确性</td><td></td><td></td><td></td></tr>
<tr><td rowspan="3">检查评价</td><td>班 级</td><td></td><td>姓 名</td><td></td><td>学 号</td><td></td></tr>
<tr><td>教师签字</td><td></td><td>第 组</td><td>组长签字</td><td></td><td>月 日</td></tr>
<tr><td colspan="6">评语:</td></tr>
</table>

任务10 在库作业管理

》》》》 任 务 单 《《《《

<table>
<tr><td>学习领域</td><td colspan="6">仓储作业管理</td></tr>
<tr><td>学习情境</td><td colspan="4">仓储作业管理</td><td>学 时</td><td>42</td></tr>
<tr><td>工作任务</td><td colspan="4">在库作业管理</td><td>任务学时</td><td>24</td></tr>
<tr><td colspan="7">布置任务</td></tr>
<tr><td>工作目标</td><td colspan="6">1. 掌握物品在库操作实务流程
2. 能根据堆码的要求、方式、标准对物品进行堆码、苫盖、垫垛
3. 了解理货的内容及作业步骤
4. 能合理安排装卸搬运业务和商品的包装加工工作
5. 掌握盘点作业流程
6. 掌握库区 5S 管理的知识，并根据 5S 管理知识对作业现场进行监督、管理</td></tr>
<tr><td>任务描述</td><td colspan="6">在库作业是仓储的重要内容之一，其作业效率及科学性对仓储企业和市场营销产生重要影响，因此，需要掌握物品在库操作实务流程，掌握对物品进行堆码、苫盖、垫垛、盘点的要求，掌握物品保养相关知识，合理安排装卸搬运业务和商品的流通加工、包装工作。</td></tr>
<tr><td rowspan="2">学时安排</td><td>资 讯</td><td>计 划</td><td>决 策</td><td>实 施</td><td>检 查</td><td>评 价</td></tr>
<tr><td>2 学时</td><td>2 学时</td><td>2 学时</td><td>16 学时</td><td>1 学时</td><td>1 学时</td></tr>
<tr><td>提供资料</td><td colspan="6">1. 薛威. 仓储作业管理. 北京：高等教育出版社，2012
2. 中国就业培训技术指导中心. 高级物流师. 北京：中国劳动社会保障出版社，2012
3. 蓝仁昌. 物流技术与实务. 北京：高等教育出版社，2007
4. 中国仓储协会. 仓储管理员. 北京：北京师范大学出版社，2011
5. 孙科柳. 仓管员日清日高工作法 . 广州：广东经济出版社，2009
6. 校园网精品课程资源库资料</td></tr>
<tr><td>对学生的要求</td><td colspan="6">1. 能够独立自主学习相关知识，按学习目标完成相关学习任务
2. 掌握基本仓储设备的使用方法
3. 了解在库物品的性质，保管要求
4. 小组具有团队合作精神，群策群力完成工作任务
5. 严格遵守课堂纪律，不迟到，不早退</td></tr>
</table>

资 讯 单

<table>
<tr><td>学习领域</td><td colspan="3">仓储作业管理</td></tr>
<tr><td>学习情境</td><td>仓储作业管理</td><td>学　　时</td><td>42</td></tr>
<tr><td>工作任务</td><td>在库作业管理</td><td>任务学时</td><td>24</td></tr>
<tr><td>资讯方式</td><td>结合案例，了解并掌握，查阅参考文献</td><td>资讯学时</td><td>2</td></tr>
<tr><td rowspan="10">资讯问题</td><td colspan="3">1. 物品堆码的主要方法有哪些？</td></tr>
<tr><td colspan="3">2. 物品保管的原则有哪些？</td></tr>
<tr><td colspan="3">3. 保管场所布置需考虑哪些因素？</td></tr>
<tr><td colspan="3">4. 装卸搬运作业合理化的措施有哪些？</td></tr>
<tr><td colspan="3">5. 装卸搬运遵循的原则有哪些？</td></tr>
<tr><td colspan="3">6. 装卸搬运劳动组织的基本形式及特点是什么？</td></tr>
<tr><td colspan="3">7. 物品盘点的基本工作程序有哪些？</td></tr>
<tr><td colspan="3">8. 物品盘点差异的处理方法有哪些？</td></tr>
<tr><td colspan="3">9. 5S 管理的内容有哪些？</td></tr>
<tr><td colspan="3">10. 仓库对商品包装有什么要求？</td></tr>
<tr><td>资讯引导</td><td colspan="3">1. 薛威. 仓储作业管理. 北京：高等教育出版社，2012
2. 中国就业培训技术指导中心. 高级物流师. 北京：中国劳动社会保障出版社，2012
3. 中国就业培训技术指导中心. 物流师. 北京：中国劳动社会保障出版社，2010
4. 蓝仁昌. 物流技术与实务. 北京：高等教育出版社，2007
5. 中国仓储协会. 仓储管理员. 北京：北京师范大学出版社，2011
6. 孙科柳. 仓管员日清日高工作法 . 广州：广东经济出版社，2009
7. 校园网精品课程资源库资料</td></tr>
</table>

信 息 单

10.1 商品的堆码

商品堆码是指商品的堆放形式和方法,商品的合理堆码是储存中一项重要的技术工作。商品堆码是指根据商品的性质,形状,轻重等因素,结合仓库储存条件,将其堆码成一定的货垛。商品的堆码,要遵循合理、牢固、定量、整齐、方便、节约等几个基本要求。

堆码应符合安全、方便、多储的原则。堆码形式要根据商品的种类性能、数量和包装情况以及库房高度、储存季节等条件决定,不同的商品,堆码的方法也应有所不同。

10.1.1 堆码的基本要求

1. 对堆码场地的要求

不同类型的堆码场地进行堆码作业时,会有不同的要求。堆码场地可分为三种:库房内堆码场地、货棚内堆码场地、露天堆码场地。

(1)库房内堆码场地。用于承受商品堆码的库房地坪,要求平坦、坚固、耐摩擦,一般要求 1 m^2 的地面承载能力为 5 ~ 10 t。堆码时货垛应在墙基线和柱基线以外,垛底须适当垫高。

(2)货棚内堆码场地。货棚是一种半封闭式的建筑,为防止雨雪渗漏、积聚,货棚堆码场地四周必须有良好的排水系统 ,如排水沟、排水管道等等。货棚内堆码的场地的地坪应高于棚外场地,并做到平整、坚实。堆码时,货垛一般应垫高 20 ~ 40 cm。

(3)露天堆码场地。露天货场的地坪材料可根据堆存货物对地面的承载要求,采用夯实泥地、铺沙石、块石地或钢筋水泥地等。应坚实、平坦、干燥、无积水、无杂草,四周同样应有排水设施,堆码场地必须高于四周地面,货垛必须垫高 40 cm。

2. 对堆码商品的要求

商品在正式堆码前,须达到以下要求:

(1)商品的名称、规格、数量、质量已全查清。

(2)商品已根据物流的需要进行编码。

(3)商品外包装完好、清洁、标志清楚。

(4)部分受潮、锈蚀以及发生质量变化的不合格商品,已加工恢复或已剔除。

(5)为便于机械化作业,准备堆码的商品已进行集装单元化。

3. 堆码操作的要求

(1)安全。堆码的操作工人必须严格遵守安全操作规程;使用各种装卸搬运设备,严禁超载,同时还须防止建筑物超过安全负荷量。码垛必须不偏不斜,不歪不倒,牢固坚实,以免倒塌伤人、摔坏商品。

(2)合理。不同商品的性质、规格、尺寸不相同,应采用各种不同的垛形。不同品种、产地、等级、单价的商品,须分别堆码,以便收发、保管。货垛的高度要适度,不压坏底层的商品和地坪,与屋顶、照明灯保持一定距离;货垛的间距、走道的宽度、货垛与墙面、梁柱的距离等,都要合理、适度。垛距一般为 0.5 ~ 0.8 m,主要通道为 2.5 ~ 3 m。

(3)方便。货垛行数、层数,力求成整数,便于清点、收发作业。若过秤商品不成整数时,应分层表明重量。

(4)整齐。货垛应按一定的规格、尺寸叠放,排列整齐、规范。商品包装标志应一律朝外,便于查找。

(5)节约。堆垛时应注意节省空间位置,适当、合理安排货位的使用,提高仓容利用率。

10.1.2 商品堆码的五距

商品堆码要做到货堆之间,货垛与墙、柱之间保持一定距离,留有适宜的通道,以便商品的搬运、检查和养护。五距是指顶炬、灯距、墙距、柱距和堆距。

(1)顶距是指货堆的顶部与仓库屋顶平面之间的距离。留顶距主要是为了通风,勿顶楼房,顶距应在50 cm以上为宜。

(2)灯距是指在仓库里的照明灯与商品之间的距离。留灯距主要是防止火灾,物品与灯的距离一般不应少于50 cm。

(3)墙距是指货垛与墙的距离。留墙距主要是防止渗水,便于通风散潮。

(4)柱距是指货垛与屋柱之间的距离。留柱距是为防止商品受潮和保护柱脚,一般留10~20 cm。

(5)堆距是指货垛与货垛之间的距离。留堆距是为便于通风和检查商品,一般留10 cm。

10.1.3 商品堆码的方法

商品堆码方法有散堆法、货架存放法、成组堆码法、堆垛法。根据商品的特点选择不同的堆码方法,堆码商品常用的技术方法有直码、压缝码、交叉码、连环码、梅花码等。

1. 散堆法

散堆法是将无包装的散货在库场上堆成货堆的存储方法,适用于大宗散货,如煤炭、矿石、黄沙、散粮等,如图10.1所示。这种堆码方式简便,便于采用现代化的大型机械设备,节省包装费用,提高仓容的利用率,降低运费,是目前货物库场堆存的一种趋势。

2. 货架存放法

货架存放是采用通用或者专用的货架进行商品堆码的方式,适合于存放小件商品或不宜堆高的商品。通过货架能够提高仓库的利用率,减少商品存取时的差错。

3. 成组堆码法

成组堆码是采用成组工具使货物的堆存单元扩大。常用的成组工具有货板、托盘和网格等。成组堆码一般每垛3~4层,这种方式可以提高仓库利用率,实现商品的安全搬运和堆存,提高劳动效率,加快商品流转。

图10.1 散堆法

4. 堆垛法

对于有包装货物或长、大件商品进行堆码。堆码方式应以增加堆高、提高仓容利用率、有利于保护商品质量为原则。为适应不同商品的性能、外形和保管的要求,货垛的形式可以各异。箱形商品的堆垛通常有以下几种基本形式。

(1)重叠式。商品各层排列方式、数量完全相同,层间无交叉搭接,垛形整齐。这种垛形的优点是操作简单、计数容易、收发方便,缺点是稳定性差,易倒垛,因而常采用绳子、绳网、塑料弹性薄膜等辅助材料来防塌,如图10.2和图10.4(a)所示。

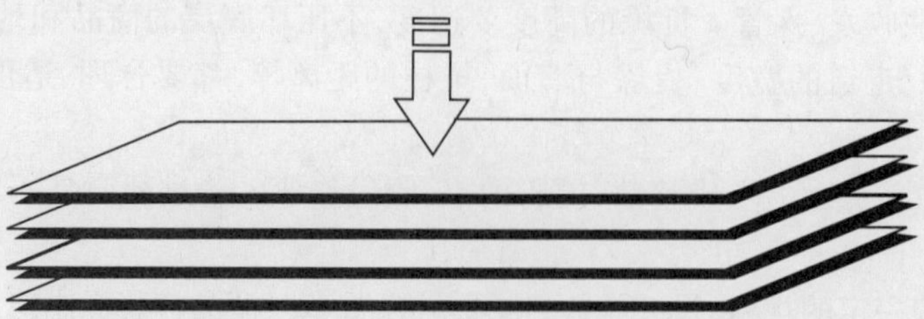

图10.2 重叠式货垛

(2)纵横交错式。货垛上下两层的商品的图谱正好旋转90°,层间互相搭接,这种形式的优点是稳定性较好,缺点是只能用于正方形托盘,是机械化作业的主要垛形之一,如图10.3和图10.4(c)所示。

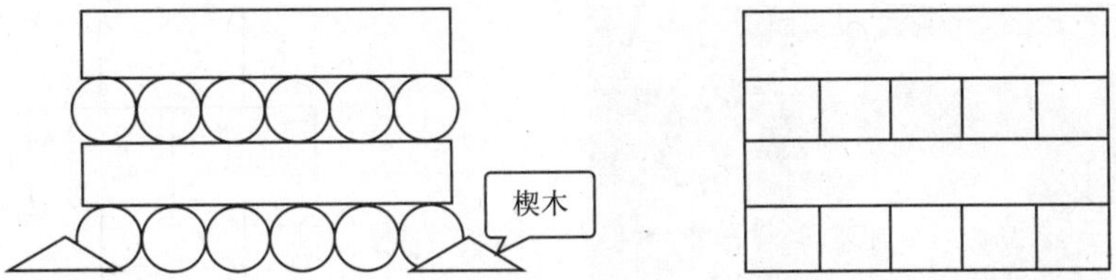

图10.3　纵横交错式货垛

(3)砌砖式。货垛上下两层排列的图谱正好旋转180°,层间互相搭接。因而稳定性较好,但是要求货物的长宽比为2∶3或3∶4,如图10.4(b)所示。

(4)中心留空通风式。需通风防潮的商品堆垛时,商品之间需留有一定的空隙。上下两层图谱方向对称,矩形、方形图谱均可采用。其优点是有利于通风、透气,适宜商品的保管养护,但是空间利用率较低,如图10.4(d)和图10.5所示。

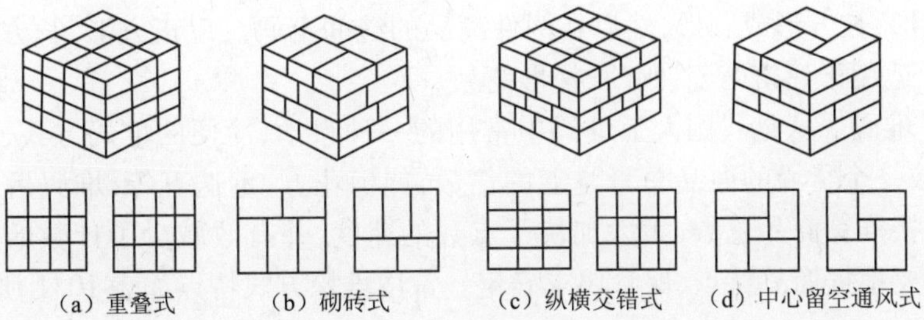

图10.4　纵横交错式货垛

图10.5　通风式货垛

(5)栽柱式。码放物品前先在堆垛两侧栽上木桩或者铁棒,然后将物品平码在桩柱之间,几层后用铁丝将相对两边的柱拴连,再往上摆放物品。此法适用于棒材、管材等长条状物品,如图10.6所示。

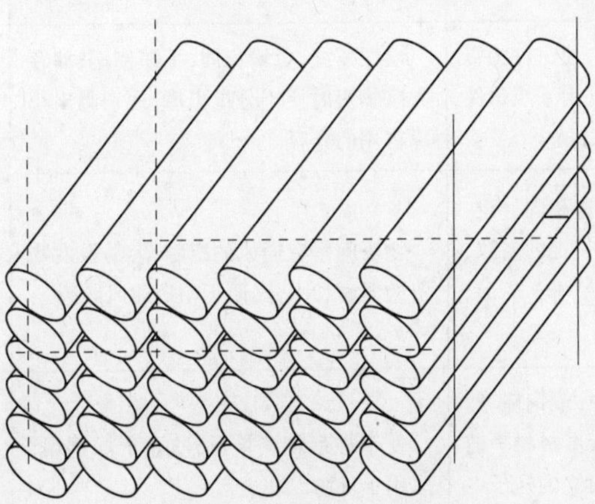

图10.6　栽柱式堆码

(6)压缝式。每层物资有规则地排列,使每件物资跨压下层两件以上的物资,上下层每件物资形成十字交,如图 10.7 所示。

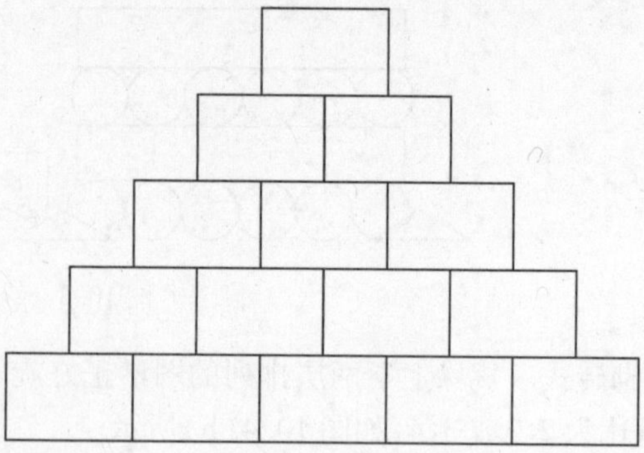

图 10.7 压缝式堆码

货垛底层成正方形、长方形或圆形,然后在两件商品的缝间上码。以正方形、长方形为垛底的货垛纵横截面为“人”字形。适用于建筑陶瓷、阀门、桶形商品。

常见的“五五化”堆码。这是我国人工堆码中常用的一种科学、简便的堆码方式,以五为基本的计数单位,一个集装单元或一个货垛的商品总量是五的倍数,如梅花五、重迭五等,堆码后作业人员可根据集装单元数或货垛数直接推算商品总数,大大加快了点数的速度,并有效减少了计数的差错。对于每批商品采取何种堆垛方式要根据商品特点、保管要求确定。常用堆垛方式特点如表 10.1 所示。

表 10.1 常用堆垛方式特点比较

垛形	摆放方式	货垛特点	适用物资
重叠式	货垛各层物资的排列方法和数量一致	空间利用率高,配备托盘可采用机械化操作,是仓库中最常用的物资堆码的垛形	体积较大、包装质地坚硬的物资,如中厚钢板、集装箱及其他箱装货物
纵横交错式	将长短一致,宽度排列能与长度相等的物资,一层横放,一层竖放,纵横交错堆码,形成方形垛	垛形稳固,也是仓库码垛的主要垛形之一	适合长短一致的长条形物资,如小型方钢、钢锭、长短一致的管材、棒材、狭长的箱装材料等
仰伏相间式	仰伏互相交错堆码,并保持一头高一头低,以便于雨水排放	货垛牢固,减少雨水腐蚀	适合钢轨、槽钢、角钢等物资在露天货场堆码
压缝式	每层物资有规则地排列,使每件物资跨压下层两件以上的物资,上下层每件物资形成十字交叉	层层压缝,货垛稳固,不易倒塌;储存大宗物资时便于分批出库,逐一腾出小垛占用的仓容	长方形包装的物资,适合阀门、缸、建筑卫生陶瓷和桶装货物堆码
通风式	摆放方法基本上与压缩法相同,但在每件物资的前后左右留出一定的空隙,常见的垛形有“井”字形、“非”字形、“示”字形等	物资间留有通风的空隙,容易散发物资的温度和水分,便于物资通风散潮	适用于易霉变、需通风散潮的物资,如木材制品等
栽柱式	在货垛两旁各栽两三木柱或钢棒,然后将中空钢、钢管等长大五金材料平铺在柱子中,在货物两侧相对立的柱子中用铁丝拉紧,以防倒塌	便于柱形物资堆码,防止货垛倒塌,多用于货场	适用于货场堆放长大五金件、金属材料中长条形材料,如圆钢、中空钢、钢管等

续表

垛形	摆放方式	货垛特点	适用物资
衬垫式	在每层或每隔两层物资之间夹进衬垫物的方式，使货垛的横断面平整，货垛牢固	通过衬垫物与物资互相牵制，加强了货垛的稳固性	适合无包装、不规则且较重的物资，如电动机、阀门等

在实际操作中，要根据商品的品种、性质、包装、体积、重量等情况，同时还要依照仓库的具体储存要求和有利于商品库内管理来确定商品的堆码形式，做到科学合理。

10.2 在库物品流通加工

10.2.1 流通加工特点

许多物流中心或仓库中存在着大量的流通加工业务。流通加工(distribution processing)是商品在从生产者向消费者流通过程中，为了增加附加价值，满足客户需求，促进销售而进行简单的组装，剪切，套裁，贴标签，刷标志，分类，检量，弯管，打孔等加工作业。流通加工是对生产加工的一种辅助与补充，它与生产加工之间存在着较大的区别，如表10.2所示。

表10.2 流通加工与生产加工的区别

区分项目	流通加工	生产加工
加工对象	进入流通过程的商品	原材料、零配件、半成品等
加工程度	简单加工	复杂加工
加工组织者	在生产者和消费者之间，由流通加工企业或物流企业完成	由生产企业完成
创造的价值	不改变商品的基本形态和功能，只是通过包装、分割、计量、分拣等简单加工活动来完善商品使用功能，提高商品的附加值	改变加工对象的基本性质和功能，创造新的使用价值

10.2.2 常见流通加工方法

1. 生产资料的流通加工

(1)钢板剪切及下料加工。剪板加工是在固定地点设置剪板机，下料加工是设置各种切割设备，将大规格钢板裁小，或切裁成毛坯，便利用户。包括卷板的开卷与剪切、线材的拉直与裁剪等。

(2)木材的流通加工。

①磨制木屑、压缩输送。在林木生产地就地将原木磨成木屑，然后采取压缩方法，使之成为容重较大、容易装运的形状，然后运至靠近消费地的造纸厂。

②集中开木下料。在流通加工点将原木锯裁成各种规格的锯材，同时将碎木、碎屑集中加工成各种规格板。

(3)平板玻璃的集中套裁。平板玻璃的"集中套裁，开片供应"是重要的流通加工方式。这种方式是在城镇中设立若干个玻璃套裁中心，按用户提供的图纸，统一开片，供应用户成品。在此基础上，可以逐渐形成从工厂到套裁中心的稳定的、高效率、大规模的平板玻璃"干线输送"，以及从套裁中心到用户的小批量、多用户的"二次输送"的现代物流模式。平板玻璃的利用率可由不实行套裁时的62%~65%，提高到90%以上；可以促进平板玻璃包装方式大规模集装；套裁中心按需要裁制，有利于玻璃生产厂简化规格，形成单品种大批量生产。

(4)自行车、助力车流通加工。自行车、助力车的整车运输、保管和包装，费用高、难度大、装载率低，可以将同类部件集中装箱，批量运输和存放，在出售前现场组装，并按客户要求添加零部件。

2. 消费资料的流通加工

(1)食品的配送加工。

①冷冻加工。鲜肉、鲜鱼在流通中都存在保鲜及装卸搬运问题,需采取低温冻结方式的加工。

②分选加工。农副产品规格离散情况较大,为获得一定规格的产品,采取人工或机械分选的方式加工,称分选加工。广泛用于果类,瓜类、谷物、棉毛原料等。

③精制加工。精制加工是在产地或销售地设置加工点,去除无用部分,甚至可以进行切分、洗净、分装等加工。可对加工的淘汰物进行综合利用。

④分装加工。在销售地区按所要求的零售起点量进行新的包装,即大包装改小、散装改小包装、运输包装改销售包装。

⑤奶、饮料、酒类的流通加工。如葡萄酒,从产地批量地将原液运至消费地配制、加工、装瓶、贴商标等,包装后出售,既节约了运费,又安全保险,从而以较低的成本获得较高的价格。

(2)书籍的流通加工。书籍的流通加工作业主要有:简单的装帧、套书壳、拴书签以及退书的重新整理、复原等。

(3)服装的流通加工。在服装套裁和批量缝制后,需要进行适量的流通加工,即缝商标、拴标签或改包装。由于消费者对服装的款式、颜色搭配要求很高,退货量增加。从商场退回的服装,一般在仓库或配送中心重新分类、整理、改换价签和包装后再进入市场。

10.3 货物包装识别

包装(packaging)是指为在流通过程中保护产品,方便储运,促进销售,按一定的技术方法所用的容器、材料和辅助物等的总体名称;也指为达到上述目的在采用容器、材料和辅助物的过程中施加一定技术方法等的操作活动。

10.3.1 包装的功能与作用

从仓储过程和整个商品流通过程看,包装的功能主要体现在以下几方面:

(1)包装在运输过程中具有防护功能、定量(单元化)功能、便利功能、效率功能。

(2)包装在装卸搬运过程中,有利于采用机械化、自动化的装卸搬运作业,减少劳动强度和难度,加快装卸搬运速度。

(3)包装在储存过程中,便于商品堆码、叠放,方便计数,方便交接验收,缩短接收发放时间,提高速度及效率,节省仓库空间。

10.3.2 包装标志

包装标志(packing mark)又称为标记,是用文字、图形和阿拉伯数字等在包装上的明显位置注明规定或者自定的记号、代号以及其他指示和说明事项。分为商品标志和货物标志两大类,货物标志又称为运输包装标志。

1. 商品标志

(1)品名标志。说明商品的品名、品号、货号。

(2)制造标志。商标牌号、制造厂、监制标志。

(3)商品说明标志。关于商品的品质、规格、性能、效用、数量、使用方法、保管方法、出厂日期和保质期。

(4)检查标志。有检查许可证或注册许可证号码、检查标识或合格证号码。

(5)原产地标志(original mark)。符合国际原产地规则规定的生产国(地区)标志。

(6)其他标准标志。

2. 运输包装标志

运输包装标志是在货物发运前由托运人标注的标志，主要有运输标志、指示性标志和警告性标志。

(1)运输标志。运输标志又称唛头(shipping mark)，它通常是由一个简单的几何图形和一些英文字母、数字及简单的文字组成，其作用在于使货物在装卸、运输、保管过程中容易被有关人员识别，以防错发错运。运输标志具有以下四要素 。

①收货人或者买方的名称字首或者简称，但在铁路和公路运输中要使用全称。

②参照号码。采用贸易合同、运单、提单、订货单发票或者许可证号码。

③目的地。货物运输的最终目的地，如需转运，还要标明转运地。

④件数号码。如 80EKRT—05008CN(收货人号)，GUANGZHOU(目的地)，NO. 25/100 件号(顺序号和总件数)。

(2)指示性标志。指示性标志(indicative mark)是根据商品的特性，对那些容易破碎、残损、变质的商品，在搬运装卸操作和存放保管条件方面所提出的要求和注意事项，用图形或文字表示的标志。例如，"怕湿""向上""小心轻放"和"禁用手钩"等。

(3)警告性标志。警告性标志(warning mark)又称危险品标志(dangerous cargo mark)，是指在装有爆炸品、易燃物品、腐蚀物品、氧化剂和放射物质等危险货物的运输包装上用图形或文字表示各种危险品的标志。其作用是警告有关装卸、运输和保管人员按货物特性采取相应的措施，以保障人身和物资的安全。

3. 包装储运图示标志

包装储运图示标志共 12 种，其图形和名称规定如表 10.3 所示。

表 10.3 包装储运图示标志(GB 191—2000)

标志号	标志名称	标志图形	使用说明
1	小心轻放 handle with care		用于碰震易碎、需轻拿轻放的运输包装件
2	禁用手钩 use no hooks		用于不得使用手钩搬动的运输包装件
3	向上 this way up	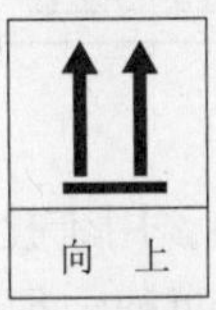	用于指示不得倾倒、倒置的运输包装件
4	怕热 keep away from heat		用于怕热的运输包装件
5	远离放射源及热源 away from radioactives materials and heat		用于指示需远离放射源及热源的运输包装件

续表

标志号	标志名称	标志图形	使用说明
6	由此吊起 lift there		用于指示吊运运输包装件时放链条和绳索的位置
7	怕湿 keep away from moisture		用于怕湿的运输包装件
8	重心点 centre of gravity		用于指示运输包装件重心所在处
9	禁止翻滚 do not roll		用于不得滚动搬运的运输包装件
10	堆码重量极限 stacking limit		用于指示允许最大堆码重量的运输包装件
11	堆码层数极限 layers limit		用于指示允许最大堆码层数的运输包装件。图中N为实际堆码层数，印刷或喷涂时用阿拉伯数字表示
12	温度极限 temperature limit	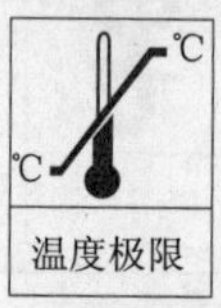	用于指示需要控制温度的运输包装件

4. 标志的尺寸、颜色

(1)标志的尺寸。标志的尺寸一般分为3种。用于拴挂的标志为74 mm×52.5 mm；用于印刷和标打的标志为105 mm×74 mm和148 mm×105 mm两种。须说明特大和特效的包装不受此尺寸限制。标志的尺寸一般分为4种，见表10.4。

表10.4 标志尺寸表

尺寸号别	长(mm)	宽(mm)
1	70	50
2	140	100
3	210	150
4	280	200

注：如遇特大或特小的运输包装件，标志的尺寸可以比表10.4的规定适当扩大或缩小。

(2)标志的颜色。图示标志的颜色一般为黑色。如果包装件的颜色使图示标志显得不清晰，则可选用其他颜色印刷，也可在印刷面上选用适当的对比色。一般应避免采用红色和橙色。粘贴的标志采用白底印黑色。

5. 运输标志的标注

用印刷、粘贴、拴挂、钉附及喷涂等方式。箱类包装：位于包装端面或侧面；袋类包装：位于包装明显处；桶类包装：位于桶身或桶盖；集装单元货物：应位于四个侧面。"重心""由此夹起""由此开启""由此吊起"在固定位置标注。

10.4　在库物品装卸搬运作业管理

装卸（loading and unloading）是指在指定地点以人力或机械将商品装入运输设备或从其卸下，是指物品在指定地点进行的垂直移动为主的物流作业；搬运（handling / carrying）是指在同一场所内将物品进行水平移动为主的物流作业。

装卸搬运就是指在某一物流节点范围内进行的，以改变物料的存放状态和空间位置为主要内容和目的活动。在同一地域范围内（如车站范围、工厂范围、仓库内部等）以改变"物"的存放、支承状态的活动称为装卸，以改变"物"的空间位置的活动称为搬运，两者全称装卸搬运。

10.4.1　仓库装卸搬运作业的种类

在仓库管理中，物品装卸搬运是一项重要的活动。物品必须有人接收、分拣、组装，以满足顾客的订货需要。在装卸搬运设备中投入的直接劳动和资金是物流总成本的一个主要组成部分。作业方式不正确时，容易造成物品的损坏。通常，装卸搬运的时间越少，物品损坏的可能性也就越小，而仓储的整体效率就会提高。如表10.5所示。

表10.5　仓库装卸搬运作业种类

种类	作业名称	作业说明
堆拆作业	1. 堆码、堆装作业 2. 拆装作业	1. 堆码、堆装作业是把货物移动到仓库的指定位置或卡车等运输工具上，按照规定的形态码放的作业 2. 堆码、堆装相反的作业
分拣备货作业	1. 分货作业 2. 配（备）货作业	1. 分货作业是在堆装、拆装前后或配货前发生的作业。按照货物的种类、运送方向等类别划分区域，将货物堆码到指定位置 2. 配货作业是指根据出库单并按照货物种类、发货对象等因素，将货物从存放的货位中取出，堆放在规定场所，等待运输的作业
搬送移送作业	1. 装卸 2. 分拣 3. 配送	为进行装卸、分拣、配送而进行的各种移动商品的作业，包括水平、垂直、斜向搬送及组合。

10.4.2　仓库装卸搬运作业组织

1. 装卸搬运作业合理化的措施

(1)尽量减少装卸次数，提高一次性作业率。商品在储运过程中，一般需要经过卸车、计量、入库堆码、下垛出库、集中货位、装车发运等多道工序，每道工序均需涉及装卸搬运作业。但由于装卸搬运本身并不能提高商品的使用价值，相反，过多的装卸搬运却会降低甚至丧失商品的使用价值，而且，还相应地增加费用支出，加大仓库的作业成本。所以，必须合理安排人力、机力，设法减少装卸次数，力求使作业一次完成。

一次性作业可分为两种方式：一是纯一次性作业，即利用同一台装卸搬运设备，一次连续完成商品入库或出库的整个作业过程,如用叉车将库内商品下垛直接运至库外装车等。二是具有一次性作业性质的多机联合作业,如库内使用桥式起重机把商品下垛放在轨道平车上,然后将轨道平车牵引至库外,再由龙门式起重机吊起装车等。可见,这两种作业方式都具有商品不落地,速度快、时间短、损失少、费用省等特点,因而,是最佳的作业方式。在商品仓库,能否实现一次性作业,主要取决于仓储设施和组织管理水平两个方面。

(2)缩短搬运作业的距离。物料在装卸、搬运当中,要实现水平和垂直两个方向的位移,选择最短的路线完成这一活动,就可避免超越这一最短路线以上的无效劳动。

(3)提高装卸搬运的灵活性。被装卸搬运的商品处于什么形态,对装卸搬运作业的影响极大。因此,在堆放商品时,要事先考虑到便于以后装卸搬运作业的顺利进行。在装卸作业中物品进行装卸作业的难易程度,称为活载程度,简称活性,见表10.6。理论上说,活性指数越高越好,但也必须考虑实施的可能性。

表10.6 装卸搬运活性指数

指数	指数说明
0	物品杂乱地堆在地面上的状态
1	物品装箱或经捆扎后的状态
2	装在箱子里或被捆扎后的物品,下面放有托盘或其他衬垫,便于叉车或其他机械作业的状态
3	物品被放于台车上或用起重机吊钩钩住,即刻移动的状态
4	被装卸、搬运的物品,已经被置于输送设备上,处于启动或直接作业的状态

(4)提高装卸搬运商品的整体化程度。整体化是指将需要装卸搬运的商品加以整理,拼装成整体,以提高其活载程度,充分发挥装卸机械的效用。整体化的方法有三种:①包装化;②托盘化;③集装箱化。

(5)实现装卸搬运省力化。省力化就是指在装卸、搬运的操作中,充分利用商品本身的重力和相应机具,实现商品位移。

(6)组织文明装卸。

2. 装卸搬运作业的劳动组织

装卸搬运作业的劳动组织就是按照一定的原则,将有关的人员和设备以一定的方式组合起来,形成一个有机的整体。装卸搬运作业的劳动组织大致上可分为两种基本形式:即工序制的组织形式和包干制的组织形式。

表10.7 装卸搬运作业的劳动组织

组织方式名称	概　念	特　点	适用企业
工序制	按作业内容或工序,将有关人员和设备分别组合成装卸、搬运、检斤、堆垛、整理等作业班组,由这些班组共同组成一条作业线,完成各种装卸搬运作业	作业班组专业化,对提高作业质量,确保作业安全,提高劳动生产率有益。每个作业班组作业内容比较固定,可配备比较专用的设备,便于对设备进行管理 工序间衔接容易出现不紧密、不协调现象。当装卸搬运作业量不均衡或各工序作业进度不一致时,其综合作业能力容易被最薄弱作业环节影响	进出库作业量大,进出库频繁的大型仓储企业
包干制	将分工不同的各种人员和功能不同的设备,共同组成一个班组,对装卸搬运活动的全过程均由一个班组承包到底,全面负责	一个班组承担各种装卸作业内容,对整套作业线自始至终,便于对作业班组的实绩进行考核。由于一条作业线由班、组长统一指挥,各作业工序间能够较好地配合与协调,便于提高作业的连续性。当作业量出现不均衡的情况,可及时调整 在一个作业班组配置几个工种的人员和多种机械设备,不利于实现专业化,对提高人员的技术熟练程度和劳动生产率不利	进出库作业量较小,进出库不频繁的小型仓储企业

3. 装卸搬运作业组织过程(见图 10.8)

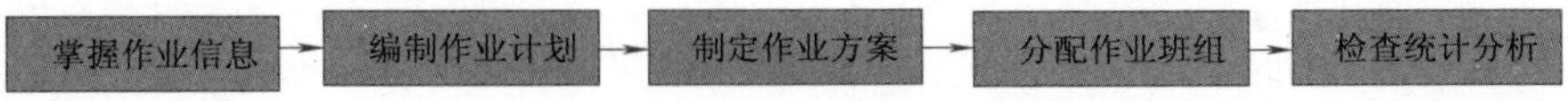

图 10.8　仓库装卸搬运作业的组织过程

(1)掌握作业信息。通过每月入库计划、出库计划、移库计划预测装卸搬运任务量和作业量。

(2)编制作业计划。作业计划包括月计划和日计划。月计划是对作业任务与作业能力进行大体平衡,如果作业能力不足或过剩,应预先采取相应措施;日计划是根据前一天掌握的实际情况,对次日作业任务的具体安排。

(3)制定作业方案。对某项具体的装卸搬运任务进行人力、设备和作业步骤、作业要求等全面安排,主要是保证作业安全,提高作业效率。

(4)分配作业班组。简称派工,根据任务的内容和各个班组的特点,扬长避短,使总体作业效率最高。

(5)检查统计分析。调度指挥人员对方案实施过程进行监督,对结果进行检查,以便及时掌握各种情况,协调与其他环节和职能部门之间的关系。

10.4.3　装卸搬运作业方法

1. 单件装卸

单件装卸是指非集装按件计的货物逐个进行装卸操作的作业方法。单件作业对机械、装备、装卸条件要求不高,因而机动性较强,可在很广泛的地域内进行而不受固定设施、设备的地域局限。

单件作业可采取人力装卸、半机械化装卸及机械装卸。由于逐件处理装卸速度慢,且装卸要逐件接触货体,因而容易出现货损,反复作业次数较多,也容易出现货差。单件作业的装卸对象主要是包装杂货,多种类、少批量货物及单件大型、笨重货物。

2. 集装作业

集装作业是先将物品集装,再对集装后的物品进行装卸搬运作业方法。每装卸一次是一个经组合之后的集货货载,在装卸时对集装体逐个进行装卸操作的作业方法,和单件装卸相同的都是按件处理,但集装作业“件”的单位大大高于单件作业每件的大小。

集装作业由于集装单元较大,不能进行人力手工装卸。对大量集装货载而言,只能采用机械进行装卸,必须在有条件的场所进行这种作业。该方法不但受装卸机具的限制,也受集装货载存放条件的限制,因而机动性较差。

集装作业一次作业装卸量大,装卸速度快,大幅度提高装卸搬运效率,且在装卸时并不逐个接触货体,而仅对集装体进行作业,因而货损较小,货差也小。

3. 散装作业

散装作业是指对粉末状物品及大批量不适宜包装的散货进行的装卸搬运活动,如矿石、水泥、煤炭等。散装装卸搬运,可节省多道工序,节省包装费用。但该种方法早期设备设施投入较多,因散装作业所用的工具、车辆是专用的。散装作业方法有重力法、倾覆法、气动输送法等。

10.5　仓库盘点

盘点是定期或临时对库存物品的实际数量进行清查、清点的作业,即对仓库现有物品的实际数量与保管账上记录的数量进行核对,检查有无残缺及质量问题,以便准确地掌握物品保管数量,进行核对金额。

10.5.1 盘点作业的目的和内容

1. 盘点的目的

(1)清查实际库存数量。由于收发中记录库存数量时多记、误记、漏记,使库存资料记录不实;作业中导致商品损坏、遗失,验收与出货时清点有误;盘点时误盘、重盘、漏盘等,往往导致账面库存数量与实际存货数量不符,通过盘点清查实际库存数量与账面数量,发现问题并查明原因,及时调整。

(2)计算企业资产的损益。库存商品总金额直接反映企业流动资产的使用情况,库存量过高,流动资金的正常运转将受到威胁,而库存金额又与库存量及其单价成正比,盘点就可以准确地计算出企业实际损益。

(3)核实库存管理的成效。通过盘点查明盈亏原因,发现作业与管理中存在的问题,并做出相应的措施,从而提高库存管理水平,减少损失。

2. 盘点的内容

盘点的内容主要包括:数量盘点、重量盘点、账实核对、账卡核对、账账核对。

10.5.2 盘点作业的基本步骤

盘点作业的基本步骤如图 10.9 所示。

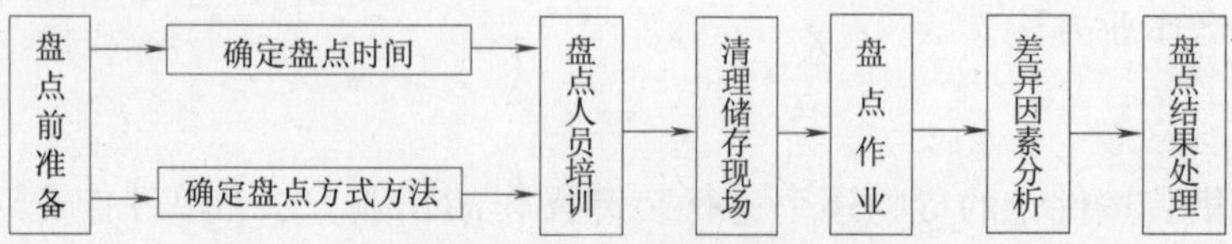

图 10.9 盘点的基本步骤

1. 盘点前准备

盘点作业的事先准备工作是否充分,关系到盘点作业进行的顺利程度,为了使盘点能在较短的时间内,利用有限的人力达到迅速准确的目标,事先的准备工作内容如下:

(1)明确建立盘点的具体方法和作业程序。

(2)配合财务人员做好准备。

(3)设计打印盘点用表单。见表 10.8。

表 10.8 盘存单

盘点日期　　　　　　　　　　　　　　　　编号

货品编号	货品名称	存放位置	盘点数量	复查数量	盘点人	复查人

(4)准备盘点用基本工具。

2. 确定盘点时间

一般性货品为保证货账相符,盘点次数愈多愈好,但每次实施盘点必须投入人力、物力、财力,有时大型全面盘点还可能引起仓储配送活动的暂时停顿。合理确定盘点时间非常重要。事实上,导致盘点误差的关键因素在于出入库的过程,可能是因出入库作业单据的输入、检查点数的错误,或是出入库搬运造成的损失,因此出入库作业越频繁,引起的误差也会随之增大。所以,可以根据物品的不同特点、价值大小、流动速度、重要程度来分别确定不同的盘点时间,盘点时间的间隔可以从每天、每周、每月到每年盘点一次不等。就一般生产厂而言,因其货品流动速度不快,半年至一年实施一次盘点即可。但在配送中心货品流动速度较快的情况下,我们既要防止过久盘点对公司造成的损失,又碍于可用资源的限制,因而最好能视配送中心各货品的性质制定不同的盘点时间。

3. 确定盘点方式方法

不同现场对盘点的要求不同，盘点的方法也有差异，为尽可能快速准确地完成盘点作业，必须根据实际需要确定盘点方法。

（1）盘点方式。盘点方式包括定期盘点和临时盘点，具体内容如表 10.9 所示。

表 10.9　盘点方式

盘点方式	含　义
定期盘点	是指每季、半年或年终财务结算前，由货主派人会同仓库保管员、会计人员一起进行全面的盘点对账
临时盘点	是当仓库发生物品损失事故，或保管员更换，或仓库与货主认为有必要进行盘点时，可根据具体情况，组织一次局部性或全面的盘点

（2）盘点方法。

①动态盘点法。对发生过收、发的商品及时核对该批商品余额是否与账、卡相符。

②循环盘点法。每天每周按顺序一部分一部分地进行盘点，到月末或期末每项商品至少完成一次盘点的方法。

③期末盘点法。在期末一起清点所有商品数量的方法。必须关闭仓库做全面性的商品清点，对商品核对十分方便和准确。

4. 盘点人员培训

为保证盘点工作得以顺利进行，必须对参与盘点的所有人员进行集中培训。培训的主要内容是对盘点方法及盘点作业的基本流程和要求进行培训，让盘点人员掌握盘点的基本要领和表格、单据的填写要求。培训分为两部分：第一针对所有人员进行盘点方法训练；第二针对复盘与监盘人员进行认识货品的训练。

5. 清理储存现场

盘点现场也就是仓库或配送中心的保管现场，盘点作业开始之前必须对其进行整理，以提高盘点作业的效率和盘点结果的准确性。清理作业主要包括以下几方面的内容：

（1）商品归位。盘点前，对已验收入库的商品进行整理，归入储位；对尚未办理入库手续的商品，予以标明，不在盘点之列。

（2）做好预案。盘点场所在关闭前应通知各需求部门预领所需的物品。

（3）备齐资料。账卡、单据、资料均应整理后加以结清。

（4）辨别品质。预先鉴定呆料、废品、不良品，以便盘点。

（5）储存场所的管理人员在盘点前应自行预盘。

6. 盘点作业

盘点时可以采用人工抄表计数，也可以用电子盘点计数器。盘点工作不仅工作量大，而且非常烦琐，因此，除了加强盘点前的培训工作外，盘点作业时的指导与监督也非常重要。

7. 差异因素分析

当盘点结束后，发现所得数据与账簿资料不符时，应追查差异的主因。其着手查找原因的方向有：

（1）因记账员素质不高，致使登录时发生错登、漏登等情况。

（2）因账务处理系统管理制度和流程不完善，导致数据出错。

（3）盘点错误：漏盘、重盘和错盘。

（4）盘点前数据资料未结清，使账面数不准确。

（5）由于自然特性，某些商品因挥发、吸湿而使重量发生变化。

（6）因气候影响而发生的腐蚀、硬化、变质、生锈、发霉等。

（7）液体商品因容器破损而流失。

(8)捆扎包装错误使数量短缺。

(9)计量器具不准确或使用方法不当。

(10)货物损坏、丢失等原因。

8. 盘点结果处理

差异原因追查后,应针对主要原因进行适当的调整与处理,至于呆废品、不良品减价的部分则需与盘亏一并处理。

物品除了盘点时产生数量的盈亏外,有些货品在价格上会产生增减,这些变更在经主管审核后必须利用货品盘点盈亏及价目增减更正表修改。

凡是盘盈、盘亏的数额不超出国家主管部门规定或合同约定的保管损耗标准的,可由仓储保管企业核销;对超出损耗标准的,必须查明原因,做出分析,写出报告,承担责任。

实际操作中可按表 10.10 盘点作业标准作业流程操作。具体作业流程如图 10.10 所示。

表 10.10　盘点作业标准作业流程

序号	工作步骤	工作说明	相关表单
1	盘点准备	盘点前要把所有的出库确认处理完毕;将 RFID 读写器(手持射频读写器)提前充满电 将盘点人员分组,每组负责一定区域,此区域的划分要规则,或是按排分,或是按层分,如果没有规律地乱分,将给后续盘点信息调整带来不便	RFID 操作手册
2	初盘	盘点人员用 RFID 盘点货品,物流部人员负责操作 RFID,采购人员负责清点货品数量	RFID 操作手册
3	打印盘点差异	初盘完毕,盘点人员通知信息人员,并让其打印盘点差异表	盘点差异表
4	复盘	盘点人员根据盘点差异表重新盘点存在差异的储位,按照储位上实际的货品信息来修改盘点差异表 复盘完毕,盘点人员在盘点差异表上签字确认	盘点差异表
5	调整复盘差异	复盘完毕,盘点人员将盘点差异表送交信息人员,信息人员根据复盘结果来修改盘点结果	盘点差异表

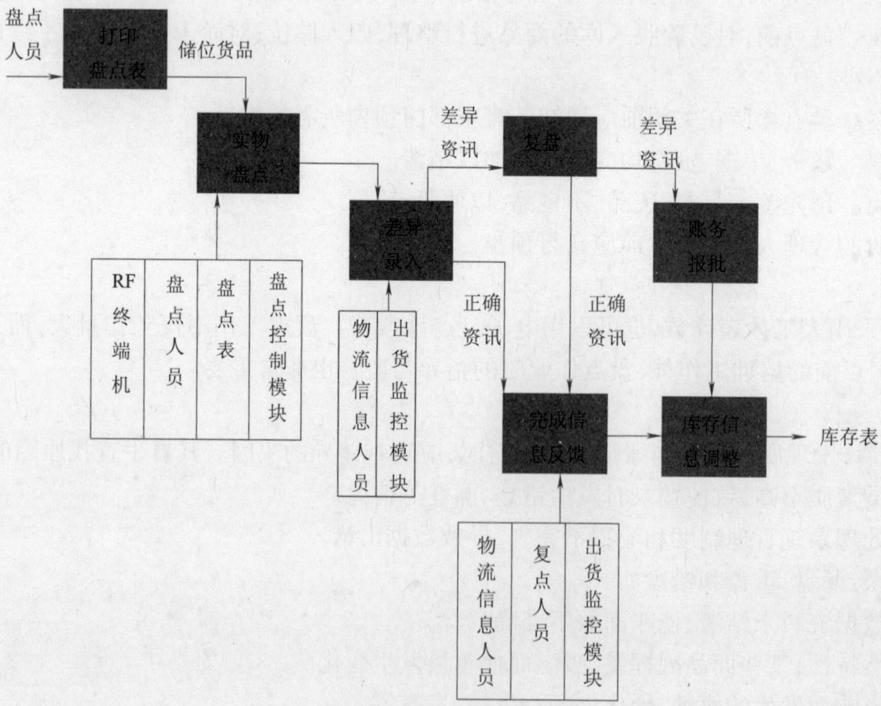

图 10.10　盘点作业流程

10.5.3 盘点方法

盘点分为账面盘点及现货盘点。

账面盘点又称为永续盘点，是把每天入库及出库货品的数量及单价，记录在电脑或账簿上，而后不断地累计加总算出账面上的库存量及库存金额。

现货盘点亦称为实地盘点或实盘，就是实际去清点调查仓库内的库存数，再依货品单价计算出实际库存金额的方法。

目前，国内大多数配送中心都已使用电脑来处理库存账务，当账面数与实存数发生差异时，有时很难断定是账面数有误还是实盘数有误。所以，可以采取"账面盘点"和"现货盘点"平行的方法，以查清误差出现的实际原因。

1. 账面盘点法

账面盘点法就是将每一种物品分别设立"存货账卡"，然后将每一种物品的出入库数量及有关信息记录在账面上，逐笔汇总出账面库存结余数，这样随时可以从电脑或账册上查悉物品的出入库信息及库存结余量。

2. 现货盘点法

现货盘点法按盘点时间频率的不同又可分为"期末盘点"和"循环盘点"。期末盘点是指在会计计算期末统一清点所有物品数量的方法；循环盘点是指在每天、每周清点一小部分物品，一个循环周期将每种物品至少清点一次的方法。

(1)期末盘点法。由于期末盘点是将所有物品一次点完，因此工作量大、要求严格。通常采用分区、分组的方式进行，其目的是为了明确责任，防止重复盘点和漏盘。分区即将整个储存区域划分成一个一个的责任区，不同的区由专门的小组负责点数、复核和监督。因此，一个小组通常至少需要三人分别负责清点数量并填写盘存表，复查数量并登记复查结果，第三人核对前二次盘点数量是否一致，对不一致的结果进行检查。等所有盘点结束后，再与电脑或账册上反映的账面数核对。

(2)循环盘点法。循环盘点通常对价值高或重要的物品进行盘点，检查的次数多，而且监督也严密一些；而对价值低或不太重要的物品，盘点的次数可以尽量少。循环盘点一次只对少量物品盘点，所以通常只须保管人员自行对照库存资料进行点数检查，发现问题按盘点程序进行复核，并查明原因，然后调整。也可采用专门的循环盘点单登记盘点情况。

10.6 5S 管理

库区的"5S"管理包括整理、整顿、清扫、清洁、素养五个项目，5S 起源于日本，因日语的拼音均以"S"开头，简称 5S。

通过规范现场，营造一目了然的工作环境，培养员工良好的工作习惯，其最终目的是提升人的品质。具体的 5S 实施过程参见表 10.11。

表 10.11 5S 实施过程表

项目	工作任务	实施目的	实施要领
整理 (seiri)	1. 将工作场所中的物品区分为必要的与不必要的 2. 将必要物品与不必要物品明确地、严格地区分开 3. 尽快处理掉不必要的物品	1. 腾出空间，空间活用 2. 防止误用、误送 3. 塑造清爽的工作场所	1. 全面检查自己的工作场所，包括看得到和看不到的 2. 制定"要"和"不要"的判别基准 3. 将不要的物品清除出工作场所 4. 对需要的物品调查使用频率，决定日常用量及放置位置 5. 制定废弃物处理方法 6. 每日自我检查

续表

项目	工作任务	实施目的	实施要领
整顿 (seiton)	1. 对整理之后留在现场的必要物品分门别类放置,排列整齐 2. 明确数量,并进行有效地标识	1. 工作场所一目了然 2. 整整齐齐的工作环境 3. 消除找寻物品的时间 4. 消除过多的积压物品	1. 前一步骤整理的工作要 落实 2. 流程布置,确定放置场所 3. 规定放置方法、明确数量 4. 划线定位 5. 场所、物品标识
清扫 (seiso)	1. 将工作场所清扫干净 2. 保持工作场所干净、亮丽的 环境	1. 消除脏污,保持工作场所内干净明亮 2. 稳定品质 3. 减少工业伤害	1. 建立清扫责任区(室内、外) 2. 执行例行扫除,清理脏污 3. 调查污染源,予以杜绝或隔离 4. 建立清扫基准,作为规范
清洁 (seiketsu)	将上面的3S实施的做法制度化、规范化,并贯彻执行及维持结果	维持上面3S的成果	1. 落实前面3S工作 2. 制定考评方法 3. 制定奖惩制度,加强执行 4. 高阶主管经常带头巡查,以表重视
素养 (shitsuke)	人人按章操作,依规行事,养成良好习惯	1. 培养具有好习惯、遵守规则的员工 2. 提高员工文明礼貌水准 3. 营造团体精神	1. 制定服装、仪容、识别证标准 2. 制定共同遵守的有关规则、规定 3. 制定礼仪守则 4. 教育训练(新进人员强化5S教育、实践) 5. 推动各种精神提升活动(晨会、礼貌运动等)

计 划 单

<table>
<tr><td>学习领域</td><td colspan="5">仓储作业管理</td></tr>
<tr><td>学习情境</td><td colspan="3">仓储作业管理</td><td>学 时</td><td>42</td></tr>
<tr><td>工作任务</td><td colspan="3">在库作业管理</td><td>任务学时</td><td>24</td></tr>
<tr><td>计划方式</td><td colspan="3">小组讨论,制定计划</td><td>计划学时</td><td>2</td></tr>
<tr><td>序 号</td><td colspan="3">实施步骤</td><td colspan="2">使用资源</td></tr>
<tr><td>1</td><td colspan="3"></td><td colspan="2"></td></tr>
<tr><td>2</td><td colspan="3"></td><td colspan="2"></td></tr>
<tr><td>3</td><td colspan="3"></td><td colspan="2"></td></tr>
<tr><td>4</td><td colspan="3"></td><td colspan="2"></td></tr>
<tr><td>5</td><td colspan="3"></td><td colspan="2"></td></tr>
<tr><td>6</td><td colspan="3"></td><td colspan="2"></td></tr>
<tr><td>制定计划说明</td><td colspan="5"></td></tr>
<tr><td rowspan="2">计划评价</td><td>班 级</td><td></td><td>第 组</td><td>组长签字</td><td></td></tr>
<tr><td>教师签字</td><td colspan="2"></td><td>日 期</td><td></td></tr>
<tr><td colspan="6">评语:</td></tr>
</table>

决 策 单

<table>
<tr><td>学习领域</td><td colspan="5">仓储作业管理</td></tr>
<tr><td>学习情境</td><td colspan="3">仓储作业管理</td><td>学　时</td><td>42</td></tr>
<tr><td>工作任务</td><td colspan="3">在库作业管理</td><td>任务学时</td><td>24</td></tr>
<tr><td colspan="4">决策学时</td><td colspan="2">2</td></tr>
<tr><td rowspan="7">方案对比</td><td>组号</td><td>方案的可行性</td><td>实施可操作性</td><td>知识运用的科学性</td><td>综合评价</td></tr>
<tr><td>1</td><td></td><td></td><td></td><td></td></tr>
<tr><td>2</td><td></td><td></td><td></td><td></td></tr>
<tr><td>3</td><td></td><td></td><td></td><td></td></tr>
<tr><td>4</td><td></td><td></td><td></td><td></td></tr>
<tr><td>5</td><td></td><td></td><td></td><td></td></tr>
<tr><td>6</td><td></td><td></td><td></td><td></td></tr>
<tr><td>方案评价</td><td colspan="5"></td></tr>
</table>

班　级		组长签字		教师签字		月　日

实 施 单

<table>
<tr><td>学习领域</td><td colspan="3">仓储作业管理</td></tr>
<tr><td>学习情境</td><td colspan="2">仓储作业管理</td><td>学 时</td><td>42</td></tr>
<tr><td>工作任务</td><td colspan="2">在库作业管理</td><td>任务学时</td><td>24</td></tr>
<tr><td>实施方式</td><td colspan="2">分组实施，小组成员合作，动手实践</td><td>实施学时</td><td>16</td></tr>
<tr><td rowspan="11">方案对比</td><td>序 号</td><td>实施步骤</td><td colspan="2">使用资源</td></tr>
<tr><td>1</td><td></td><td colspan="2"></td></tr>
<tr><td>2</td><td></td><td colspan="2"></td></tr>
<tr><td>3</td><td></td><td colspan="2"></td></tr>
<tr><td>4</td><td></td><td colspan="2"></td></tr>
<tr><td>5</td><td></td><td colspan="2"></td></tr>
<tr><td>6</td><td></td><td colspan="2"></td></tr>
<tr><td>7</td><td></td><td colspan="2"></td></tr>
<tr><td>8</td><td></td><td colspan="2"></td></tr>
<tr><td>9</td><td></td><td colspan="2"></td></tr>
<tr><td>10</td><td></td><td colspan="2"></td></tr>
<tr><td colspan="5">实施说明：</td></tr>
</table>

班 级		第 组	组长签字	
教师签字			日 期	

作 业 单

<table>
<tr><td>学习领域</td><td colspan="3">仓储作业管理</td></tr>
<tr><td>学习情境</td><td>仓储作业管理</td><td>学　　时</td><td>42</td></tr>
<tr><td>工作任务</td><td>在库作业管理</td><td>任务学时</td><td>24</td></tr>
<tr><td colspan="4">作业内容</td></tr>
<tr><td>1</td><td colspan="3">根据纸箱尺寸和托盘大小，将纸箱搬运到托盘上，用叉车叉住托盘，短距离搬运到仓库或指定地点。</td></tr>
<tr><td colspan="4">作业解答：</td></tr>
<tr><td>2</td><td colspan="3">物品流通加工/包装作业：
各种尺寸纸箱、捆扎带、半自动打包机、打包钳、胶带、收缩薄膜，拉伸薄膜，学会使用打包机、打包钳，将各自的纸箱打包封箱，并将打包好的货箱在托盘上合理堆码。</td></tr>
<tr><td colspan="4">作业解答：</td></tr>
<tr><td>3</td><td colspan="3">选择 20 种以上物品，3 种以上类型货架，盘点表单，记账笔 1 只，红笔 1 只，计算器，计算机。学生 4 人一组，模拟初盘员、复盘员、制表员、分析员 4 个角色，协作完成货物盘点流程。</td></tr>
<tr><td colspan="4">作业解答：</td></tr>
</table>

<table>
<tr><td rowspan="4">作业评价</td><td>班　　级</td><td></td><td>第　　组</td><td>组长签字</td><td colspan="2"></td></tr>
<tr><td>学　　号</td><td></td><td>姓　　名</td><td colspan="3"></td></tr>
<tr><td>教师评分</td><td></td><td>教师签字</td><td></td><td>日　　期</td><td></td></tr>
<tr><td colspan="6">评语：</td></tr>
</table>

»»»» 评 价 单 ««««

<table>
<tr><td>学习领域</td><td colspan="5">仓储作业管理</td></tr>
<tr><td>学习情境</td><td colspan="3">仓储作业管理</td><td>学 时</td><td>42</td></tr>
<tr><td>工作任务</td><td colspan="3">在库作业管理</td><td>任务学时</td><td>24</td></tr>
<tr><td>评价类别</td><td>项目</td><td>检查标准</td><td>个人评价</td><td>组内互评</td><td>教师评价</td></tr>
<tr><td rowspan="6">专业能力</td><td>资讯
（10%）</td><td>搜集信息充分适用，查阅资料完整</td><td></td><td></td><td></td></tr>
<tr><td>计划
（5%）</td><td>能运用知识进行完整方案设计</td><td></td><td></td><td></td></tr>
<tr><td>实施
（20%）</td><td>熟练利用信息单，工具运用正确</td><td></td><td></td><td></td></tr>
<tr><td>检查
（10%）</td><td>能够发现问题并修正</td><td></td><td></td><td></td></tr>
<tr><td>过程
（5%）</td><td>安全、合理</td><td></td><td></td><td></td></tr>
<tr><td>结果
（10%）</td><td>阐述观点正确</td><td></td><td></td><td></td></tr>
<tr><td rowspan="2">社会能力</td><td>团结协作
（10%）</td><td>积极与他人合作，共同完成任务</td><td></td><td></td><td></td></tr>
<tr><td>敬业精神
（10%）</td><td>在完成任务过程中的参与程度，积极主动</td><td></td><td></td><td></td></tr>
<tr><td rowspan="2">方法能力</td><td>计划能力
（10%）</td><td>逻辑清晰、方案设计合理</td><td></td><td></td><td></td></tr>
<tr><td>决策能力
（10%）</td><td>方案正确性</td><td></td><td></td><td></td></tr>
<tr><td rowspan="3">检查评价</td><td>班 级</td><td></td><td>姓 名</td><td></td><td>学 号</td><td></td></tr>
<tr><td>教师签字</td><td></td><td>第 组</td><td>组长签字</td><td></td><td>月 日</td></tr>
<tr><td colspan="7">评语：</td></tr>
</table>

任务11　出库作业管理

》》》任　务　单《《《

<table>
<tr><td>学习领域</td><td colspan="6">仓储作业管理</td></tr>
<tr><td>学习情境</td><td colspan="4">仓储作业管理</td><td>学　时</td><td>42</td></tr>
<tr><td>工作任务</td><td colspan="4">出库作业管理</td><td>任务学时</td><td>6</td></tr>
<tr><td colspan="7">布置任务</td></tr>
<tr><td>工作目标</td><td colspan="6">1. 掌握物品出库的环节和任务
2. 掌握出库点交与销账方法
3. 了解货物装载上车要求
4. 了解货物及时发运的重要性</td></tr>
<tr><td>任务描述</td><td colspan="6">出库作业是仓储作业的最后一个环节,仓库需按货主的要求,根据出库凭证所注明的货物名称、型号、规格、数量、收货单位、发货方式等条件,进行核对凭证、备料、复核、点交、发放等一系列作业和业务管理活动。学会如何进行出库作业的实际操作,根据实际出库任务按出库程序做好每个环节的工作。</td></tr>
<tr><td rowspan="2">学时安排</td><td>资　讯</td><td>计　划</td><td>决　策</td><td>实　施</td><td>检　查</td><td>评　价</td></tr>
<tr><td>1学时</td><td>0.5学时</td><td>1.5学时</td><td>2学时</td><td>0.5学时</td><td>0.5学时</td></tr>
<tr><td>提供资料</td><td colspan="6">1. 薛威. 仓储作业管理. 北京:高等教育出版社,2012
2. 中国就业培训技术指导中心. 高级物流师. 北京:中国劳动社会保障出版社,2012
3. 人力资源和社会保障部职业技能鉴定中心. 物流师(仓储管理). 技能实训指导手册. 北京:科学出版社,2010.9
4. 校园网精品课程资源库资料</td></tr>
<tr><td>对学生的要求</td><td colspan="6">1. 能够制定和填写出库订单、拣选单、补货单等单据
2. 能根据各种出库任务合理选择和使用库内各种设施设备
3. 能处理出库作业中的常见问题</td></tr>
</table>

资 讯 单

<table>
<tr><td>学习领域</td><td colspan="3">仓储作业管理</td></tr>
<tr><td>学习情境</td><td>仓储作业管理</td><td>学 时</td><td>42</td></tr>
<tr><td>工作任务</td><td>出库作业管理</td><td>任务学时</td><td>6</td></tr>
<tr><td>资讯方式</td><td>结合案例,了解并掌握,查阅参考文献</td><td>资讯学时</td><td>1</td></tr>
<tr><td rowspan="9">资讯问题</td><td colspan="3">1. 物品出库的要求有哪些?</td></tr>
<tr><td colspan="3">2. 常用的拣选方法有哪些?各自的特点是什么?</td></tr>
<tr><td colspan="3">3. 出库业务中会发生哪些问题?如何处理?</td></tr>
<tr><td colspan="3">4. 货物分拣有几种方式?分别如何拣取?各有什么特点?</td></tr>
<tr><td colspan="3">5. 配货作业的主要形式有哪些?</td></tr>
<tr><td colspan="3">6. 出库单证的填写和流转流程是什么?</td></tr>
<tr><td colspan="3">7. 做好物品出库必须遵循的原则是什么?</td></tr>
<tr><td colspan="3">8. 物品出库的形式主要有哪些?</td></tr>
<tr><td colspan="3">9. 物品出库时要做到“三不、三核、五检查”的具体内容是什么?</td></tr>
<tr><td>资讯引导</td><td colspan="3">1. 薛威. 仓储作业管理. 北京:高等教育出版社,2012
2. 中国就业培训技术指导中心. 高级物流师. 北京:中国劳动和社会保障出版社,2012
3. 中国仓储协会. 仓储管理员. 北京:北京师范大学出版社,2011
4. 校园网精品课程资源库资料</td></tr>
</table>

信 息 单

11.1 出库的基本知识

11.1.1 物品出库的要求

货物出库必须符合仓库管理的有关规定和要求，做到“三不、三核、五检查”。“三不”是指未接单据不翻账，未经审单不备货，未经复核不出库；“三核”是指出货时核对实物、核对凭证、核对账卡，“五检查”是指查品名、查包装、查规格、查数量、查重量。货物出库的具体要求如下：

1. 做好发放准备

为使物品及时流通，合理使用，必须快速、及时、准确地发放。为此必须做好发放的各项准备工作。如“化整为零”、集装单元化、备好包装、复印资料、组织搬运人力、准备好出库的各种设施设备及工具，等等。

2. 凭单证出库

出库业务必须依据正式的出库凭证办理，领料单、仓单等提货凭证必须符合要求，任何非正式的凭证均视为无效凭证、不能作为出库的依据。

3. 按出库业务程序作业

在进行出库作业时，必须严格履行规定的出库业务工作程序，使出库业务有序进行，以防止出现工作失误，

4. 准确无差错

仓库管理人员发货时，应按照发货凭证上列明的物品品名、产地、规格、型号、价格、数量、质量准确发货，当面点清数量和检验质量。确保出库物品数量准确、质量完好、包装牢固、标志正确、发运及时安全，避免发生运输差错和损坏物品的事故。

5. 及时办理

及时是指当接到出库凭证以后，按规定的交货日期及时组织货物出库。办理出库手续应在明确经济责任的前提下，力求手续简便，提高发货效率。为此，一方面要求作业人员具有较高的业务素质，全面掌握货物的流向动态，合理地组织出库业务；另一方面，还要加强与业务单位的联系，提前做好出库准备，以迅速及时地完成出库业务。

6. “先出”原则

在保证库存货物的价值和使用价值不变的前提下，坚持“先进先出”的原则，即先入库的先被发出。有时还要做到有保管期限的先出；保管条件差的先出；容易变质的先出：近失效期的先出；包装简易的先出；回收复用的先出。其目的在于避免物品因库存时间过长而发生变质，避免货物的价值和使用价值受到影响。

11.1.2 物品出库的形式

1. 送货

仓库根据货主单位的出库通知或出库请求，使用自有车辆或交由运输部门将应发物品运送到收货地点的发货形式，即为通常所称的送货制。

仓库实行送货的好处：仓库可预先安排作业，缩短发货时间；收货人可避免因人力、车辆等不便而发生的取货困难；在运输上，可合理使用运输工具，减少运费。

2. 自提

由收货人或其代理人持取货凭证直接到库取货，仓库凭单发货，即通常所称的提货制。自提具有“提单到库，随到随发，自提自运”的特点，仓库发货人与提货人可以在仓库现场划清交接责任，当面交接并办理签收手续。

3. 转仓

转仓指货主为了业务方便或改变储存条件，将某批库存自一个仓库转移到另一个仓库。仓库也必须根据货主单位开出的正式转仓单，办理转仓手续。

4. 取样

取样即货主由于商检或样品陈列等需要，到仓库提取货样(通常要开箱拆包、分割抽取样本)。仓库必须根据正式取样凭证发出样品，并做好账务记载。

5. 过户

过户是一种就地划拨的形式，物品实物并未出库，但所有权已从原货主转移到新货主手中。仓库必须根据原货主开出的正式过户凭证，办理过户手续。

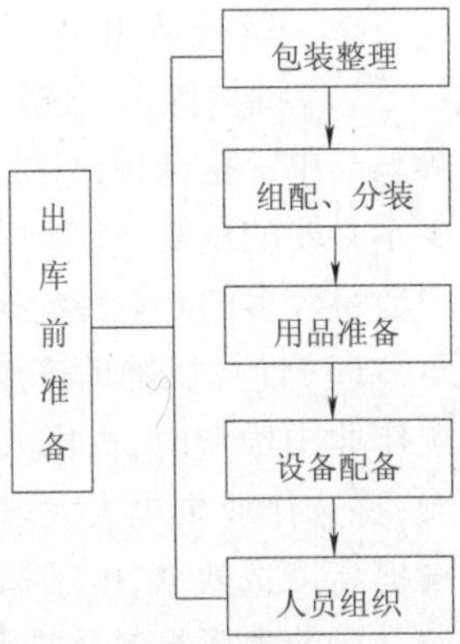

图 11.1　出库前准备程序图

11.2　出库前准备工作

由于出库作业工作量较大也比较复杂，为了安全、准确、及时、节约地搞好物品出库，要事先对出库作业加以组织、合理安排，充分做好相应的准备工作。仓库管理员组织对货物原件的包装整理；对零星货物的组配、分装；对包装材料、工具、用品的准备；对装卸搬运设备的调配；人员的组织、联络客户等方面的内容。具体内容如图 11.1 所示。

11.2.1　拣选作业

拣选作业是根据出库信息或订单，将顾客订购的物品从保管区或拣货区取出，也可以直接在进货过程中取出，并运至配货区的作业过程。

1. 拣选作业的基本流程

拣选作业的基本流程如图 11.2 所示。

图 11.2　拣选作业基本流程

(1)生成拣选信息。在拣选作业开始前，首先要核对出库信息，因为出库信息的传递速度和准确程度受仓库信息化程度的影响。有的信息是手工录入的，即对出库凭证进行审核后手工录入；有的信息是通过条码识别录入的。不论哪一种信息传递的方法拣选信息都是在出库信息的基础上生成的。所以随着仓储企业信息化水平的提高，信息的传递速度和准确性将会大幅度提高。目前，很多仓储企业的拣选作业都是根据订单处理系统输出的拣货单进行拣选。

(2)确定拣选方法。在选择拣选方法时，需要考虑多方面的因素、环境和条件，要采用最适宜的拣选方法。如订单品种繁多，批量不大，可以对订单进行单一分拣，也就是“摘果式”分拣；订单品种较单一，批量大，可以进行批量分拣，也就是“播种式”分拣。在人员分配上，可以采用一人分拣法，也可以采用数人分拣或分区分拣；在物品分拣单位确定上，可以按要求进行以托盘、整箱或单品为单位的分拣；在人货互动方面，可以采取人员固定、物品移动的分拣方法，也可以采用物品固定、人员行走的分拣方法等。

(3)实施拣选作业。分拣方法确定以后，就可以进行具体的拣选作业了。在实施拣选作业时，首先要准确找到货位,确认物品,然后将物品挑选、搬运到指定地点。

2. 主要拣选方法

(1)单一拣选。单一拣选结合分区策略具体又分为单人拣选、分区接力拣选和分区汇总拣选几种方式。

一般来说,单一拣选的准确度较高,很少发生差错,而且机动灵活。这种拣选方式可以根据用户要求调整拣选的先后次序,对于紧急需求,可以集中力量快速拣选。一张货单拣选完毕后,物品便配置齐备,配货作业与拣选作业同时完成,简化了作业程序,有利于提高作业效率。

单一拣选适用用户不稳定,波动较大;需求种类不多;需求之间差异较大,配送时间要求不一。

(2)批量拣选。包括按拣选单位分批、按配送区域、路径分批、按流通加工需求分批、按车辆需求分批等。与单一拣选相比,批量拣选由于将各用户的需求集中起来进行拣选,所以有利于进行拣选路线规划,减少不必要的重复行走。但其计划性较强,规划难度较大,容易发生错误。批量拣选比较适合用户稳定而且用户数量较多的专业性配送中心,需求数量可以有差异,配送时间要求也不太严格,但品种共性要求较高。

(3)计算机辅助拣选工具——电子标签拣选系统。一直以来,拣选作业都是仓库(配送中心)理货系统作业中最费时,占用人工最多的作业之一。随着仓库(配送中心)配送物品数量以及配送范围的不断扩大,拣选作业量也大大增加了。为了提高拣选作业的效率,很多仓库(配送中心)通过引进自动拣选系统来提高拣选效率,电子标签拣选系统就是其中之一。

目前电子标签拣选系统在国外连锁超市和便利店已得到广泛应用。应用电子标签拣选系统后,只要把客户的订单输入操作台上的电脑,存放各种物品的货架上的货位指示灯和品种显示器会立刻显示出拣选物品在货架上的具体位置及所需数量,作业人员便可从对应的货位中取出物品,放入输送带上的周转箱,然后按下按钮,货位指示灯和品种显示器熄灭,配齐订单物品的周转箱由输送带送入自动分拣系统。电子标签拣选系统能够自动引导拣货员进行拣选作业,任何人不需特别训练即能立即上岗作业,从而大大提高了物品处理速度,减轻了作业强度,降低了差错率。

11.2.2 补货

1. 补货作业流程

补货作业的基本流程如图11.3所示。补货作业与拣选作业息息相关,补货作业要根据订单需求制定详细计划,不仅要确保库存,也不能补充过量,而且还要将其安置在方便存取的位置上。

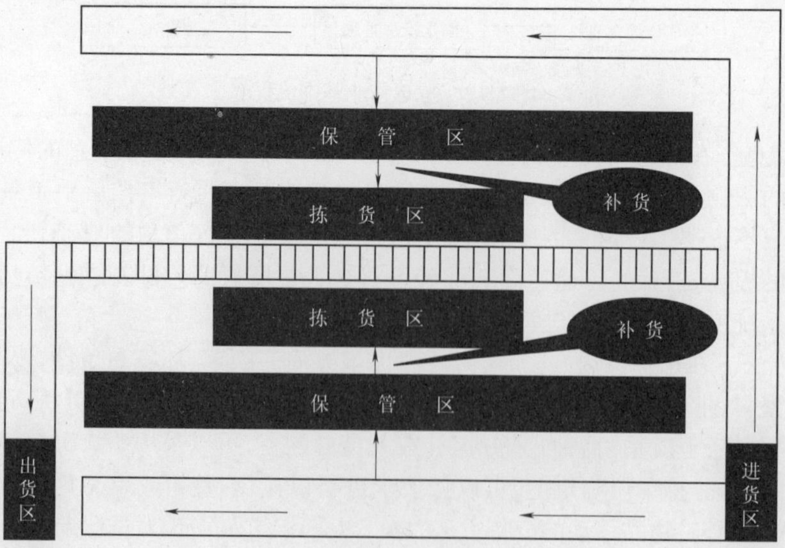

图11.3 补货作业基本流程

当拣选区的存货水平下降到预先设定的标准以后，补货人员就将需要补充的存货种类由保管区搬运至拣选区，然后拣选人员再将物品拣出，放到出库输送设备上运走。

2. 补货时机

(1)批次补货。这种方式是指通过计算机查询每天需要的总补货量以及持货区存货量的情况，将补货量一次性补足的方式。批次补货比较适合一个工作日内作业量变化不大、紧急插单较少或是每批次拣取量大的情况。

(2)定时补货。这种方式是每天规定几个时间点，补货人员在这几个时段内检查拣选区的存货情况，若货架上的存货已经降到预先规定的水平以下，则立即进行补货。定时补货适合拣选时间固定，且紧急配送情况较多的仓库。

(3)随机补货。这种方式通常是仓库(配送中心)指定专门的补货人员，随时巡视拣选区物品存量，发现存量不足则立即补货。随机补货适合每批次补货量不大，但紧急插单较多，不确定性大的情况。

3. 补货方式

(1)拼/整箱补货。这种补货方式是由补货人员用取货箱到保管区货位取货，将取货箱装满后，用手推车运到拣选区。一次补两种以上货物的称为拼箱补货，一次补一种货物的称为整箱补货。这种补货方式适合体积小、量少但品种多的物品。

(2)托盘补货。这种方式是以托盘为单位进行补货。补货人员先用叉车等将托盘由保管区运到拣选区，然后拣选人员在拣选区将托盘上的物品搬运至输送机上。这种方式适合体积大或出货量大的物品。

(3)货位补货。这种方式主要是用于保管区与拣选区处于同一货架的情形。由于有的仓库把一些体积小、流动性不大的物品存放在同一个货架的上下两层，下层作为拣选区，上层作为保管区。货位补货就是当下层货位上的存货低于设定标准时，将上层物品移出一部分补充到下层，使其达到设定标准。

(4)其他补货方式。①直接补货；②复合式补货；③自动补货。

11.2.3 配货

1. 配货作业的基本流程

配货作业的基本流程如图 11.4 所示。

(1)分类。分拣作业完成以后，配货作业首先要对分拣出来的物品根据用户或配送路线进行分类，集中放置在缓冲区。

分类的方法主要有人工分类、旋转货架分类以及自动分类机分类等。

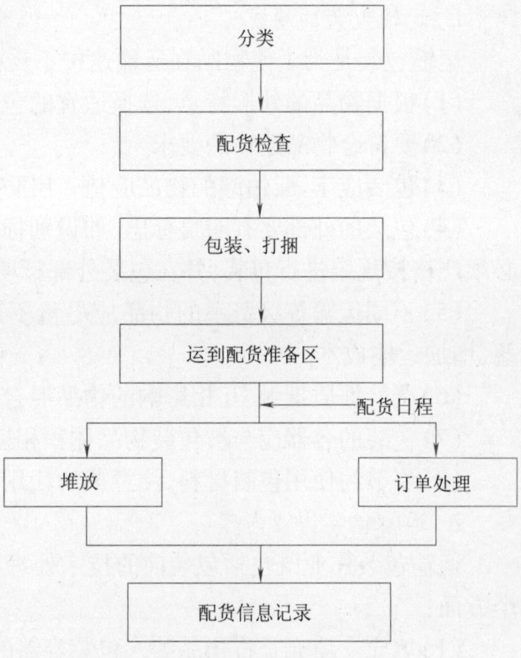

图 11.4 配货作业基本流程

(2)配货检查。分类后需要进行配货检查，以保证发运前的物品品种、数量、质量无误。配货检查比较原始的方法是人工检查，也就是人工点数、察看物品外观质量等。为了提高人工检查的效率，可以将物品有规律的放置，如进行“五五堆码”等以便于点数；或者采用称重的办法，先称出物品的总重量，再对照物品的单位重量，计算并核对配货数量；还可以采用抽查的技术。但总的来说人工检查效率较低。随着信息技术的发展，现在还可以通过应用信息技术来进行配货检查，如通过扫描物品上的条码、应用语音输入技术等进行配货检查。

(3)包装、打捆。为了提高作业效率，一般还要对配送物品进行重新包装、打捆，以保护物品，提高运输效率，便于配送到户时客户能够快速、准确地识别各自的货物等。配货作业中的包装主要是指物流包装，其主要作用是为了保护货物并将多个零散物品放入大小合适的箱子中，以实现整箱集中装卸、成组化搬运等,同时减少搬运次数,降低货损、货差,提高配送效率。同时,包装也是产品信息的载体,通过在外包装上书写产品名称、原料成分、重量、生产日期、生产厂家、产品条码、储运说明等,可以便于客户和配送人员识别产品,进行物品的装运。通过扫描包装上的条码还可以进行货物跟踪,根据包装上的装卸搬运说明可以指导作业人员对货物进行正确操作。

2. 配货作业的主要形式

(1)单一配货作业。单一配货作业是指每次只为一个客户进行配货服务,因此配货作业的主要内容是对物品进行组配和包装。

(2)集中配货作业。集中配货作业是指同时为多个客户进行配货服务,所以其配货作业通常比单一配货多拆箱、分类的程序,其余与单一配货作业大致相同。

11.2.4 加工

这里的"加工"实际上是指出库流通加工的概念,是在物品由生产领域向消费领域流动的运输过程中,为提高物流效率和运输实载率,而对物品进行的流通加工。

主要的流通加工作业方法包括:

(1)以提高物流效率为目的的流通加工。

(2)以提高实载率为主要目的的流通加工。

(3)延迟生产、促销等。

11.2.5 包装

包装的种类可以从功能、形态、作用等不同角度划分,按功能划分可分为销售包装也称为商业包装,运输包装也称为工业包装,这也是最常用的分类方式。这里主要研究的是运输包装或称为工业包装。

1. 运输包装的要求

运输包装是为了使物品在运输途中不受损坏,对物品包装一般需符合以下要求:

(1)根据物品的外形特点,选择适宜的包装材料,包装尺寸要便于物品的装卸和搬运。

(2)要符合物品运输的要求。

(3)包装应牢固,怕潮的物品应垫一层防潮纸,易碎的物品应垫软质衬垫物。

(4)包装的外部要有明显标志,如识别标志、运输标志等;标明对装卸搬运的要求及操作标志,危险品必须严格按规定进行包装,并在包装外部标明危险品有关标志。

(5)不同运输等级费率的物品应尽量不包装在一起(实行混装货物费率的除外),以免影响运输效益,增加运输成本。

(6)严禁性质抵触、互相影响的物品混合包装。

(7)包装的容器应与被包装物品体积相适应。

(8)要节约使用包装材料,注意节约代用、修旧利废。

2. 运输包装作业内容

运输包装作业既包括包装前的技术处理,包装过程,还包括包装的辅助工作。主要内容包括以下几个方面:

(1)填充。填充是将物品装入包装容器的操作,分为装放、填充与灌装三种形式。

(2)封口和捆扎。

①包装封口。包装的封口是包装操作的一道重要工序,它直接关系着包装作业的质量与包装的密闭性。根据封口部位不同,可分为顶端封口、侧面封口和底端封口等。根据容器和密封性能的要求有粘合封口、胶带封口、插接封口、捆扎封口、绞结封口、装订封口、热熔封口、收缩封口、盖塞封口、焊接封口、卷边封口、压接封口、缝合封口、真空封口、胶泥封口、浸蜡封口等。

②捆扎。捆扎是将物品或包装件用适当材料扎紧、固定或增强的操作。主要有:直接捆扎、半包装捆扎、夹板捆扎、成件捆扎和密缠捆扎等形式。

③裹包。裹包是用一层挠性材料包覆物品或包装件的操作。裹包过程结束后,被包物品与包装物呈现的外形通常称包裹。裹包的方法主要有:直接裹包、多件裹包、收缩包装、压缩捆包与卷绕裹包等形式。用于裹包的材料主要有纸张、织品、塑料薄膜以及蒲席等。

③加标和检重。加标就是将标签粘贴或栓挂在物品或包装件上,标签是包装装潢和标志,因此加标是很重要的工作。

11.3 出库作业流程

根据物品在库内流向或出库单的流转构成各业务环节的衔接,商品的出库业务流程如图 11.5 所示。

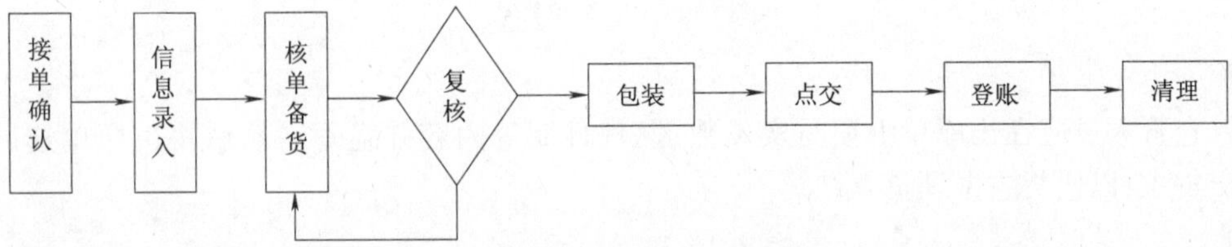

图 11.5 商品出库业务流程图

1. 接单确认

对上级部门发出的调拨单或发货单进行确认,确认条款信息必须清晰,包括:发运时间、到货时间、运输方式、客户名称、客户地址、订货商品明细(中文名称、条形码、规格和数量)等。

如果单据上出现涂改或添加信息,务必通知上级部门,要求重新传递;如果单据有效,同样需要通知上级部门进行确认。

2. 信息录入

将要出库的货物信息录入管理信息系统,并生成相应的拣货单。

3. 核单备货

按照拣货单所列项目开始备货工作。备货时应本着“先入先出、易霉易坏先出、接近有效期先出”的原则,备货完毕后及时变动料卡余额数量,填写实发数量和日期。

4. 复核

为了保证出库物品不出差错,备货后应进行复核。出库的复核形式主要有专职复核、交叉复核和环环复核三种。除此之外,在发货作业的各道环节上,都贯穿着复核工作。例如,理货员核对单货,守护员(门卫)凭票放行,账务员(保管会计)核对账单(票)等。这些分散的复核形式,起到分头把关的作用,都十分有助于提高仓库发货业务的工作质量。

复核的内容包括:品名、型号、规格、数量是否同出库单一致;配套是否齐全;技术证件是否齐全;外观质量和包装是否完好。只有加强出库的复核工作,才能防止错发、漏发和重发等事故的发生。

5. 包装

出库物品的包装必须完整、牢固,标记必须正确清楚,如有破损、潮湿、捆扎松散等不能保障运输中安全的,应加固整理,破包破箱不得出库。各类包装容器上若有水渍、油迹、污损,也均不能出库。

出库物品如需托运,包装必须符合运输部门的要求,选用适宜包装材料,其重量和尺寸,便于装卸和搬运,以保证货物在途的安全。

6. 点交

商品经复核后,需要办理交接手续,应当面将商品交接清楚。交清后,提货人员应该在出库凭证

(图 11.6)上签章。

出库单

提货人：　　　　　　　　　　　　　　　出货仓库：　　　　出库日期：

品名	规格	单位	计划数	实发数	单价	包装押金	小计金额
总计金额(人民币大写)							

主管审批：　　　审核：　　　仓管员：　　　提货人：

图 11.6　出库单样表

7. 登账

点交后,仓管人员应在出库单上填写实发数、发货日期等内容并盖章。然后将出库单连同有关证件资料,及时交货主,以便货主办理货款结算。

8. 清理

经过出库的一系列工作程序之后,实物、账目和库存档案等都发生了变化。应按下列几项工作彻底清理,使保管工作重新趋于账、物、资金相符的状态。

(1)按出库单,核对结存数。

(2)如果该批货物全部出库,应查实损耗数量,在规定损耗范围内的进行核销,超过损耗范围的查明原因,进行处理。

(3)一批货物全部出库后,可根据该批货物入出库的情况,采用的保管方法和损耗数量,总结保管经验。

(4)清理现场,收集苫垫材料,妥善保管,以待再用。

(5)代运货物发出后,收货单位提出数量不符时,属于重量短少而包装完好且件数不缺的,应由仓库保管机构负责处理;属于件数短少的,应由运输机构负责处理。若发出的货物品种、规格、型号不符,由保管机构负责处理。若发出货物损坏,应根据承运人出具的证明,分别由保管及运输机构处理。

在整个出库业务程序过程中,复核和点交是两个最为关键的环节。复核是防止差错的重要和必不可少的措施,而点交则是划清仓库和提货方两者责任的必要手段。

(6)由于提货单位任务变更或其他原因要求退货时,可经有关方同意,办理退货。退回的货物必须符合原发的数量和质量,要严格验收,重新办理入库手续。当然,未移交的货物则不必检验。

计 划 单

<table>
<tr><td>学习领域</td><td colspan="5">仓储作业管理</td></tr>
<tr><td>学习情境</td><td colspan="3">仓储作业管理</td><td>学 时</td><td>42</td></tr>
<tr><td>工作任务</td><td colspan="3">出库作业管理</td><td>任务学时</td><td>6</td></tr>
<tr><td>计划方式</td><td colspan="3">小组讨论，制定计划</td><td>计划学时</td><td>0.5</td></tr>
<tr><td>序 号</td><td colspan="3">实施步骤</td><td colspan="2">使用资源</td></tr>
<tr><td>1</td><td colspan="3"></td><td colspan="2"></td></tr>
<tr><td>2</td><td colspan="3"></td><td colspan="2"></td></tr>
<tr><td>3</td><td colspan="3"></td><td colspan="2"></td></tr>
<tr><td>4</td><td colspan="3"></td><td colspan="2"></td></tr>
<tr><td>5</td><td colspan="3"></td><td colspan="2"></td></tr>
<tr><td>6</td><td colspan="3"></td><td colspan="2"></td></tr>
<tr><td>制定计划
说明</td><td colspan="5"></td></tr>
<tr><td rowspan="2">计划评价</td><td>班 级</td><td></td><td>第 组</td><td>组长签字</td><td></td></tr>
<tr><td>教师签字</td><td colspan="2"></td><td>日 期</td><td></td></tr>
<tr><td colspan="6">评语：</td></tr>
</table>

决 策 单

<table>
<tr><td>学习领域</td><td colspan="5">仓储作业管理</td></tr>
<tr><td>学习情境</td><td colspan="3">仓储作业管理</td><td>学 时</td><td>42</td></tr>
<tr><td>工作任务</td><td colspan="3">出库作业管理</td><td>任务学时</td><td>6</td></tr>
<tr><td colspan="4">决策学时</td><td colspan="2">1.5</td></tr>
<tr><td rowspan="7">方案对比</td><td>组号</td><td>方案的可行性</td><td>实施可操作性</td><td>知识运用的科学性</td><td>综合评价</td></tr>
<tr><td>1</td><td></td><td></td><td></td><td></td></tr>
<tr><td>2</td><td></td><td></td><td></td><td></td></tr>
<tr><td>3</td><td></td><td></td><td></td><td></td></tr>
<tr><td>4</td><td></td><td></td><td></td><td></td></tr>
<tr><td>5</td><td></td><td></td><td></td><td></td></tr>
<tr><td>6</td><td></td><td></td><td></td><td></td></tr>
<tr><td>方案评价</td><td colspan="5"></td></tr>
</table>

班 级		组长签字		教师签字		月 日

》》》》》 实 施 单 《《《《《

<table>
<tr><td>学习领域</td><td colspan="4">仓储作业管理</td></tr>
<tr><td>学习情境</td><td colspan="2">仓储作业管理</td><td>学 时</td><td>42</td></tr>
<tr><td>工作任务</td><td colspan="2">出库作业管理</td><td>任务学时</td><td>6</td></tr>
<tr><td>实施方式</td><td colspan="2">分组实施,小组成员合作,按实际实施情况填写</td><td>实施学时</td><td>2</td></tr>
<tr><td rowspan="11">方案对比</td><td>序 号</td><td>实施步骤</td><td colspan="2">使用资源</td></tr>
<tr><td>1</td><td></td><td colspan="2"></td></tr>
<tr><td>2</td><td></td><td colspan="2"></td></tr>
<tr><td>3</td><td></td><td colspan="2"></td></tr>
<tr><td>4</td><td></td><td colspan="2"></td></tr>
<tr><td>5</td><td></td><td colspan="2"></td></tr>
<tr><td>6</td><td></td><td colspan="2"></td></tr>
<tr><td>7</td><td></td><td colspan="2"></td></tr>
<tr><td>8</td><td></td><td colspan="2"></td></tr>
<tr><td>9</td><td></td><td colspan="2"></td></tr>
<tr><td>10</td><td></td><td colspan="2"></td></tr>
<tr><td colspan="5">实施说明:</td></tr>
</table>

班 级		第 组	组长签字	
教师签字			日 期	

作 业 单

学习领域	仓储作业管理		
学习情境	仓储作业管理	学 时	42
工作任务	出库作业管理	任务学时	6
作业内容			

1 仓库分别以传真、E-mail、电话的形式接到客户的出库通知，要求模拟仓库人员完成出库准备。

货品名称	数量	客户	出库时间
康师傅红烧牛肉面	20 箱	美联集团	上午 9:30
80 g 美加净护手霜	15 箱	联华集团	上午 10:00
百事可乐	5 件	物美集团	上午 10:30

作业解答：

2 简述或图示出库单证流转过程。

作业解答：

作业评价					
班 级		第 组	组长签字		
学 号		姓 名			
教师评分		教师签字		日 期	
评语：					

评 价 单

<table>
<tr><td>学习领域</td><td colspan="5">仓储作业管理</td></tr>
<tr><td>学习情境</td><td colspan="3">仓储作业管理</td><td>学 时</td><td>42</td></tr>
<tr><td>工作任务</td><td colspan="3">出库作业管理</td><td>任务学时</td><td>6</td></tr>
<tr><td>评价类别</td><td>项目</td><td>检查标准</td><td>个人评价</td><td>组内互评</td><td>教师评价</td></tr>
<tr><td rowspan="6">专业能力</td><td>资讯（10%）</td><td>搜集信息充分适用，查阅资料完整</td><td></td><td></td><td></td></tr>
<tr><td>计划（5%）</td><td>出库作业流程正确、清晰</td><td></td><td></td><td></td></tr>
<tr><td>实施（20%）</td><td>出库单据内容填写正确</td><td></td><td></td><td></td></tr>
<tr><td>检查（10%）</td><td>能够发现问题并修正</td><td></td><td></td><td></td></tr>
<tr><td>过程（5%）</td><td>安全、合理</td><td></td><td></td><td></td></tr>
<tr><td>结果（10%）</td><td>阐述观点正确</td><td></td><td></td><td></td></tr>
<tr><td rowspan="2">社会能力</td><td>团结协作（10%）</td><td>积极与他人合作，共同完成任务</td><td></td><td></td><td></td></tr>
<tr><td>敬业精神（10%）</td><td>在完成任务过程中的参与程度，积极主动</td><td></td><td></td><td></td></tr>
<tr><td rowspan="2">方法能力</td><td>计划能力（10%）</td><td>逻辑清晰、方案设计合理</td><td></td><td></td><td></td></tr>
<tr><td>决策能力（10%）</td><td>方案正确性</td><td></td><td></td><td></td></tr>
<tr><td rowspan="3">检查评价</td><td>班总评级</td><td></td><td>姓 名</td><td></td><td>学 号</td></tr>
<tr><td>教师签字</td><td></td><td>第 组</td><td>组长签字</td><td>月 日</td></tr>
<tr><td colspan="5">评语：</td></tr>
</table>

任务12 库存控制

任 务 单

<table>
<tr><td>学习领域</td><td colspan="8">仓储作业管理</td></tr>
<tr><td>学习情境</td><td colspan="6">仓储作业管理</td><td>学　　时</td><td>42</td></tr>
<tr><td>工作任务</td><td colspan="6">库存控制</td><td>任务学时</td><td>6</td></tr>
<tr><td colspan="9">布 置 任 务</td></tr>
<tr><td>工作目标</td><td colspan="8">1. 了解库存的含义和分类,库存的功能与库存合理化的内容
2. 掌握库存控制的方法(定量订货法和定期订货法)
3. 掌握现代物流管理技术
4. 了解仓库现代信息技术在仓库管理中应用的基本内容和基本方法</td></tr>
<tr><td>任务描述</td><td colspan="8">库存控制是在保证供应的前提下,使库存数量最少而进行的有效管理的技术经济措施。仓库库存量的多少会对库存成本造成影响,如何在满足企业和客户需求的同时,降低库存成本,使库存合理化呢?
具体任务要求:
1. 理清库存管理的内容
2. 根据库存管理的轻重缓急,安排执行时间</td></tr>
<tr><td rowspan="2">学时安排</td><td>资　　讯</td><td>计　　划</td><td colspan="2">决　　策</td><td>实　　施</td><td>检　　查</td><td colspan="2">评　　价</td></tr>
<tr><td>1 学时</td><td>0.5 学时</td><td colspan="2">0.5 学时</td><td>3 学时</td><td>0.5 学时</td><td colspan="2">0.5 学时</td></tr>
<tr><td>提供资料</td><td colspan="8">1. 海泽. 运作管理. 北京:中国人民大学出版社,2009
2. 中国就业培训技术指导中心. 高级物流师. 北京:中国劳动社会保障出版社,2012
3. 胡国良. 仓储与配送管理实务. 北京:清华大学出版社,2008</td></tr>
<tr><td>对学生的要求</td><td colspan="8">1. 了解库存的功能与库存合理化的内容
2. 掌握库存控制的方法
3. 掌握 ABC 分类管理方法
4. 掌握 JIT 存货管理、MRP 技术
5. 树立职业意识,按企业岗位职责要求自己</td></tr>
</table>

资 讯 单

<table>
<tr><td>学习领域</td><td colspan="3">仓储作业管理</td></tr>
<tr><td>学习情境</td><td>仓储作业管理</td><td>学　时</td><td>42</td></tr>
<tr><td>工作任务</td><td>库存控制</td><td>任务学时</td><td>6</td></tr>
<tr><td>资讯方式</td><td>结合案例，了解并掌握，查阅参考文献</td><td>资讯学时</td><td>1</td></tr>
<tr><td rowspan="10">资讯问题</td><td colspan="3">1. 库存合理化主要体现在哪些方面?</td></tr>
<tr><td colspan="3">2. 库存控制方法有哪些?</td></tr>
<tr><td colspan="3">3. MRP 基本原理是什么?</td></tr>
<tr><td colspan="3">4. JIT 的基本原理是什么?</td></tr>
<tr><td colspan="3">5. 供应商管理库存的含义是什么?</td></tr>
<tr><td colspan="3">6. ABC 库存管理法的基本原理是什么?</td></tr>
<tr><td colspan="3">7. 对于 ABC 类货物，应采取什么管理方法?</td></tr>
<tr><td colspan="3">8. 什么是零库存？实现零库存的前提条件有哪些?</td></tr>
<tr><td colspan="3">9. CVA 库存管理法的含义是什么?</td></tr>
<tr><td colspan="3">10. 定量订货法、定期订货法的优缺点有哪些?</td></tr>
<tr><td>资讯引导</td><td colspan="3">1. 薛威. 仓储作业管理. 北京：高等教育出版社，2012
2. 中国就业培训技术指导中心. 高级物流师. 北京：中国劳动社会保障出版社，2012
3. 蓝仁昌. 物流技术与实务. 北京：高等教育出版社，2007
4. 中国仓储协会. 仓储管理员. 北京：北京师范大学出版社，2011
5. 孙科柳. 仓管员日清日高工作法. 广州：广东经济出版社，2009
6. 校园网精品课程资源库资料
7. 海泽. 运作管理. 北京：中国人民大学出版社，2009</td></tr>
</table>

信 息 单

12.1 库存与库存合理化

12.1.1 库存

库存(GB/T 18354—2001 中 4.14)中定义为:处于储存状态的物品。库存是仓库中实际储存的货物。

广义的库存还包括处于制造加工状态和运输状态的物品。在企业中是指企业在生产经营过程中为现在和将来的耗用或者销售而储备的资源。当某些库存承担起国家的安全使命时,这些库存通常被称为国家储备。

库存可以分两类:一类是生产库存,即直接消耗物资的基层企业、事业的库存物资,它是为了保证企业、事业单位所消耗的物资能够不间断地供应而储存的;一类是流通库存,即生产企业的成品库存,生产主管部门的库存和各级物资主管部门的库存。此外,还有特殊形式的国家储备物资,它们主要是为了保证及时、齐备地将物资供应或销售给基层企业、事业单位的供销库存。

12.1.2 库存合理化

库存把采购、储存和销售等企业经营的各个环节连接起来,库存合理化就是用最经济的方法和手段从事库存活动,并发挥其作用。

库存合理化主要体现在库存量合理、库存结构合理、库存时间合理等方面。

1. 库存量合理的含义及控制方法

库存量合理是指以满足市场需要,保障销售、符合经济核算为基本原则,使商品库存量满足销售量的需要。任何一个企业都有库存方面的困扰,如何降低库存成本、提高库存周转效率,一直是企业管理者们格外关心、却不容易实现的难题。

制定商品库存定额是使库存量合理的主要控制方法。商品库存定额有两种表现形式,一是库存商品的数量定额,简称商品定额;二是库存商品的价值定额,简称商品资金定额。

(1)商品定额。商品定额是一个实物指标,它是指在一定时期内对某种商品所规定的平均库存量。主要是依据商品平均日销售量和商品周转天数的乘积计算确定的。商品定额通常用于A类商品以及B、C类商品中不能缺货商品的库存控制。

(2)商品资金定额。商品资金定额是一个价值指标,它是指对某种商品在一定时期内的平均库存资金占用的规定。企业可以采用总额控制的方式。

2. 库存结构合理的含义及控制方法

库存结构合理是指库存商品总额中,各类商品所占比例,同类商品中高、中、低档商品之间的比例,以及同种商品的不同规格、不同花色之间库存量的比例都适应销售的需要。

库存结构合理的控制方法主要包括三个方面,即商品质量结构控制、商品层次结构确定和商品销售结构分析。

(1)商品质量结构控制。商品质量结构是指库存商品自身的质量以及商品适应当地市场需求的品种结构情况。根据商品自身质量与商品适销情况,可以把全部库存商品划分为不良品、废品、质次价高商品、紧俏商品、适销商品、过季商品、呆滞(积压)商品等。要保持高质量的库存商品,事前控制很关键,主要环节及措施是:加强市场调查与预测,把握市场行情,按需组织货源;有计划地组织商品购进,根据供求变化适时适量采购;加强商品入库验收,防止伪劣商品进入储存环节;对库存商品实行库存定额管理。

(2)商品层次结构确定。商品层次结构是指库存商品满足不同水平消费需求的结构状况。依照价格的高低,商品的层次结构分为高档商品、中档商品和低档商品三类。各类商品在全部商品中所占比例,一方面反映出企业服务区域内消费水平的高低,另一方面则反映企业的主要服务对象,在一定程度上反映了企业的社会效益。商品层次结构确定的主要任务除注重满足主要层次消费者的需求外,还要兼顾其他层次消费者的需求,编制"必备商品目录",并确定各档次商品在全部商品中所占比例。

(3)商品销售结构分析。商品销售结构是指一定时期内各种商品销售额在全部销售额中所占比例。根据这些比例,可以确定经营中的主要品种、次要品种和一般品种,从而有区别地加以管理。主要措施有:第一,对于主要品种,按品种甚至规格指定库存定额,实行保本保利库存期管理;第二,对于次要品种,分大类进行库存定额管理;第三,对于一般品种,可以只控制总金额,实行一般管理。

3. 库存时间合理的含义及控制方法

库存时间合理是指所有库存商品的库存期适应供求变化。库存期是指商品进入库存环节后停留的时间。

商品进入库存环节后停留的时间越长,需要支出的利息和保管费用就越多,同时商品损耗也会相应增大,此外,随着库存时间的延长,大部分商品还将削价出售,从而导致企业销售毛利下降,甚至亏损。库存时间合理的控制可以通过对商品保本库存期和商品保利库存期的控制来进行。商品从购进到销售出去,不发生亏损的最长库存期限,称为商品保本库存期,简称商品保本期;而能够实现经营利润的最长库存期限,称为商品保利库存期,简称商品保利期。

(1)商品保本保利期控制的基本步骤。商品保本保利期控制就是运用量本利分析和目标管理的原理,通过对商品保本保利期限的预测,对商品购、存、销全过程进行系统的价值管理的过程。其基本步骤是:①根据商品流通费用与库存时间的关系,将其划分为固定费用和变动费用两类;②根据一定时期内销售目标,逐一计算商品的保本期和保利期;③按照保本期和保利期来控制商品的进货量和出货量;④随时检查库存情况,为保证库存信息准确,以达到对全过程进行控制与管理的目的。

(2)计算商品保本保利期时的必要假设。零售商品进行保本保利期控制时,不可能计算所有商品的保本保利期。一般情况是,先对商品进行 ABC 分类,通常只对 A 类商品进行保本保利期控制。计算保本保利期时,必须做以下假设:①计算期内商品的进销价格不变;②计算期内固定费用和变动费用相对稳定不变;③商品的购销是一次性的。

12.2 传统库存控制方法

传统的库存管理是以单个企业为管理对象,确定库存的最佳订货点、订货量、订货方式,在基本满足需要的前提下使库存总成本最小。

12.2.1 定量订货法

定量订货法是指当库存量下降到预定的最低库存量(订货点)时,按规定进行订货补充的一种库存控制方法。当库存量下降到订货点时,即按预先确定的订货量发出订单,经过订货期、交货周期,库存量继续下降,到达安全库存量时,收到订货,库存水平回升。采用定量订货方式必须预先确定订货点和订货量(见图 12.1)。

1. 订货点的确定

通常订货点的确定主要取决于需求率和订货交货周期这两个因素。在需求为固定、均匀和订货交货期不变的情况下,订货点由以下公式确定:

$$订货点 = 平均交货期全年需求量/365 + 安全库存量 \quad (12.1)$$

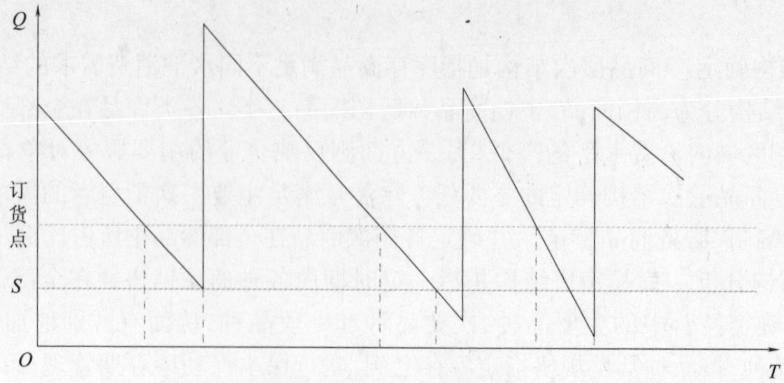

图 12.1 定量订货法原理

其中：

Q——批量或订货量；

T——周转期；

S——安全库存。

在确定订货点时主要取决于需求率和订货、到货间隔时间这两个要素。

当需求是固定均匀，订货、到货间隔时间不变的情况下，不需要设安全库存，这时订货点由以下公式确定：

$$订货点 = 平均交货期全年需求量/365 \tag{12.2}$$

在实际工作中，常常会遇到各种波动的情况，如需求发生变化，交货期因某种原因而延长等，这时就必须要设置安全库存量，这时订货点则应用式(12.1)来确定。

2. 基本经济订货批量(economic order quantity，EOQ，以下简写为 Q^*)的确定

通过平衡采购进货成本和保管仓储成本核算，以实现总库存成本最低的最佳订货量。经济订货批量是固定订货批量模型的一种，可以用来确定企业一次订货(外购或自制)的数量。当企业按照经济订货批量来订货时，可实现订货成本和储存成本之和最小化。

定货批量 Q 通常依据经济批量 Q^* 的方法来确定，即总库存成本最小时的每次订货数量。通常，年总库存成本的计算公式为：

$$年总库存成本 = 购进成本 + 订货成本 + 保管成本$$

$$TC = DP + \frac{D}{Q}C + \frac{Q}{2}H \tag{12.3}$$

即

式中：

TC——年总成本；

D——年需求总量；

P——单位物品的购入成本；

C——每次订货成本；

H——单位物品年储存成本；($H = PF$，F 为年仓储保管费用率)

Q——批量或订货量；

Q/2——年平均库存量。

经济订购批量 Q^* 的确定公式：

$$Q^* = \sqrt{\frac{2CD}{H}} = \sqrt{\frac{2CD}{PF}} \tag{12.4}$$

在需求率已知、连续，交货期已知和固定、不发生缺货的条件下，可采用以上公式计算经济批量 Q^*。将 Q^* 代入年总库存成本的公式中，即可得出最低年总库存成本的公式：

最低年总库存成本

$$TC = DP + HQ^* \tag{12.5}$$

年订购次数

$$n = \frac{D}{Q^*} = \sqrt{\frac{DH}{2C}} \tag{12.6}$$

平均订货间隔周期

$$T = \frac{365}{n} = \frac{365Q^*}{D} \tag{12.7}$$

【例 12.1】 某公司根据计划每年需要采购零件 30 000 个。甲零件的单位购买价格是 20 元，每次订购的成本是 240 元，每个零件每年的仓储保管成本为 10 元。要求计算，甲零件的经济订购批量，最低年总库存成本，每年的订货次数及平均订货间隔周期。

解：

$$Q^* = \sqrt{\frac{2CD}{H}} = \sqrt{\frac{2CD}{PF}} = \sqrt{\frac{2 \times 240 \times 30\ 000}{10}} = 1\ 200(个)$$

每年的总库存成本

$$\text{TC} = DP + \frac{D}{Q}C + \frac{Q}{2}H = 30\ 000 \times 20 + \frac{30\ 000}{1\ 200} \times 240 + \frac{1\ 200}{2} \times 10 = 612\ 000(元)$$

或每年的总库存成本

$$\text{TC} = DP + HQ^* = 30\ 000 \times 20 + 10 \times 1\ 200 = 61\ 200(元)$$

每年的订货次数

$$n = \frac{D}{Q^*} = \frac{30\ 000}{1\ 200} = 2(次)$$

平均订货间隔周期

$$T = \frac{365}{n} = \frac{365}{25} = 14.6(天)$$

12.2.2　定期订货法

定期订购控制法是指预先确定的订货间隔期按期订购物品，以补充库存的一种库存控制方法。通俗地说每隔一个订货周期，就要检查库存，发出订货，每次的订货量的大小都是使得订货后的名义库存量达到最高库存量(见图 12.2)。

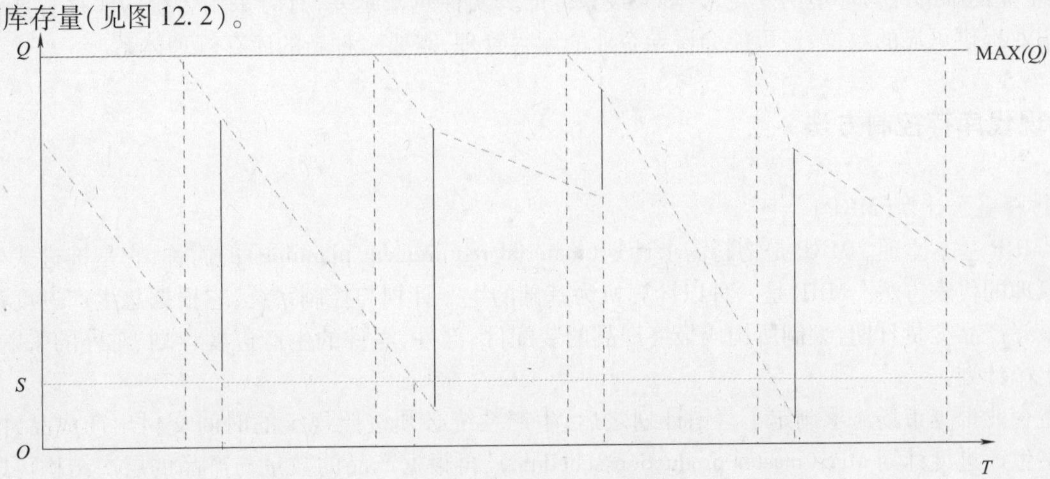

图 12.2　定期订货法原理

其中：

Q——批量或订货量；

T——周转期；

S——安全库存。

定期订购控制方法中订货量的确定方法：

订货量 = 最高库存量 - 现有库存量 - 订货未到量 + 顾客延迟购买量

1. 订货周期的确定

定期订货法中，订货周期决定了订货时机，它也就是定期订货法的订货点。订货周期，就是订货间隔周期。它与定量订货法的订货间隔期不同，定量订货法的订货间隔期互相可能不等，定期订货法的订货间隔期都互相相等。订货间隔期的长短，直接决定了最高库存量的大小，也就是决定了仓库的库存水平的高低，因而决定了库存费用的大小。所以订货周期不能太大，太大了，就会使库存水平过高，也不能太小，太小了，订货批次太多，增加了订货费用。在一般情况下，可以用经济订货周期作为定期订货法的订货周期。实际上，订货周期也可以根据具体情况进行调整。例如：根据自然日历习惯，以月、季、年；也可以根据企业的生产周期或供应周期等来确定。

2. 最高库存量的确定

定期订货法的最高库存量应该以满足订货间隔期和订货提前期的需求量为依据。也就是说，最高库存量等于订货间隔期和订货提前期间的总需求量。

3. 订货量的确定

定期订货法没有固定不变的订货批量，每个周期订货量的大小，等于该周期的最高库存量与实际库存量的差值。实际库存量是指检查库存时仓库所实际具有的能够用于销售供应的全部物品的数量。

订货量 = 最高库存量 - 现有库存量 - 订货未到量 + 顾客延迟购买量

4. 定期订货法的应用

(1)定期订货法直接运用只适用于单一品种的订货。但是稍加处理，也可以用于几个品种的联合订货。

(2)定期订货法不但适用于随机型需求，也适用于确定型需求。对于不同的需求类型，可以导出具体的运用形式，但它们的应用原理都是相同的。

(3)定期订货法适用于品种数量大，占用资金较少的 C 类库存和 B 类库存。

传统库存管理的假设是物料需求是连续的，对各种物料的需求是相对独立的，库存消耗以后，能够及时补充库存。传统库存管理侧重于单个企业库存最优化，存在顾客满意度与库存投资方面的矛盾。而且，由于企业面临的经营环境的变化，许多假设条件的真实性越来越差，有时采用传统的库存管理不仅不能帮助企业提供可靠的数据，还可能会误导企业的库存管理，需要一种新的库存管理体系。

12.3 现代库存控制方法

1. 物料需求计划(MRP)

(1)MRP 基本原理。MRP 是物料需求计划(material requirement planning)的简称，它是推进式生产物流控制原理的代表方法。MRP 是一种以计算机为基础的生产计划与控制系统，它根据总生产进度计划中规定的最终产品交货日期，编制所构成最终产品的装配件、部件、零件的生产进度计划、对外的采购计划、对内的生产计划。

制造企业根据市场需求制定了营销计划之后，生产系统必须按照规定的时间交付出产成品，由此而产生了主生产进度计划 MPS(master production schedule)，再根据产品的数量与产品的层次结构可以逐层逐次地求出各种零部件的需求时间，这就叫做物料需求计划。

组成 MRP 基本条件数据主要有:主生产进度计划(MPS)、主产品结构文件(BOM)、产品库存状态文件。

主生产进度计划(MPS)主要表明生产哪些最终产品,何时需要以及需要的数量。在主生产进度计划上表明在计划期间内计划输出细项的那一部分。如表 12.1 所示。进度表说明,第 4 周开始时需要(如:配送给顾客)100 单位,第 8 周开始时需要 150 单位的 x 产品。

表 12.1 周 数

细项:x	1	2	3	4	5	6	7	8
数量				100				150

主生产进度计划将计划期分割成了一系列用周表示的时间期间或时间单元。事实上,主生产进度计划近期通常以周表示,远期则以月或季表示。

产品结构文件 BOM(bill of materials)也叫物料清单,是 MRP 的核心文件,包含着生产每单位产成品所需要的所有部件、组件、零件与原材料等。它在物料分解与产品计划过程中占有重要的地位,是物料计划的控制文件,也是制造企业的核心文件。

物料清单是一张列表,有层次结构。可以把物料清单想象成一棵能够把产品装配过程所需的组件与构件形象的视觉化的产品结构树,如一把椅子的装配图及产品结构树。产成品是椅子,由各组件和构件拼凑在一起才能形成最终产品。如图 12.3 所示。

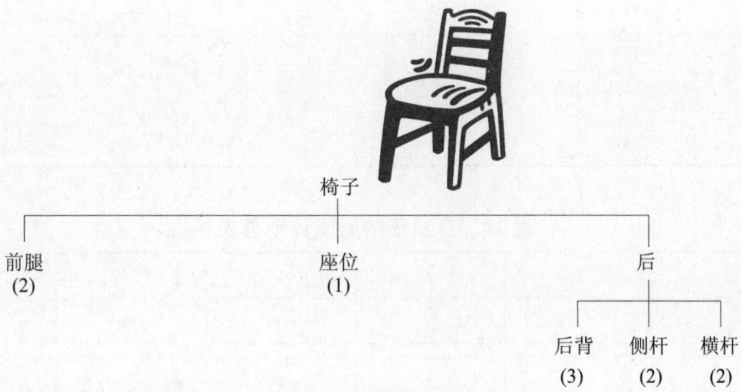

图 12.3 椅子装配图结构树

MRP 中的库存状态文件的数据主要有两部分:一部分是静态的数据,在运行 MRP 之前就确定的数据,如物料的编号、描述、提前期、安全库存等;另一部分是动态的数据,如总需求量、库存量、净需求量、计划发出(订货)量等。MRP 在运行时,不断变化的是动态数据。

(2)MRP 逻辑原理图如图 12.4 所示。

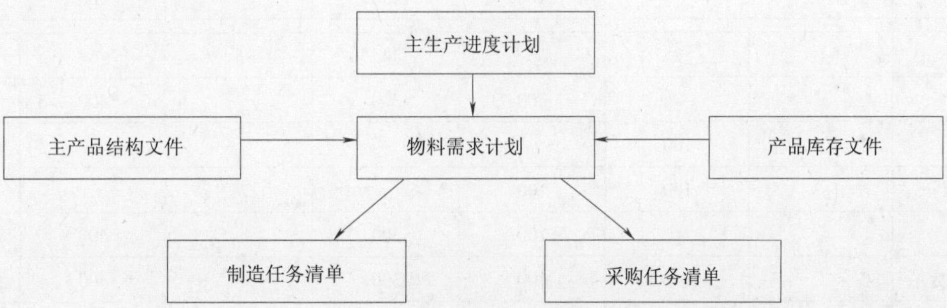

图 12.4 MRP 逻辑原理图

(3)MRP 方法。MRP 方法先用主生产进度计划列明最终产品需求量，再用组件、部件、原材料的物料清单抵消生产提前期，确定各时期需求。

剖析物料清单得出的数量是总需求，它尚未考虑持有库存量与在途订货量等因素。厂商根据主生产进度计划生成的，必须予以满足的需求叫物料净需求。决定净需求是 MRP 方法的核心。

$$t\text{ 期间净需求} = t\text{ 期间总需求} - t\text{ 期间计划存货} + \text{安全库存}$$

为简化起见，在例题中不考虑安全库存。

【例 12.2】 桌子由三个部件组成，如图 12.5 产品结构树所示。桌子的制造公司想在第 4 天一早发送 100 张，第 5 天一早发送 150 张，第 7 天一早发送 200 张桌子，按照进度安排，第 2 天接受 100 张木面，目前有 120 条桌腿，桌腿的定货批量中有 10% 是安全存货，目前持有支柱数量是 60 个，无须安全存货，全部细项的生产提前期(以天为单位)如表 12.2 所示。

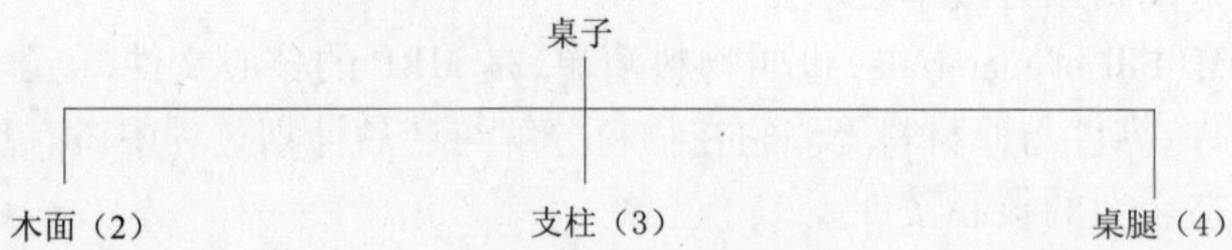

图 12.5　桌子的产品结构树

表 12.2　生产提前期

数量	提前期
1 ~ 200	1
201 ~ 550	2
551 ~ 999	3

表 12.3　桌子的时间计划总表

天数	1	2	3	4	5	6	7
数量				100	150		200
桌子	1	2	3	4	5	6	7
总需求				100	150		200
定期接收							
计划持有量							
净需求							
计划收到订货				100	150		200
计划发出订货			100	150		200	
木面：(2)	1	2	3	4	5	6	7
总需求			200	300		400	
定期接收		100					
计划持有量		100	100				
净需求			100	300		400	
计划收到订货			100	300		400	
计划发出订货		400		400			

续表

支柱:(3)	1	2	3	4	5	6	7
总需求			300	450		600	
定期接收							
计划持有量	60	60	60				
净需求			240	450		600	
计划收到订货			240	450		600	
计划发出订货	240	450	600				

桌腿:(4)	1	2	3	4	5	6	7
总需求			400	600		800	
定期接收							
计划持有量	120	120	120				
净需求			280	600		800	
计划收到订货			308	660		880	
计划发出订货	968		880				

2. JIT

(1)JIT 的基本原理。JIT 是“just in time”的缩写,直译是“正好准时”之意。如果将其与生产管理与库存管理联系起来,即为“准时到货”。JIT 管理体系是由日本丰田公司在 20 世纪 70 年代后期成功应用而一举成名后,成为现在的一种先进管理体系的。到 20 世纪 80 年代止,日本的制造业已经在不同的程度广泛地采用了 JIT 管理体系,美国的工业企业大约也有 40% 以上使用该方法,JIT 管理体系的采纳已经被证明是在世界领先地位的企业的成功之关键。

JIT 的基本原理是以需定供,即供方根据需方的要求,按照需方需求的品种、规格、质量、数量、时间、地点等要求,将物品配送到指定地点。

JIT 的最基本核心就是及时,其原则是所有的原材料和产品都应不早不晚地在生产流程需要它们出现的时候出现,目标是减少甚至消除从原材料投入到成品产出过程中的存货,建立起平滑而有效的生产流程。JIT 内涵如表 12.4 所示。

表 12.4 JIT 内涵表

项 目	保 证	拒 绝
品种配置	品种有效性	不需要的品种
数量配置	数量有效性	多余的数量
时间配置	所需时间	不按时的供应
质量配置	产品质量	次品和废品

在 JIT 体系下,产品完工时正好是要运输给顾客时;同样,材料、零部件等到达某一生产工序时也应该刚好是该工序准备开始生产之时。没有任何不需要的材料被采购入库,没有任何不需要的产成品被加工出来,所有的“存货”都在生产线上,这样就可以使库存降低到最低的程度,任何过多的检验、缓冲库存和扩大的质量控制程序都被视为浪费。

(2)实施 JIT 的关键点。建立 JIT 管理系统显然需要一段时间,它需要企业文化和管理方式发生巨大的变革。

首先要实行全面质量管理。JIT 体系对质量的要求非常高,因为在生产过程中几乎不存在松散的时候,这意味着一个有缺陷的产品将会影响到整个生产流程。全面质量管理主要包括建立质量保证体系:在资源方面,重视原材料和外购件的质量保证,慎重选择供应厂商;在设计方面,运用 JIT 管理体系要求设计的产品具有很强的柔性。一些高科技的企业成功地把 JIT 和柔性制造系统(FMS)结合在一起,采用标准件降低 JIT 生产系统的复杂度;在人员上,强调人的工作质量和对产品质量的责任感;在加工过程中,重视质量过程控制。只有在全面质量管理的作用下,才能在 JIT 系统的每个环节上把好质量关,使之尽力做到"零缺陷"。

其次利用看板管理法保证生产管理过程物流畅通。"看板管理"是一种需求拉动型生产管理方式,与供应推动型管理方式相区别。在传统工业中,生产按加工顺序,批量生产,逐级发出生产指令。而看板管理方式,则在精确测定生产各工序环节作业效率的前提下,采用看板(提料看板、生产看板、采购看板等)作为前后作业之间联系与沟通的工具,它是以最终的销售需求为起点,按看板所示信息提取材料,就如由需求决定生产量的看板放到生产部门,生产部门按照生产所需决定原材料看板放到原材料处,就这样一直到了供应商那一块,保证了生产平准化,保证了从材料到成品整个过程畅通无阻,不会出现瓶颈现象。这样不但减少对供应商的管理,节省一部分的管理费用,而且在企业各部门的协调合作之下,能以最低的成本达到稳定的供给关系,可以使制造企业做到低库存甚至零库存。

最后要控制生产准备耗费和储存成本。引进先进的机器设备,计算机的控制与操作,使得生产准备阶段所耗时间变得最短,从而使准备耗费大幅度下降。选择几个可靠的供应商,且与他们建立长期的订购关系,采购业务仅通过传真或电话的方式进行,从而大量缩减采购费用。选定信誉较好的供应商,要求他们能按时、按量及按质将材料运到,因此企业的库存可以压到最低,由此贮存成本也降低到最低水平。JIT 系统是一个需要不断改进完善的过程。理想的 JIT 系统的最高目标是"零机器调整时间""零缺陷""零库存""零设备故障",因而 JIT 是一个永不停止的过程。

(3)应用 JIT 的收益。JIT 的运用会给企业带来许多收益,它不仅局限于对存货管理效率的提高——节省存货资金的占用,仓库空间的占用,以及与之相关的保管人员的减少等等,还包括由于减少流动资金的占用而减少的借款利息支出,或者企业用这笔资金进行其他投资所获得的回报,降低其机会成本,最关键的收益是实现了 JIT 所追求的目标,即消除企业生产经营全过程中所有无价值增值的活动和耗费,最终的结果是生产成本大幅度下降,提高劳动生产率,提高产品质量,更好更快地满足了顾客的需求。

JIT 模式的运用在给企业带来好处的同时,也存在不足之处,那就是供应商与生产商之间的依赖太过严重,任何一个环节出了问题,都会影响全局。

(4)JIT 四要素。①零库存;②备货期短;③高频率小批量补货;④高质量和无缺陷。

3. 供应商管理库存

(1)供应商管理库存的含义。供应商管理库存(vendor managed inventory,简称 VMI),供应商等上游企业基于其下游客户的生产经营、库存信息,对下游客户的库存进行管理与控制。如图 12.6 所示。

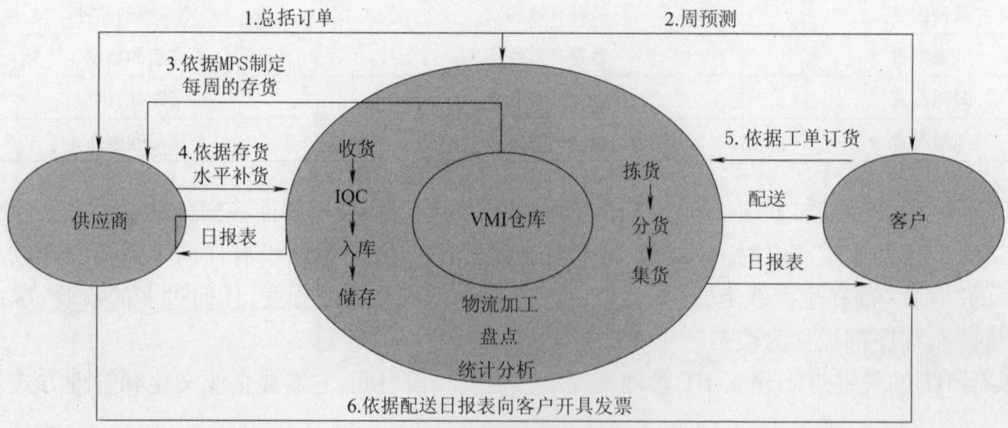

图 12.6 供应商管理库存

它是一种在供应链环境下的库存运作模式,本质上,它是将多级供应链问题变成单级库存管理问题,相对于按照传统用户发出订单进行补货的传统做法,VMI是以实际或预测的消费需求和库存量,作为市场需求预测和库存补货的解决方法,即由销售资料得到消费需求信息,供货商可以更有效的计划、更快速的反应市场变化和消费需求。

(2)供应商管理库存的实施。供应商管理库存包括前期准备阶段、实施阶段、评估阶段,如表12.5所示。

供应商管理库存的前期准备阶段主要体现在战略层次上。包括采取哪种供应商管理库存形式,选定某一个供应商作为自己实施的合作伙伴,制定相互之间的契约关系以及供应的目标。

供应商管理库存的实施阶段主要体现在战术层次上,是最重要和复杂的。包括适应供应商管理库存的组织机构的变革,买方企业和自己的合作伙伴供应商共同组建一个工作团队,设立一些新的职能部门,以及整个供应商管理库存是如何具体运作。

供应商管理库存的评估,根据双方企业实施供应商管理库存之前制定的目标,确定经济相关指标,对实施前后作一个对比,如果达到预期效果就进入全面实施阶段,如果达不到就返回到供应商管理库存实施阶段,进行改进和完善,直至通过再进入供应商管理库存的全面实施阶段。

表12.5 供应商库存管理各阶段

阶段	内容	描述
前期准备	实施VMI的目标分析	(1)降低供应链上产品库存,抑制长鞭效应 (2)降低买方企业和供应商成本和提升利润 (3)保证企业的核心竞争力 (4)提高双方合作程度和忠诚度
	VMI协议的制订	(1)买方企业和供应商按比例共同承担整个供应商管理库存所做出额外投资的成本 (2)双方共享实施VMI所带来的供应链利益的增加 (3)在整个VMI实施的过程中,规定一系列的条款来规范双方企业的行为 (4)关于操作层面的协议
	实施VMI的资源准备	(1)电子数据交换 (2)自动销售点信息(POS)系统 (3)条形码技术 (4)实施VMI所必需的物流方面的配套支持以及产品的仓储和运输配送
实施	信息沟通	在原有企业拥有的EDI的基础上重新整合构建适合于VMI的信息沟通系统
	工作流程设计	针对VMI的工作流程来保证整个策略的实施
	组织结构调整	根据VMI的工作流程对组织机构进行相应的调整
	实施过程中应注意的问题	(1)双方企业合作模式的发展方向问题 (2)产品采购数量和采购价格的调整问题 (3)长期利益分配问题 (4)实际工作的不断调整问题
	VMI的实施原则	(1)合作性原则 (2)互惠原则 (3)连续改进原则
	VMI的实施方法	(1)建立完善的信息化系统 (2)建立销售网络管理系统 (3)建立供应商和批发商合作框架协议 (4)组织机构的变革

续表

阶段	内容	描述
评估	确定评估的目标对象	供应商管理库存的实施
	确定评估的指标	(1)产品库存水平满意度(0~100%) (2)节约成本满意度(0~100%) (3)产品的到货率 (4)双方企业合作与信任满意度(0~100%) (5)双方企业各个核心竞争力保护满意度(0~100%)
	确定评估指标在整个评估系统的中权重	上述评估指标在整个供应商管理库存中的重要程度
	评价的等级与量化数据	一般设立四个等级:优,良,中,差
	实际工作的不断调整问题	不断的调整来适应整个 VMI 的实施

(3)供应商管理库存的主要优势,如表 12.6 所示。

表 12.6 供应商管理库存的优势

受益主体	VMI 好处
供应商	通过销售点(POS)数据透明化,简化了配送预测工作 结合当前存货情况,使促销工作易于实施 减少分销商的订货偏差,减少退货 需求拉动透明化、提高配送效率——以有效补货避免缺货 有效的预测使生产商能更好地安排生产计划
分销商和消费者	提高了供货速度 减少了缺货 降低了库存 将计划和订货工作转移给供应商,降低了运营费用 在恰当的时间,适量补货——提升了总体物流绩效 供应商更专注地提升物流服务水平

供应商管理库存共同的利益表现在通过计算机互联通讯,减少了数据差错;提高了整体供应链处理速度;从各自角度,各方更专注于提供更优质的用户服务。避免缺货,使所有供应链成员受益;真正意义上的供应链合作伙伴关系得以确立;长期利益包括,更有效的促销运作、更有效的新品导入和增加终端销售量等。

4. ABC 库存管理法

(1)ABC 库存管理法的基本原理。ABC 库存管理法又称为 ABC 分析法、重点管理法,它是“关键的少数和次要的多数”的帕累托原理在仓储管理中的应用。

由于各种库存品的需求量和单价各不相同,其年耗用金额也各不相同。那些年耗用金额大的库存品,由于其占压企业的资金较大,对企业经营的影响也较大,因此需要进行特别的重视和管理。ABC 库存分类法就是根据库存品的年耗用金额的大小,把库存品划分为 A、B、C 三类。A 类库存品:其年耗用金额占总库存金额的75% ~80%，其品种数占总库存品种数的15% ~20%；B类库存品：其年耗用金额占总库存金额的10% ~15%，其品种数占库存品种数的20% ~25%；C类库存品：其年耗用金额占总库存金额的5% ~10%，其品种数却占总库存品种数的60% ~65%。

(2) ABC分析的一般步骤。

①搜集数据。按分析对象和分析内容，搜集有关数据。例如，若要分析产品成本，则应搜集产品成本因素、产品成本构成等方面的数据；若要分析针对某一系统搞价值工程，则应搜集系统中各局部功能、各局部成本等数据。

②处理数据。利用搜集到的年需求量、单价，计算出各种库存品的年耗用金额。

③编制ABC分析表。根据已计算出的各种库存品的年耗用金额，把库存品按照年耗用金额从大到小进行排列，并计算累计百分比。如表12.7所示。

④根据ABC分析表确定分类。根据已计算的年耗用金额的累计百分比，按照ABC分类的基本原理，对库存品进行分类。

⑤绘制ABC分析图。以库存品种数百分比为横坐标，以累计耗用金额百分比为纵坐标，在坐标图上取点，并联结各点，则绘成ABC曲线。按ABC分析曲线对应的数据，以ABC分析表确定A、B、C三个类别的方法，在图上标明A、B、C三类，则制成ABC分析图。如图12.7所示。

表12.7 ABC分析表

产品序号	数量	单价(元)	占用资金(元)	占用资金百分比(%)	累计百分比(%)	占产品项的累计百分比(%)	分类
1	10	680	6 800	68.0	68.0	5.5	A
2	12	100	1 200	12.0	80.0	12	A
3	25	20	500	5.0	85.0	25.8	B
4	20	20	400	4.0	89.0	36.8	B
5	20	10	200	2.0	91.0	47.8	C
6	20	10	200	2.0	93.0	58.8	C
7	10	20	200	2.0	95.0	64.3	C
8	20	10	200	2.0	97.0	75.3	C
9	15	10	150	1.5	98.5	83.5	C
10	30	5	150	1.5	100	100	C
合计	182		10 000	100			

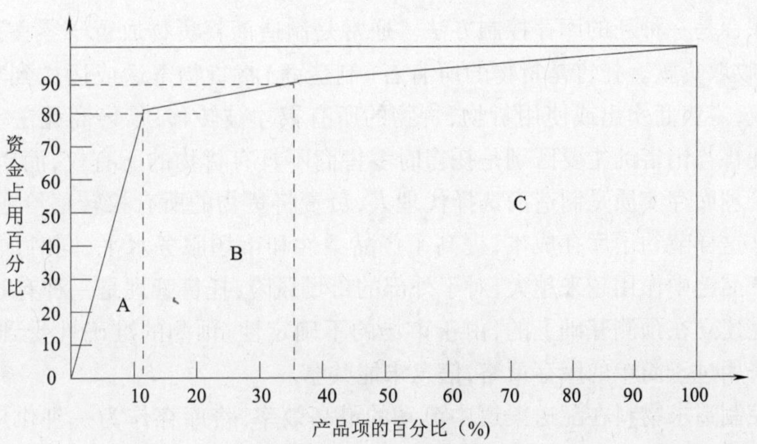

图12.7 ABC分类图

(3)ABC 分析在库存控制中的应用,如表 12.8 所示。

表 12.8 ABC 分析的应用

库存类型	特点(按货币量占用)	管理方法
A	品种数约占 15% ~20%,年耗用金额占总库存金额的 75% ~80%	进行重点管理。应严格控制其库存储备量、订货数量、订货时间。在保证需求的前提下,尽可能减少库存,节约流动资金。现场管理要更加严格,应放在更安全的地方;为了保持库存记录的准确,要经常进行检查和盘点;预测时要更加精细
B	品种数占库存品种数的 20% ~25%,年耗用金额占总库存金额的 10% ~15%	进行次重点管理。现场管理不必投入比 A 类更多的精力;库存检查和盘点的周期可以比 A 类长一些
C	品种数却占总库存品种数的 60% ~65%,年耗用金额占总库存金额的 5% ~10%	只进行一般管理。现场管理可以更粗放一些;但是由于品种多,差错出现的可能性比较大,因此也必须定期进行库存检查和盘点,周期可以比 B 类长一些。

5. CVA 库存管理法

CVA(critical value analysis)库存管理法又称为关键因素分析法。

实际中,有些公司发现,ABC 分类并不令人满意,因为 C 类物资往往得不到应有的重视。例如,经销鞋的企业会把鞋带列入 C 类物资,但是如果鞋带短缺将会严重影响到鞋的销售。汽车制造厂如果把螺丝列入 C 类物资,可能会由于缺少一个螺丝导致整个生产链的停工。因此有些企业采用关键因素分析法,简写 CVA。CVA 的基本思想是把存货按照其关键性分为 3 ~5 类。如表 12.9 所示。

表 12.9 CVA 库存管理库存种类及其管理策略

库存类型	特 点	管理措施
最高优先级	经营管理中的关键物资,或 A 类重点客户的存货	不可缺货
较高优先级	生产经营中的基础性物资,或 B 类客户的存货	允许偶尔缺货
中等优先级	生产经营中比较重要的物资,或 C 类客户的存货	允许合理范围内缺货
较低优先级	生产经营中需要,但可替代的物资	允许缺货

CVA 库存管理法比 ABC 库存管理法有更强的目的性。但人们通常倾向于制定高的优先级,从而都无法得到重视,通常将 CVA 管理法与 ABC 分类法结合使用,这样就能对库存进行有效的管理和控制,首先能对存货进行处理,其次还可以分清主次、抓住关键。

6. 利用托售管理库存

利用托售管理库存是一种新的库存控制方法。通常是制造商将货物放置于零售商的销售处,在货物使用或售出之前,不收取货款。托售是货物的所有者(制造商)将货物寄送或运送到零售商处,制造商拥有托售货物的所有权,零售商卖出或使用货物,货物的所有权才被转移,零售商无法卖出货物,可以将货物退还给制造商。托售与销售的主要区别是托售时零售商不具有货物的所有权,而销售时零售商具有货物的所有权。托售管理库存实质是制造商选择代理人,负责将货物的所有权转移给顾客,在此过程中,制造商有权终止托售。这样节约了库存成本,提高了产品柔性和市场服务水平,同时加强了企业之间的联系。由于零售商在产品链中作用越来越大,对于外部的市场风险,托售管理是一种有效的规避手段。

传统库存控制是建立在预测基础上的,由于市场的不确定性,预测的准确性受到很大影响,供应商、制造商和零售商都采用过于简单的库存策略,信息未能共享。

现代企业库存控制追求物料在配送渠道中流动的最高效率,将库存作为一种供应链的平衡机制,在企业所处的供应链节点成员间有效地进行信息共享。

12.2.4　零库存与 MRP 和 JIT

1. 零库存

(1)零库存的含义及优点。零库存是一种特殊的库存概念,其含义是以仓库储存形式存在的某种或某些种商品的储存数量很低的一个概念,甚至可以为“零”,即不保持库存。零库存的优点:减少库存占有的资金;优化应收和应付账款;加快资金周转;降低库存管理成本;以及规避市场的变化及产品的更新换代而产生的降价、滞销的风险等。

由于受到不确定供应、不确定需求和生产连续性等诸多因素的制约,企业的库存不可能都为零,但是通过有效的运作和管理,可以最大限度地逼近零库存。

(2)实现零库存的前提条件。企业实施零库存时,特别应注意的问题是:所谓的“零库存”应该以整条供应链为考虑的基础,而不仅仅是简单的将库存压力转嫁给供应商或者分公司。要真正实现“零库存”,需要以下几个必要条件:一是整条供应链的上下游协同配合,仅靠某个企业是绝对不可能实现的;二是供应链上下游企业的信息化水平相当,并且足够高;三是要有强大的物流系统作支撑;四是有充分的社会储备保障。

2. 零库存与 MRP 和 JIT

零库存真正的含义并不是库存为零,是指没有多余的库存,一切库存都是按计划在流动。JIT 不断消除所有不增加产品价值的工作,是一种减少浪费的经营哲学。它追求七个“零”极限目标:零切换浪费、零生产浪费、零库存、零不良、零故障、零停滞、零灾害。零切换浪费实现多品种切换作业时间控制,标准化作业;零生产浪费消除生产工序中的一切浪费,实现按需生产;零库存实现库存最小化;零不良实现材料、产品的质量控制;零故障是指 TPM 全面设备维护,故障分析与故障源对策;零停滞实现产品工序生产的衔接,及时交货保障;零灾害遵守安全标准,实现安全第一。

零库存是 JIT 要实现的目标。企业在实施 JIT 时,一般已经运用了 MRP 生产管理模式。作为一个比较完善的计划方法,MRP 是典型的“推”式系统。MRP 也存在一些缺陷,比如实际生产变更、计划调整复杂,计划完成的实时监控能力不足等。

JIT 正好可以弥补 MRP 对生产计划实施监控的不足,尤其对于以多品种、小批量生产、产品结构复杂的企业来说,采用 MRP、JIT 推拉混合生产管理模式,既实现了准确的生产采购计划计算体系,又弥补了计划与生产实际的偏差,实现准时生产与实时监控。

计 划 单

学习领域	仓储作业管理					
学习情境	仓储作业管理				学 时	42
工作任务	库存控制				任务学时	6
计划方式	小组讨论,制定计划				计划学时	0.5
序 号	实施步骤				使用资源	
1						
2						
3						
4						
5						
6						
制定计划说明						
计划评价	班 级		第 组		组长签字	
	教师签字				日 期	
评语:						

决 策 单

<table>
<tr><td>学习领域</td><td colspan="5">仓储作业管理</td></tr>
<tr><td>学习情境</td><td colspan="3">仓储作业管理</td><td>学 时</td><td>42</td></tr>
<tr><td>工作任务</td><td colspan="3">库存控制</td><td>任务学时</td><td>6</td></tr>
<tr><td colspan="4">决策学时</td><td colspan="2">0.5</td></tr>
<tr><td rowspan="7">方案对比</td><td>组号</td><td>方案合理性</td><td>实施可操作性</td><td>安全性</td><td>综合评价</td></tr>
<tr><td>1</td><td></td><td></td><td></td><td></td></tr>
<tr><td>2</td><td></td><td></td><td></td><td></td></tr>
<tr><td>3</td><td></td><td></td><td></td><td></td></tr>
<tr><td>4</td><td></td><td></td><td></td><td></td></tr>
<tr><td>5</td><td></td><td></td><td></td><td></td></tr>
<tr><td>6</td><td></td><td></td><td></td><td></td></tr>
<tr><td>方案评价</td><td colspan="5"></td></tr>
</table>

班 级		组长签字		教师签字		月 日

实 施 单

<table>
<tr><td>学习领域</td><td colspan="4">仓储作业管理</td></tr>
<tr><td>学习情境</td><td colspan="2">仓储作业管理</td><td>学 时</td><td>42</td></tr>
<tr><td>工作任务</td><td colspan="2">库存控制</td><td>任务学时</td><td>6</td></tr>
<tr><td>实施方式</td><td colspan="2">分组实施,小组成员合作,按实际实施情况填写</td><td>实施学时</td><td>3</td></tr>
<tr><td rowspan="11">实施方式</td><td>序 号</td><td>实施步骤</td><td colspan="2">使用资源</td></tr>
<tr><td>1</td><td></td><td colspan="2"></td></tr>
<tr><td>2</td><td></td><td colspan="2"></td></tr>
<tr><td>3</td><td></td><td colspan="2"></td></tr>
<tr><td>4</td><td></td><td colspan="2"></td></tr>
<tr><td>5</td><td></td><td colspan="2"></td></tr>
<tr><td>6</td><td></td><td colspan="2"></td></tr>
<tr><td>7</td><td></td><td colspan="2"></td></tr>
<tr><td>8</td><td></td><td colspan="2"></td></tr>
<tr><td>9</td><td></td><td colspan="2"></td></tr>
<tr><td>10</td><td></td><td colspan="2"></td></tr>
<tr><td colspan="5">实施说明:</td></tr>
</table>

班 级		第 组	组长签字	
教师签字			日 期	

作　业　单

学习领域	仓储作业管理		
学习情境	仓储作业管理	学　　时	42
工作任务	库存控制	任务学时	6

作业内容

1

采用 ABC 分类法对列表的项目进行分类。设定 A 类项目占总价值的 70%，B 类占 20%，C 类占 10%。

项目号	单位成本(元)	年需求量(件)	金额(元)	按金额排序(元)	占总值百分比(%)
1011	55	2 850			
1290	20	3 380			
2030	10	2 100			
2255	48	7 590			
2275	76	4 900			
2410	30	750			
3860	22	1 620			
5362	65	5 330			
6422	120	350			
7800	80	560			

作业解答：

2

某工厂第 7 周需要组装 100 件工件 S，每件 S 需要 1 件 T 和 2 件 U，每件 T 需要 1 件 V、2 件 W 和 1 件 X；每件 U 需要 2 件 Y 和 3 件 Z。有家工厂可以生产所有这些工件，生产提前期分别是工件 S 需要 2 周，工件 T 需要 1 周，工件 U 需要 2 周，工件 V 需要 2 周，工件 W 需要 3 周，工件 X 需要 1 周，工件 Y 需要 2 周，工件 Z 需要 1 周。(1) 请画出产品结构，表明所有层次 (2) 编制总需求量计划 (3) 结合下表所提供的现有库存数据，编制物料需求计划。

工件号	现有库存(件)	工件号	现有库存(件)
S	20	W	30
T	20	X	25
U	40	Y	240
V	30	Z	40

作业解答：

作业评价	班　　级		第　　组	组长签字		
	学　　号		姓　　名			
	教师评分		教师签字		日　　期	
	评语：					

评 价 单

<table>
<tr><td>学习领域</td><td colspan="5">仓储作业管理</td></tr>
<tr><td>学习情境</td><td colspan="3">仓储作业管理</td><td>学 时</td><td>42</td></tr>
<tr><td>工作任务</td><td colspan="3">库存控制</td><td>任务学时</td><td>6</td></tr>
<tr><td>评价类别</td><td>项目</td><td>检查标准</td><td>个人评价</td><td>组内互评</td><td>教师评价</td></tr>
<tr><td rowspan="6">专业能力</td><td>资讯
（10%）</td><td>搜集信息充分适用，查阅资料完整</td><td></td><td></td><td></td></tr>
<tr><td>计划
（5%）</td><td>能运用知识进行完整方案设计</td><td></td><td></td><td></td></tr>
<tr><td>实施
（20%）</td><td>熟练利用信息单，工具运用正确</td><td></td><td></td><td></td></tr>
<tr><td>检查
（10%）</td><td>能够发现问题并修正</td><td></td><td></td><td></td></tr>
<tr><td>过程
（5%）</td><td>安全、合理</td><td></td><td></td><td></td></tr>
<tr><td>结果
（10%）</td><td>阐述观点正确</td><td></td><td></td><td></td></tr>
<tr><td rowspan="2">社会能力</td><td>团结协作
（10%）</td><td>积极与他人合作，共同完成任务</td><td></td><td></td><td></td></tr>
<tr><td>敬业精神
（10%）</td><td>在完成任务过程中的参与程度，积极主动</td><td></td><td></td><td></td></tr>
<tr><td rowspan="2">方法能力</td><td>计划能力
（10%）</td><td>逻辑清晰、方案设计合理</td><td></td><td></td><td></td></tr>
<tr><td>决策能力
（10%）</td><td>方案正确性</td><td></td><td></td><td></td></tr>
<tr><td rowspan="3">检查评价</td><td>班 级</td><td></td><td>姓 名</td><td></td><td>学 号</td></tr>
<tr><td>教师签字</td><td></td><td>第 组</td><td>组长签字</td><td>日 期</td></tr>
<tr><td colspan="5">评语：</td></tr>
</table>

学习情境 五

仓库安全管理

学习指南

学习目标

学生在教师的指导下，明确工作任务，掌握仓库安全的基本要求，熟悉常见的火灾隐患、灭火的基本方法，熟悉仓库事故的处理方法，了解消防管理的措施和仓库安全的组织管理、设备管理。

工作任务

1. 货物安全保管
2. 仓库治安、保卫与消防管理

学习情境的描述

本情境选取了“货物安全保管”“仓库消防管理”两个工作任务为载体，使学生通过学习了解仓库安全的重要性和相关仓库安全管理制度，熟悉安全管理内容，掌握各种仓库安全管理技术和仓库消防知识和消防技能。

任务13 货物安全保管

任 务 单

<table>
<tr><td>学习领域</td><td colspan="6">仓储作业管理</td></tr>
<tr><td>学习情境</td><td colspan="4">公仓库安全管理</td><td>学　时</td><td>6</td></tr>
<tr><td>工作任务</td><td colspan="4">货物安全保管</td><td>任务学时</td><td>2</td></tr>
<tr><td colspan="7">布置任务</td></tr>
<tr><td>工作目标</td><td colspan="6">1. 了解仓库安全管理的重要性、要求及工作
2. 掌握各种仓库安全管理制度、学习仓库人员安全管理办法
3. 了解商品养护的概念、目的和任务
4. 熟悉各种类型商品养护的方法、技术
5. 理解仓库人员的组织管理和安全职责
6. 掌握治安保卫、防火、防水、防虫鼠害的管理和方法
7. 了解仓储质量的重要性并掌握质量管理的原则和方法</td></tr>
<tr><td>任务描述</td><td colspan="6">仓库有一批物品新入库，包括大米、竹木制品、金属材料，请为这批新入库物品制定一份详细的商品养护计划书</td></tr>
<tr><td rowspan="2">学时安排</td><td>资　讯</td><td>计　划</td><td>决　策</td><td>实　施</td><td>检　查</td><td>评　价</td></tr>
<tr><td>0.3 学时</td><td>0.5 学时</td><td>0.5 学时</td><td>0.5 学时</td><td>0.1 学时</td><td>0.1 学时</td></tr>
<tr><td>提供资料</td><td colspan="6">1. 温湿度对照表
2. 通用仓库等级（GB/T 21072—2007）</td></tr>
<tr><td>对学生的要求</td><td colspan="6">1. 熟悉各种类型商品养护的方法、技术
2. 掌握各种仓库安全管理制度
3. 学习仓库人员安全管理办法</td></tr>
</table>

》》》》》 资 讯 单 《《《《《

<table>
<tr><td>学习领域</td><td colspan="3">仓储作业管理</td></tr>
<tr><td>学习情境</td><td>仓库安全管理</td><td>学　时</td><td>6</td></tr>
<tr><td>工作任务</td><td>货物安全保管</td><td>任务学时</td><td>2</td></tr>
<tr><td>资讯方式</td><td>结合案例,了解并掌握,查阅参考文献</td><td>资讯学时</td><td>0.3</td></tr>
<tr><td rowspan="8">资讯问题</td><td colspan="3">1. 什么是物品的物品的物理变化、化学变化?</td></tr>
<tr><td colspan="3">2. 物品化学变化的外在表现和保养要点是什么?</td></tr>
<tr><td colspan="3">3. 物品生化变化的外在表现和保养要点是什么?</td></tr>
<tr><td colspan="3">4. 仓库温、湿度调节与控制的方法有哪些?</td></tr>
<tr><td colspan="3">5. 什么是绝对湿度、相对湿度、饱和湿度? 三者关系是什么?</td></tr>
<tr><td colspan="3">6. 易燃液体的保管要求有哪些?</td></tr>
<tr><td colspan="3">7. 易爆物品保管要求有哪些?</td></tr>
<tr><td colspan="3">8. 其他危险品保管有哪些要求?</td></tr>
<tr><td>资讯引导</td><td colspan="3">1. 薛威. 仓储作业管理. 北京:高等教育出版社,2012
2. 中国就业培训技术指导中心. 高级物流师. 北京:中国劳动社会保障出版社,2012
3. 蓝仁昌. 物流技术与实务. 北京:高等教育出版社,2007
4. 中国仓储协会. 仓储管理员. 北京:北京师范大学出版社,2011
5. 孙科柳. 仓管员日清日高工作法. 广州:广东经济出版社,2009
6. 校园网精品课程资源库资料
7. 杰伊·海泽. 运作管理. 北京:中国人民大学出版社,2009</td></tr>
</table>

》》》》 信 息 单 《《《《

仓库安全管理是一个持续的作业过程,仓库管理人员进行安全管理时需要注意以下几点:理解仓库安全管理的内容,逐项确认各安全管理事项的发展阶段,根据安全管理事项的轻重缓急,安排执行时间。

由于仓库内储存的商品种类繁多,自然属性各异,在各种环境介质下,容易发生如霉腐、锈蚀、虫蛀、鼠咬、挥发、融化、渗漏、聚合、裂变、老化及干裂、萎缩等质量变化,仓库管理员需要遵照商品保管的操作规程和技术要求,做好商品的保养、维护等一系列工作,保证商品在储存和流通期间的质量安全。

13.1 在库物品的质量变化及保管、养护

商品的质量是指商品在一定条件下能够满足人们需要的各种属性。由于商品本身的性能特点不同及受各种外界因素的影响,在储存期间有可能发生各种各样的质量变化,商品质量变化的类型有物理机械变化、化学变化、生化变化等。

1. 物理机械变化

物理变化是指没有新物质的生成,只改变物质的外在形态,不改变其本质,并且有可能反复进行的质量变化的现象。机械变化是指物品在外力的作用下,发生形态变化。物理机械变化的结果不是数量损失,就是质量降低,甚至使物品失去使用价值。

商品常发生的物理机械变化主要有挥发、溶化、熔化、渗漏、串味、冻结、沉淀、破碎、变形等形式。物品的物理机械变化形式与养护要点如表13.1所示。

表13.1 货物物理机械变化形式与养护要点表

物理机械变化形式	影响因素	货物举例	养护要点
挥发	气温、空气流动速度、液体表面接触空气面积的大小	酒精、白酒、香精、花露水、香水以及化学试剂中的各种溶剂,医药中的一些试剂,部分化肥、农药、杀虫剂、油漆等	增强包装、控制仓库温度。高温季节要采取降温措施,保持较低温度条件。
溶化	空气温度、湿度及物品的堆码高度	食糖、食盐、明矾、硼酸、甘草硫浸膏、氯化钙、氯化镁、尿素、硝酸铁、硝酸锌和硝酸锰等	按物品性能分区分类存放在干燥阴凉的库房内,不适合与含水分较大的物品存放在一起
熔化	气温、物品本身的熔点、物品中杂质种类和含量。熔点愈低,愈易熔化;杂质含量越高,越易熔化	百货中的香脂、发蜡、蜡烛;文化用品中的复写纸、蜡纸、打字纸和圆珠笔芯;化工物品中的松香、石蜡、粗茶、硝酸铸;医药物品中的油膏、胶囊、糖衣片等	根据物品的熔点高低,选择阴凉通风的库房储存。在保管过程中,一般可采用密封和隔热措施,加强库房的温度管理,防止日光照射,尽量减少温度的影响
渗漏	包装材料性能、包装容器结构及包装技术优劣、仓库温度变化	金属包装焊接不严,受潮锈蚀;包装耐腐蚀性差;液态物品因气温升高,体积膨胀而使包装内部压力增大胀破包装容器;液态物品在降温或严寒季节结冰,发生体积膨胀引起包装破裂而造成物品损失	对液态物品应加强入库验收和在库物品检查及温、湿度控制和管理

续表

物理机械变化形式	影响因素	货物举例	养护要点
串味	物品表面状况，与异味物质接触面积的大小、接触时间的长短，环境中异味的浓度	大米、面粉、木耳、食糖、饼干、茶叶、卷烟等。能引起其他物品串味的物品有汽油、煤油、桐油、腊肉、樟脑、卫生球、肥皂、化妆品以及农药等	对易被串味的物品尽量采取密封包装，在储存和运输中不与有强烈气味的物品同车、船混载或同库储藏
沉淀	气温	墨汁、墨水、牙膏、化妆品等。某些饮料、酒在仓储中，也会离析出纤细絮状的物质而出现混浊沉淀的现象	根据不同物品的特点，防止阳光照射，做好物品冬季保温工作和夏季降温工作
玷污	因生产、储运中卫生条件差及包装不严所致	外观质量要求较高的物品，如绸缎呢绒、针织品、服装等要注意防玷污，精密仪器、仪表类也要特别注意	包装严密、改善运输和仓储的现场条件，加强现场管理
破碎和变形	货物的性质、运输中受到的挤压、碰撞有关	破碎主要发生于脆性较大物品的仓储中，如玻璃、陶瓷、搪瓷制品、铝制品等因包装不良，在搬运过程中受到碰、撞、挤、压和抛掷而破碎、掉瓷、变形等。变形通常发生于塑性较大物品的仓储中，如铝制品和皮革、塑料、橡胶等制品由于受到强烈的外力撞击或长期重压，物品丧失回弹性能，发生形态改变	注意妥善包装，轻拿轻放，在库堆垛高度不能超过一定的压力限度

2. 化学变化

物品的化学变化是构成物品的物质发生变化后，不仅改变了物品的外表形态，也改变了物品的本质，并且有新物质生成，且不能恢复原状的变化现象。物品化学变化过程即物品质变过程，严重时会使物品失去使用价值。物品的化学变化形式主要有氧化、分解、水解、化合、聚合、裂解、老化、曝光、风化、锈蚀等形式。物品化学变化的外在表现和保养要点见表13.2。

表13.2 物品化学变化的外在表现和保养要点

化学变化的形式	发生原因	商品发生化学变化的外在表现及危害	常见商品	保养要点
氧化	商品暴露在空气中	变色、生锈、自燃等	某些化工原料、纤维制品、橡胶制品、油脂类物品；纤维织品	储存在干燥、通风、散热和温度比较低的环境中
分解	通电、受热	数量减少、质量降低，反应过程中，会产生一定的热量和可燃性气体，引发事故	碳酸氢钠、卤化银、双氧水等	避光、防止受热和日光的直接照射
水解	水解是一种化工单元过程，是利用水将物质分解形成新的物质的过程	数量减少、质量降低	卤化物、芳磺酸盐、胺、酯等	水解反应都是吸热反应，避免货物受热
化合	一种物质遇到另外一种物质发生反应生成一种物质	伴有发光、放热等能量放出的现象	金属 + 氧气、非金属 + 氧气	了解货物的特性，杜绝容易发生化合反应的货物混放

续表

化学变化的形式	发生原因	商品发生化学变化的外在表现及危害	常见商品	保养要点
聚合	在一定温度和压力下，由单体合成聚合物的反应过程	聚合反应，热不易导出，一旦遇到停水、停电、搅拌故障时，容易挂壁和堵塞，造成局部过热发生爆炸	醋酸乙烯酯在甲醇中的溶液聚合	储存和保管、养护此类物品时，要特别注意日光和储存温度的影响，以便防止发生聚合反应，造成物品质量的降低
裂解	货物在日光、氧、高温条件的作用下，发生了分子链断裂	强度降低，机械性能变差，产生发软、发黏等现象	高分子有机物（棉、麻、丝、毛、橡胶、塑料、合成纤维等）	防止受热和日光的直接照射
老化	由于结构或组分内部具有易引起老化的弱点，如具有不饱和双键、支链、羰基、末端上的羟基，等等。外界或环境因素主要是阳光、氧气、臭氧、热、水、机械应力、高能辐射、电、工业气体（二氧化碳、硫化氢等）等	物品发生老化后，能破坏其化学结构、改变其物理性能，使机械性能降低，出现变硬发脆、变软发黏等现象，而使物品失去使用价值	高分子材料（橡胶制品、塑料等）	防止日光照射和高温的影响，不能在阳光下曝晒 物品在堆码时不宜过高，以防止在底层的物品受压变形 橡胶制品切忌同各种油脂和有机溶剂接触，以防止发生黏连现象 塑料制品要避免同各种有色织物接触，以防止由于颜色的感染，发生串色
风化	在一定温度和干燥空气中，失去结晶水而使晶体崩解，变成非结晶状态的无水物质	失重、货物变性、形态改变	风化现象——碱块（$Na_2CO_3 \cdot 10H_2O$）变成碱面（Na_2CO_3）	隔绝空气，阻止与外界的接触
锈蚀	环境潮湿、不通风	失去使用价值	钢铁制品	货物放置在通风好、防潮好的仓库

3. 生化变化及其他生物引起的变化

生化变化是指有生命活动的有机体物品，在生长发育过程中，为了维持它的生命，本身所进行的一系列生理变化。如粮食、水果、蔬菜、鲜鱼、鲜肉、鲜蛋等有机体物品，在储存过程中，受到外界条件的影响和其他生物作用，往往会发生这样或那样的变化，这些变化主要有呼吸、发芽、胚胎发育、后熟、霉腐、虫蛀等。物品生化变化的外在表现和保养要点见表13.3。

表13.3 物品生化变化的外在表现和保养要点

生化变化的形式	表现	保养要点
呼吸作用	有机物品在生命活动过程中，不断地进行呼吸，分解体内有机物质，产生热量，维持其本身的生命活动的现象	鲜活物品的储藏应保证它们正常而最低的呼吸，利用它们的生命活性，减少物品损耗、延长储藏时间
发芽	有机体物品在适宜条件下，冲破“休眠”状态，发生的发芽、萌发现象	控制物品的水分，并加强温、湿度管理，防止发芽、萌发现象的发生
胚胎发育	主要指鲜蛋的胚胎发育	加强温、湿度管理，低温储藏或截止供氧条件

续表

生化变化的形式	表现	保养要点
后熟作用	指瓜果、蔬菜等类食品在脱离母株后继续其成熟过程的现象	在其成熟前采收并采取控制储藏条件的办法调节后熟过程，以达延长储藏期、均衡上市的目的
霉腐	物品在霉腐微生物作用下发生的霉变和腐败现象	储存时必须严格控制温、湿度，并做好物品防霉和除霉工作
虫蛀	害虫破坏物品的组织结构，使物品发生破碎和孔洞，而且排泄各种代谢废物污染物品，影响物品质量和外观，降低物品使用价值	储存时严格控制温、湿度，并做好物品防虫工作

13.2　货物温湿度控制

13.2.1　温湿度基本知识

1. 温度

温度是表示物质冷热程度的物理量，具体指温标上的标度。目前工作中都采用1968年的国际实用温标，即国际实用摄氏度。

空气温度是指空气的冷热程度，简称气温。一般而言，距地面越近气温越高，距地面越远气温越低。

一般商品在常温或常温以下，都比较稳定；温度过高或过低，都会对某些商品产生不良影响。高温能够促进商品的挥发、渗漏、熔化等物理变化及各种化学变化；而低温又容易引起某些商品的冻结、沉淀等变化；温度忽高忽低，会影响到商品质量稳定性。此外，温度适宜时会给微生物和仓虫的生长繁殖创造有利条件，加速商品腐败变质和虫蛀。

2. 湿度

湿度是指空气中水汽含量的多少或空气干湿的程度，常用绝对湿度、相对湿度、饱和湿度、露点等衡量。

(1)绝对湿度。是指单位容积的空气里实际所含的水汽量，一般以“g/m^3”为单位。温度对绝对湿度有着直接影响。通常情况下，温度越高，水汽蒸发得越多，绝对湿度就越大；相反，绝对湿度就小。

(2)饱和湿度。饱和湿度是表示在一定温度下，单位容积空气中所能容纳的水汽量的最大限度。如果超过这个限度，多余的水蒸气就会凝结，变成水滴。此时的空气湿度便称为饱和湿度。空气的饱和湿度不是固定不变的，它随着温度的变化而变化。温度越高，单位容积空气中能容纳的水蒸气就越多，饱和湿度也就越大。

(3)相对湿度。相对湿度是指空气中实际含有的水蒸气量(绝对湿度)距离饱和状态(饱和湿度)程度的百分比。即在一定温度下，绝对湿度占饱和湿度的百分比数。其公式为

$$相对湿度 = 绝对湿度/饱和湿度 \times 100\%$$

相对湿度越大，表示空气越潮湿；相对湿度越小，表示空气越干燥。空气的绝对湿度、饱和湿度、相对湿度与温度之间有着一定的内在联系。温度如发生了变化，则各种湿度也随之发生变化。

(4)露点。露点是指含有一定量水蒸气(绝对湿度)的空气，当温度下降到一定程度时所含的水蒸气就会达到饱和状态(饱和湿度)并开始液化成水，这种现象叫做结露。水蒸气开始液化成水时的温度叫做“露点温度"，简称“露点”。如果温度继续下降到露点以下，空气中超饱和的水蒸气，就会在商品或其包装物的表面上凝结成水滴，此现象称为“水凇”，俗称商品“出汗”。此外，风与空气中的温湿度有密切关系，也是影响空气温湿度变化的重要因素之一。

库内外温湿度的变化，从气温变化的规律分析，一般在夏季降低库房内温度的适宜时间是夜间10:00以后到次日早晨6:00。当然，降温还要考虑到商品特性、库房条件、气候等因素的影响。

13.2.2 温、湿度调节与控制

各种商品，一般都具有与大气相适应的性能，即按其各自的特性，都要求有一个适宜的温、湿度范围。而库内温、湿度的变化，直接受到库外自然气候变化的影响。因此，要搞好商品养护，不但要熟悉各种商品的特性，还必须了解自然气候变化的规律和气候对不同仓库温、湿度的影响，以便积极采取措施，适当地控制和调节库内温、湿度，创造一个适宜于商品储存的温、湿度条件，以确保商品质量的完好。

温、湿度控制与调节的方法很多，常用的主要有密封、通风与吸潮等方法。

1. 密封

密封，就是利用一些导热性差、隔潮性较好而透气率较小的材料把商品尽可能严密地封闭起来，以避免和减弱外界环境的不利影响。密封是仓库温湿度管理的基础措施，可收到防潮、防霉、防溶化、防热、防冻、防干裂、防虫、防锈等方面的效果。密封的形式有许多，主要有整库密封、库内小室密封、货垛密封、货架（柜、橱）密封、按件密封等。密封材料的选择很重要，通常的标准是：导热系数小；气密性好；吸湿性小；具有一定结构和良好的抗压强度，足以支撑自身重量；体积小；无毒无味，不产生污染；不易燃烧或燃烧后不产生有害气体；价格低廉。

密封保管应注意的事项。在密封前要检查商品质量、温度和含水量是否正常，如发现生霉、生虫、发热、水凇等现象就不能进行密封。发现商品含水量超过安全范围或包装材料过潮，也不宜密封。

2. 通风

通风就是利用库内外空气温度不同而形成的气压差，使库内外空气形成对流，来达到调节库内温、湿度的目的。库内外温度差距越大，空气流动就越快；若库外有风，借风的压力更能加速库内外空气的对流。通风可以达到降温、升温、降湿的目的。利用通风来降潮（即降低相对湿度）是一个比较复杂的问题，因其涉及库内外的温度、绝对湿度和相对湿度等多个因素。长期的实践表明，在考虑库内不会结露的条件下，在库外绝对湿度和相对湿度比库内低或相等时，就可以不计库内外温度而进行通风；反之，在其他条件下，就不宜通风或通风效果不理想。正确地进行通风，不仅可以调节与改善库内的温湿度，还能及时散发商品及包装物的多余水分。按通风的目的不同，可分为利用通风降温（或增温）和利用通风散潮两种。

3. 吸潮

在梅雨季节或阴雨天，当库内湿度过高，不适宜商品保管，而库外湿度也过大，不宜进行通风散潮时，可以在密封库内用吸潮的办法降低库内湿度。随着市场经济的不断发展，现代商场仓库普遍使用机械吸潮方法。使用吸湿机把库内的湿空气通过抽风机吸入吸湿机冷却器内，使它凝结为水而排出。吸湿机一般适宜于储存棉布、针棉织品、贵重百货、医药、仪器、电工器材和烟糖类的仓间吸湿散潮。

13.3 特种商品的保管

13.3.1 易燃液体的保管

易燃液体是指在常温下以液态形态存在，极易挥发和燃烧。按闪点可分为三类：①低闪点液体，指闭杯试验闪点 < −18℃的液体（如汽油）；②中闪点液体，指 −18℃ ≤ 闭杯试验闪点 < 23℃的液体（如丙酮）；③高闪点液体，指23℃ ≤ 闭杯试验闪点 ≤ 61℃的液体（如二甲苯）。

易燃液体有高度易燃性、挥发性、爆炸性、流动性及漂浮性、受热膨胀性等特点。应从以下几方面进行保管。

（1）易燃液体在常温下不断挥发出可燃蒸气，其蒸气一般均有毒性，有时还有麻醉性，所以在入库时

必须严格检查包装是否漏损，在储存期内也应定期检查，发现问题及时解决，同时，库房必须通风，作业人员应穿戴防护用品，以免中毒。

(2)易燃液体受热后蒸发出的气体，增大压力使容器膨胀，严重时可使容器破裂发生爆炸事故，所以容器不可装得过满，同时库房内和库区周围应严禁烟火，加强通风。

13.3.2　易爆商品的保管

易爆商品受到外界一定影响如高热、振动、摩擦、撞击或与酸碱等物质接触时，发生剧烈反应，产生大量气体和热量，由于气体的急剧膨胀，产生巨大压力而爆炸。按其性质，我们可将易爆商品分为点火即起爆器材(如点火绳、导爆索、雷管等)、炸药及爆炸性药品(如TNT、硝化甘油炸药、黑火药等)和其他爆炸性物品(如炮弹、枪弹、礼花炮、爆竹等)。

由于易爆商品具有爆炸威力大、起爆能量小、敏感度高等特点，应从以下几个方面进行保管：

(1)装卸和搬运爆炸品时，要轻拿轻放，严禁碰撞、拖拉与滚动。作业人员严禁穿有铁钉的鞋，工作服严防产生静电。

(2)储存易爆商品的仓库必须远离居民区，还应与周围建筑、交通干道、输电线路保持一定安全距离，库房一定要远离火源，必须保持通风干燥，同时还应安装避雷设备，保持适宜的温湿度。一般情况库温以15 ℃~30 ℃为宜，易吸湿爆炸品库房的相对湿度不得超过65%。仓库地面应铺垫20 cm左右的木板。

(3)盛放或携带零星易爆商品时，不能用金属容器，要用木、竹、藤制的筐或箱，以免因摩擦而发生爆炸事故。

(4)易爆商品必须单独隔离，限量储存。

(5)仓库内的电气设备应符合安全要求，定期检修，下班断电。

13.3.3　其他危险品的保管

除了要对上述特种商品进行保管外，还应对压缩气体、液化气体、易燃固体、自燃物品和易燃物品、氧化剂和有机过氧化物、毒害品、放射性物品、腐蚀品等危险品进行保管。具体要求如下：

(1)储存危险品的库房不得有地下室或其他地下建筑，具有一定的耐火等级、层数、占地面积、安全疏散和防火间距；必须安装通风设备，并注意设备的防护措施；库区及库房内输配电线路、灯具、火灾事故照明和疏散指示标志，都应符合安全要求。

(2)压缩气体和液化气体必须专库专用；盛装液化气体的容器属压力容器的，必须有压力表、安全阀、紧急切断装置，并定期检查，不得超装。

(3)易燃固体、自燃物品和遇湿易燃物品，应注意库房温度的控制，装卸搬运时，应轻拿轻放，严禁与氧化剂、氧化性酸类混放。

(4)有毒物品应储存在阴凉、通风、干燥的场所，不能露天存放，不能接近酸类物质。库内温度应在32℃以下，相对湿度在80%以下。操作时严禁与皮肤接触，要注意防护。

(5)氧化剂和有机过氧化物，应储存在阴凉、通风、干燥的库房内，严禁摩擦、拖拉，防止日晒。

(6)腐蚀品应据其性质的不同，进行分类存放，存放酸、碱的库房地面要用砂土、炉灰夯实；盛装酸类的容器不得与盛装其他物品的容器混用。

化学危险品具体储存原则可见表13.4。

表13.4　化学危险品储存原则表

级别	物品名称	不准共同存储在一起的物品种类	附注
Ⅰ	爆炸物品：苦味酸、三硝基苯、火棉、硝化甘油、硝铵炸药、雷汞等	不准和任何其他种类的物品共同储存，必须单独隔离储存	起爆药和炸药必须隔离储存

续表

级别	物品名称	不准共同存储在一起的物品种类	附注
Ⅱ	易燃和可燃液体：汽油、苯、二硫化碳、丙酮、乙醚、甲苯、酒精(醇类)、醋酸、酯类、喷漆、煤油、松节油、樟脑油等	不准与其他种类的物品共同存储	如数量太少允许与固体易燃物品隔开后共储
Ⅲ	压缩气体和液化气体： 可燃气体：乙炔、氢、氯化甲烷、硫化氢氨等	除惰性气体(Ⅲ2)外，不准和其他种类的物品共同储存	
	惰性不燃气体：氮、压缩空气、氯等	除气体(Ⅲ1、3)氧化剂(Ⅵ1)和有毒物品(Ⅶ)外，不准和其他物品共同储存	
	助燃气体：氧、压缩空气、氯等	除惰性不燃气体、(Ⅲ2)和有毒物品(Ⅶ)外，不准和其他物品共同储存	氯兼有毒害性
Ⅳ	遇水或空气能自燃的物品：钾、钠、电石(碳化钙)、磷化钙、锌粉、铝粉、黄磷等	不准和其他物品共同存储	钾、钠需浸入石油中，黄磷须浸入水中存储，均需单独隔离存储
Ⅴ	易燃固体：赛璐珞、影片、赤磷、萘、樟脑、硫黄、火柴等		赛璐珞、影片、火柴均需单独隔离储存
Ⅵ	氧化剂： 能形成 爆炸混合物的物品：氯酸钾、氯酸钠、硝酸钾、硝酸钡、次酸钙、亚硝酸钠、过氧化钡、过氧化钠、过氧化氢(30%)等	除惰性气体(Ⅲ2)外，不准和其他种类的物品共同储存	过氧化物遇水有蒸发爆炸危险，应单独储存，过氧化氢应储存在阴凉场所
	能引起燃烧的物品：溴、硝酸、硫酸、铬酸、高锰酸钾、重铬酸钾等		与氧化剂亦应隔离
Ⅶ	有毒物品：氯化苦、光气、五氧化二砷、氰化钾、氰化钠等	除惰性不燃气体和助燃气体(Ⅲ2、Ⅲ3)外，不准和其他种类物品共同储存	

计　划　单

<table>
<tr><td>学习领域</td><td colspan="6">仓储作业管理</td></tr>
<tr><td>学习情境</td><td colspan="4">仓库安全管理</td><td>学　　时</td><td>6</td></tr>
<tr><td>工作任务</td><td colspan="4">货物安全保管</td><td>任务学时</td><td>2</td></tr>
<tr><td>计划方式</td><td colspan="4">小组讨论，制定计划</td><td>计划学时</td><td>0.5</td></tr>
<tr><td>序　　号</td><td colspan="4">实施步骤</td><td colspan="2">使用资源</td></tr>
<tr><td>1</td><td colspan="4"></td><td colspan="2"></td></tr>
<tr><td>2</td><td colspan="4"></td><td colspan="2"></td></tr>
<tr><td>3</td><td colspan="4"></td><td colspan="2"></td></tr>
<tr><td>4</td><td colspan="4"></td><td colspan="2"></td></tr>
<tr><td>5</td><td colspan="4"></td><td colspan="2"></td></tr>
<tr><td>6</td><td colspan="4"></td><td colspan="2"></td></tr>
<tr><td>制定计划
说明</td><td colspan="6"></td></tr>
<tr><td rowspan="2">计划评价</td><td>班　　级</td><td></td><td>第　　组</td><td colspan="2">组长签字</td><td></td></tr>
<tr><td>教师签字</td><td colspan="2"></td><td colspan="2">日　　期</td><td></td></tr>
<tr><td colspan="7">评语：</td></tr>
</table>

决 策 单

<table>
<tr><td>学习领域</td><td colspan="5">仓储作业管理</td></tr>
<tr><td>学习情境</td><td colspan="3">仓库安全管理</td><td>学 时</td><td>6</td></tr>
<tr><td>工作任务</td><td colspan="3">货物安全保管</td><td>任务学时</td><td>2</td></tr>
<tr><td colspan="4">决策学时</td><td colspan="2">0.5</td></tr>
<tr><td rowspan="7">方案对比</td><td>组号</td><td>方案的可行性</td><td>实施可操作性</td><td>知识运用的科学性</td><td>综合评价</td></tr>
<tr><td>1</td><td></td><td></td><td></td><td></td></tr>
<tr><td>2</td><td></td><td></td><td></td><td></td></tr>
<tr><td>3</td><td></td><td></td><td></td><td></td></tr>
<tr><td>4</td><td></td><td></td><td></td><td></td></tr>
<tr><td>5</td><td></td><td></td><td></td><td></td></tr>
<tr><td>6</td><td></td><td></td><td></td><td></td></tr>
<tr><td>方案评价</td><td colspan="5"></td></tr>
</table>

班 级		组长签字		教师签字		月 日

实 施 单

<table>
<tr><td>学习领域</td><td colspan="4">仓储作业管理</td></tr>
<tr><td>学习情境</td><td colspan="2">仓库安全管理</td><td>学 时</td><td>6</td></tr>
<tr><td>工作任务</td><td colspan="2">货物安全保管</td><td>任务学时</td><td>2</td></tr>
<tr><td>实施方式</td><td colspan="2">分组实施，小组成员合作，按实际实施情况填写</td><td>实施学时</td><td>0.5</td></tr>
<tr><td rowspan="11">方案对比</td><td>序 号</td><td>实施步骤</td><td colspan="2">使用资源</td></tr>
<tr><td>1</td><td></td><td colspan="2"></td></tr>
<tr><td>2</td><td></td><td colspan="2"></td></tr>
<tr><td>3</td><td></td><td colspan="2"></td></tr>
<tr><td>4</td><td></td><td colspan="2"></td></tr>
<tr><td>5</td><td></td><td colspan="2"></td></tr>
<tr><td>6</td><td></td><td colspan="2"></td></tr>
<tr><td>7</td><td></td><td colspan="2"></td></tr>
<tr><td>8</td><td></td><td colspan="2"></td></tr>
<tr><td>9</td><td></td><td colspan="2"></td></tr>
<tr><td>10</td><td></td><td colspan="2"></td></tr>
<tr><td colspan="5">实施说明：</td></tr>
</table>

班 级		第 组	组长签字	
教师签字			日 期	

作 业 单

<table>
<tr><td>学习领域</td><td colspan="6">仓储作业管理</td></tr>
<tr><td>学习情境</td><td colspan="3">仓库安全管理</td><td colspan="2">学 时</td><td>6</td></tr>
<tr><td>工作任务</td><td colspan="3">货物安全保管</td><td colspan="2">任务学时</td><td>2</td></tr>
<tr><td colspan="7">作业内容</td></tr>
<tr><td>1</td><td colspan="6">危险货物保管有哪些要求？</td></tr>
<tr><td colspan="7">作业解答：</td></tr>
<tr><td>2</td><td colspan="6">如何进行仓库温湿度的控制？</td></tr>
<tr><td colspan="7">作业解答：</td></tr>
<tr><td>3</td><td colspan="6">物品保管过程中，在什么情况下需要通风散湿？</td></tr>
<tr><td colspan="7">作业解答：</td></tr>
<tr><td rowspan="4">作业评价</td><td>班 级</td><td></td><td>第 组</td><td>组长签字</td><td colspan="2"></td></tr>
<tr><td>学 号</td><td></td><td>姓 名</td><td colspan="3"></td></tr>
<tr><td>教师评分</td><td></td><td>教师签字</td><td></td><td>日 期</td><td></td></tr>
<tr><td colspan="6">评语：</td></tr>
</table>

评 价 单

<table>
<tr><td>学习领域</td><td colspan="5">仓储作业管理</td></tr>
<tr><td>学习情境</td><td colspan="3">仓库安全管理</td><td>学 时</td><td>6</td></tr>
<tr><td>工作任务</td><td colspan="3">货物安全保管</td><td>任务学时</td><td>2</td></tr>
<tr><td>评价类别</td><td>项目</td><td>检查标准</td><td>个人评价</td><td>组内互评</td><td>教师评价</td></tr>
<tr><td rowspan="6">专业能力</td><td>资讯
（10%）</td><td>搜集信息充分适用，查阅资料完整</td><td></td><td></td><td></td></tr>
<tr><td>计划
（5%）</td><td>能运用知识进行完整方案设计</td><td></td><td></td><td></td></tr>
<tr><td>实施
（20%）</td><td>熟练利用信息单，工具运用正确</td><td></td><td></td><td></td></tr>
<tr><td>检查
（10%）</td><td>能够发现问题并修正</td><td></td><td></td><td></td></tr>
<tr><td>过程
（5%）</td><td>安全、合理</td><td></td><td></td><td></td></tr>
<tr><td>结果
（10%）</td><td>阐述观点正确</td><td></td><td></td><td></td></tr>
<tr><td rowspan="2">社会能力</td><td>团结协作
（10%）</td><td>积极与他人合作，共同完成任务</td><td></td><td></td><td></td></tr>
<tr><td>敬业精神
（10%）</td><td>在完成任务过程中的参与程度，积极主动</td><td></td><td></td><td></td></tr>
<tr><td rowspan="2">方法能力</td><td>计划能力
（10%）</td><td>逻辑清晰、方案设计合理</td><td></td><td></td><td></td></tr>
<tr><td>决策能力
（10%）</td><td>方案正确性</td><td></td><td></td><td></td></tr>
<tr><td rowspan="3">检查评价</td><td>班 级</td><td></td><td>姓 名</td><td>学 号</td><td></td></tr>
<tr><td>教师签字</td><td></td><td>第 组</td><td>组长签字</td><td>月 日</td></tr>
<tr><td colspan="5">评语：</td></tr>
</table>

任务 14 仓库消防管理

任 务 单

<table>
<tr><td>学习领域</td><td colspan="6">仓储作业管理</td></tr>
<tr><td>学习情境</td><td colspan="4">仓库安全管理</td><td>学 时</td><td>6</td></tr>
<tr><td>工作任务</td><td colspan="4">仓库消防管理</td><td>任务学时</td><td>4</td></tr>
<tr><td colspan="7">布 置 任 务</td></tr>
<tr><td>工作目标</td><td colspan="6">1. 掌握仓库消防工作的措施及发生火灾后的处理办法
2. 学会火灾初期的处理办法
3. 学会各类常用消防器材的使用方法
4. 掌握消防器材的使用范围</td></tr>
<tr><td>任务描述</td><td colspan="6">某新建仓库,主要用来保管纸类和塑料类包装材料,这一类仓库安全工作特别是消防安全非常重要,投入使用前相应的安全措施和安全设施必须到位,该仓库在使用前和货物保管期间消防安全方面应做好哪些工作?应该如何排查火灾隐患?</td></tr>
<tr><td rowspan="2">学时安排</td><td>资 讯</td><td>计 划</td><td>决 策</td><td>实 施</td><td>检 查</td><td>评 价</td></tr>
<tr><td>1 学时</td><td>0.5 学时</td><td>1 学时</td><td>1 学时</td><td>0.2 学时</td><td>0.3 学时</td></tr>
<tr><td>提供资料</td><td colspan="6">1.《中华人民共和国消防法》
2.《中华人民共和国消防法实施条例》
3. 中国消防标志图片
4. 仓库消防安全管理规则</td></tr>
<tr><td>对学生的要求</td><td colspan="6">1. 熟读《中华人民共和国消防法》
2. 认识中国消防标志
3. 在教师的指导下学会常规灭火器的使用方法</td></tr>
</table>

资　讯　单

<table>
<tr><td>学习领域</td><td colspan="3">仓储作业管理</td></tr>
<tr><td>学习情境</td><td>仓库安全管理</td><td>学　　时</td><td>6</td></tr>
<tr><td>工作任务</td><td>仓库消防管理</td><td>任务学时</td><td>4</td></tr>
<tr><td>资讯方式</td><td>结合案例,了解并掌握,查阅参考文献</td><td>资讯学时</td><td>1</td></tr>
<tr><td rowspan="6">资讯问题</td><td colspan="3">1. 仓库治安保卫工作的内容有哪些?</td></tr>
<tr><td colspan="3">2. 仓库火灾的种类及特点有哪些?</td></tr>
<tr><td colspan="3">3. 产生燃烧的条件有哪些?</td></tr>
<tr><td colspan="3">4. 引起仓库火灾的原因有哪些?</td></tr>
<tr><td colspan="3">5. 参加灭火有哪些注意事项?</td></tr>
<tr><td colspan="3">6. 各种灭火剂的适用范围是什么?</td></tr>
<tr><td>资讯引导</td><td colspan="3">1.《中华人民共和国消防法》
2. 中华人民共和国消防法实施条例
3. 中国消防标志图片
4. 仓库消防安全管理规则
5. 孙科柳. 仓管员日清日高工作法 . 广州:广东经济出版社,2009
6. 校园网精品课程资源库资料</td></tr>
</table>

》》》 信 息 单 《《《

14.1 仓库治安保卫

仓库的治安保卫工作是仓库为了防范、制止恶性侵权行为、意外事故对仓库及仓储财产的侵害和破坏,维护仓储环境的稳定,保证仓储生产经营的顺利开展所进行的管理工作。治安保卫管理是仓库管理的重要组成部分,不仅涉及财产安全、人身安全,执行国家的治安保卫管理法规和政策,同时也是仓库履行仓储合同义务的组成部分,是降低和防止经营风险的手段,是仓库实现经营效益的保证。在生产效率和提高经营效益与安全保卫发生冲突时,要以治安保卫优先。

仓库治安保卫管理的原则为:坚持预防为主、确保重点、严格管理、保障安全和谁主管谁负责。

14.1.1 治安保卫管理组织

治安保卫组织通常分为专职保卫组织和群体众性治安保卫组织,仓储部门应当根据实际情况,按照精干高效、运转灵活的原则设立保卫机构、配备专职、兼职保卫人员,形成仓储安全网。见表14.1。

表14.1 治安保卫管理组织任务

	工作方式	主要任务
专职保卫组织	根据仓库规模的大小、人员的多少、任务的繁重程度、仓库所在地的社会环境确定机构设置、人员配备。业务上受当地公安机关和上级保卫部门指导	在仓库高层领导的领导下,制订仓库治安保卫规章制度、工作计划;督促各部门领导的治安保卫工作,组织全员的治安保卫学习和宣传,做好仓库内的治安保卫工作;与当地公安部门保持密切联系,协助公安部门在仓库内的治安管理活动,管理治安保卫的器具,管理专职保卫员工
群众性治安保卫组织	治安保卫的兼职制度是实行治安保卫群众管理制度的体现	兼职保安员主要承担所在部门和组织的治安保卫工作,协助部门领导的管理工作,督促部门执行仓库治安保卫管理制度,组织治安保卫学习、组织各项检查工作

14.1.2 治安保卫管理制度

仓库治安保卫管理制度需要依据国家法律和法规,并结合仓库治安保卫的实际需要,以保证仓储生产高效率进行,实现安全仓储,防止治安事故的发生为目的。

仓库应通过规章制度明确工作规范、工作行为、划分岗位责任;通过制度建立管理系统,及时畅顺地交流信息,随时堵塞保卫漏洞,确保工作进行得及时有效。仓库治安保卫制度有安全防火责任制度,安全设施设备保管使用制度,门卫值班制度,人员、车辆进出库管理制度,保卫人员值班巡查制度等等。

14.1.3 治安保卫工作内容

治安保卫工作的具体内容就是执行国家治安保卫规章制度、防盗、防抢、防骗、防破坏、防火、防止财产侵害、维持仓库内交通秩序、防止交通意外事故等仓库治安灾难事故,协调与外部的治安保卫关系,维持仓库内的安定局面和员工人身安全。仓库主要的治安保卫工作主要有以下几方面。

1. 守卫大门和要害部门

大门守卫是维持仓库治安的第一道防线。大门守卫除了要负责开关大门,限制无关人员、接待入库办事人员,并及时审核身份与登记以外,还要检查入库人员是否携带火源、易燃易爆物品,检查入库车辆的防火条件,放行条内容是否相符,收留放行条,查问和登记出库人员随身携带的物品,特殊情况下有权检查当事者物品、封闭大门。对于危险品仓、贵重品仓、特殊品仓等要害部位,需要安排专职守卫看守,限制无关人员接近，防止危害、破坏和失窃。

2. 治安检查

治安责任人应按规章准则经常检查治安保卫工作。治安检查实行定期检查与不定期检查相结合的制度。班组每日检查、部门每周检查、仓库每月检查，及时发现治安保卫漏洞、安全隐患，通过有效手段消除各种隐患。

3. 巡逻检查

巡逻检查一般由两名保安员共同进行，携带保安器械和强力手电筒不定时、不定线、经常地巡视整个仓库的安全保卫工作。保安员应查问可疑人员，检查各部门的防卫工作，关闭无人办公的办公室、关好仓库门窗、关闭电源，禁止挪用消防器材，检查仓库内有无异常现象，停留在仓库内过夜的车辆是否符合规定等。巡逻检查中发现不符合治安保卫制度要求的情况，应采取相应的措施处理或者告知主管部门处理。

4. 防盗设施、设备的使用

仓库的防盗设施大至围墙、大门、防盗门，小到门锁、窗。仓库应该根据法规规定和治安保管的需要设置和安装这些设施。仓库使用的防盗设备除了专职保安员的警械外，主要有视频监控设备、自动警报设备、人工报警设备，仓库应按照规定合理利用配置的设备，专人负责操作和管理，确保其有效运作。

5. 治安应急

治安应急是指仓库发生治安事件时，采取紧急措施，防止和减少事件造成损失的制度。治安应急需要通过制订应急方案，明确确定应急人员的职责，规定发生事件时的信息（信号）发布和传递方法。这些应急方案要在平时经常进行演习。

14.2 仓库火灾的特点及原因分析

14.2.1 产生燃烧的条件

火灾的发生必须同时具备三个条件：可燃物质、助燃物质及火源。可燃物质包括火柴、草料、棉花、纸张、油品等；助燃物质，一般指空气中的氧和氧化剂；而火源是指能引起可燃物质燃烧的热能源，如明火、电气火、摩擦冲击产生的火花、静电产生的火花、雷电产生的火花、化学反应等。以上的三个条件必须同时具备，并相互作用，燃烧才能发生。其中火源是引起火灾的罪魁祸首，是仓库防火管理的核心。

引起仓库火灾的火源很多，一般主要分为两大类：直接火源和间接火源。

1. 直接火源

直接火源是指直接产生火花的火源，主要有以下几种：

（1）明火。指生产、生活使用的炉火、灯火、焊接火花以及未灭的烟头等。

（2）电火花。指电线短路、用电超负荷、漏电、电气设备产生的电火花、电器设备升温等引起的自燃。

（3）雷电与静电。指瞬间产生的高压放电，引起的可燃物质的燃烧；静电则是因为摩擦、感应使物体表面电子大量聚集，向外以电弧的方式传导的现象，同样引起的可燃物质的燃烧。

2. 间接火源

（1）由于热源加热引起燃烧。如把火柴、草料、棉花、纸张、油品等易燃物品存放在电热设备附近引起的火灾。

（2）物品本身自燃起火。某些商品由于自身具有较强的易燃性，在既无明火、又无外来热源的条件下，由于存储条件不当而发生自行燃烧起火。

14.2.2 仓库火灾的种类及特点

1. 仓库火灾的种类

（1）普通火。普通可燃固体所发生的火灾，如木料、棉花、化纤、煤炭等。普通火燃烧扩散较慢，但燃烧较深入,灭火后重燃的可能性极高。普通火较适合用水扑灭。

(2)油类火。各种油类、油脂发生燃烧所引起的火灾。油类属于易燃物品,且具有流动性,着火的油流动会迅速扩大着火范围。油类轻于水,会漂浮在水面,随水流动,因此不能用水灭火,只能采用泡沫、干粉等灭火。

(3)电气火。电器、供电系统漏电所引起的火灾,以及具有供电的仓库发生火灾。其特征是在火场中还有供电存在,有人员触电的危险;另外由于供电系统的传导,还会在电路的其他地方产生电火源。因而发生火灾后,要迅速切断供电,采用其他安全方式照明。

(4)爆炸性火灾。具有爆炸性的货物发生火灾,或者火场内有爆炸性物品,如易发生化学爆炸的危险品,会发生物理爆炸的密闭容器等。爆炸不仅会加剧火势,扩大燃烧范围,更危险的是直接对人生命的伤害。发生这类火灾首要的工作是保证人身安全,迅速撤离人员。

2. 仓库火灾的特点

(1)火灾初起阶段阴燃时间长,不易发现,具有烧大火的条件。室内固体可燃物资仓库起火后,由于室内空气不流通,在库内氧气不足的条件下,较长时间处于阴燃、聚热状态,火势不会一下扩大。但当发现后打开库房准备投入扑救时,由于空气的瞬间流通和氧气的补充,使火势迅速蔓延、扩大成灾;此外,成堆、成捆堆放的稻草、棉、麻、纸张等室外露天仓库,在受低温加热或含水量较高的情况下,会发生阴燃,当聚热达到一定条件时,特别是当揭开覆盖在堆垛上的油布或者翻开堆垛,进行扑救火灾时,由于空气的流通造成氧气的补充,火势迅速蔓延扩大,具备烧大火条件。

(2)扑救难度大,作战时间长,消防用水量大,过火面积大,经济损失大。

(3)危险物品仓库火灾危害大,施救难度高,极易造成伤害事故。危险化学品具有易燃、易爆、腐蚀、毒害、放射性等危险性质,并在一定条件下能引起燃烧、爆炸并导致人体中毒、灼伤、死亡等事故。

(4)仓库火灾同经济社会发展有关密切关系。随着经济的不断发展,仓库火灾也呈上升趋势。

14.2.3 仓库火灾的原因分析

1. 火种控制不严

主要有违章动火、玩火、纵火、燃放烟花爆竹、吸烟、装卸作业中引发的火种;临时照明和动力电线短路超负荷、摩擦火星、电线碾压等;违章切割、无证动火、违反规定操作。

2. 仓库照明管理不善

主要有仓库照明灯具选用不当、堆垛超高未保持灯距、照明施工质量差导致灯脱落、临时照明设置不当等;使用高温照明、灯位设置不当、用后未切断电源,辐射热积聚而引发堆垛火灾;临时照明设置不妥,受风或电线拉动而倾倒,无人看管而引起火灾。

3. 危险化学品存放的不合格

通风散热条件不良,防潮防火、防暑降温措施不力,堆放不规范,缺乏专业知识致使库存物品发生生物、物理或化学反应引起自燃、燃烧或爆炸。

4. 防雷设计有盲区或防雷设施保养不善

设计有盲区、避雷设施保养不善、对球雷、感应雷、带状雷等研究与防护不够。

5. 危险物品仓库未分类

危险物品仓库没有分类分项存放、装卸作业无有效防静电措施、擅自改变仓库储存物质性质。

6. 乱搭乱建、乱堆、甚至吃住在库区

人员和物资进出极度混乱;擅自改变防火分区、防火间距,消防设施未保持正常状态等。

14.3 仓库火灾防范技术

对于仓库火灾的预防和控制,应从安全技术、安全教育、安全管理三个方面入手采取相应的措施。

14.3.1　安全技术

1. 严格按照国家规范的要求进行设计和使用仓储设施

在设计和建设过程中就要严格按照现行的消防技术规范和标准进行设计和施工。充分考虑建筑物的总体布局、耐火等级、防火间距、防火分区和防火分隔措施，根据仓库的使用性质按规范要求设置火灾自动报警、自动灭火设施，落实消防水源和室内外消防给水系统（可参照GBJ 16—87.《建筑设计防火规范》），从本质上防止火灾发生和控制灾害的发展。

在设计过程中，要着眼于物资储存量大、消防用水量大和一旦发生火灾就有发生重大火灾的可能，重点规划布置库区的防火间距、消防车道、消防水源、堆垛组距、垛距等。

2. 严格按照国家规范的要求设置仓库的电气线路

易燃易爆危险物品仓库应采用防爆电器和照明，电气线路必须按照防爆的要求进行敷设。

普通丙类物资仓库的电气线路应穿金属管或不燃型的硬质塑料管固定敷设，按规范要求选用照明灯具。库房内不得设置移动照明、配电线路与货垛上方架设临时线路，不得设置移动照明和配电板等。

3. 加强消防设施的维护与保养

要增加消防投入，不能重经济效益轻消防安全，忽略必要的消防资金投入。加强消防设施的日常维修保养，提高消防设施的合格率和完好率，使其保持良好的性能状态。要按照国家规范的要求设置安装避雷装置，并在每年雷雨季节前测试一次，保证完好。加强危险物品的仓库消防安全评价，按《危险化学品安全管理条例》要求对易燃易爆化学品的有关单位进行安全评估。

14.3.2　安全教育

（1）作为危险物品仓库的安全管理人员，必须熟悉国家安全生产方针、政策、法规、标准，增强安全意识和法制观念，掌握安全卫生基本知识，具有一定的安全管理和决策能力。

（2）对于从事易燃易爆危险化学品作业的职工，首先要加强易燃易爆基本知识教育，熟悉掌握相应技能、会防护和应急处理。

（3）有关职能部门要加强培训考核，操作人员要持证上岗。

14.3.3　安全管理

（1）严格遵守《中华人民共和国安全生产法》《中华人民共和国消防法》《危险化学品安全管理条例》《公安部仓库防火安全管理规定（1990）》等法律法规，落实安全生产责任制。

（2）严格各项操作规章制度。

（3）加强对违规违章操作人员的管理和查处，进行经常性安全教育。

（4）特种工种须持证上岗。

（5）严格人员、车辆进出的查问登记制度、火种管理制度、动用明火制度、货物进出仓库的检查制度、货物堆放制度、巡查制度。

（6）仓库要做好防静电和防雷措施，安装静电检测设备和避雷针或避雷带等防雷设施。

14.4　灭火方法

14.4.1　常规的灭火方法

火灾是物质的燃烧过程，破坏燃烧的三个条件之一，就会达到灭火的目的，根据这一原理，常见的灭火方法有以下几种：

1. 冷却法

冷却法是在灭火过程中，把燃烧物的温度降低到其燃烧点以下，使之不能燃烧。如水、酸碱灭火器、二氧化碳灭火器等均有一定的冷却作用，同时还能够隔绝空气。

2. 窒息法

窒息法是使燃烧物周围的氧气含量迅速减少，致使火窒息的方法。在灭火过程中，可以用水、黄沙、湿棉被、四氯化碳灭火器、泡沫灭火器等，这些都是用窒息方法灭火的器具。

3. 隔绝法

隔绝法是在灭火过程中，为避免火势蔓延和扩大，采取拆除部分建筑或及时疏散火场周围的可燃物，孤立火源，从而达到灭火的目的。

4. 分散法

分散法是将集中的货物迅速分散，孤立火源，一般用于露天仓库。

14.4.2 特殊货物的扑救方法

存有特殊货物的仓库的消防工作有其特殊的要求，其火灾的扑救工作也有其特殊的方法。

1. 爆炸品

爆炸品引起的火灾一般用水扑救，氧化剂引起的大多可用雾状水扑救，也可以用二氧化碳灭火器、泡沫灭火器和沙等进行扑救。

2. 易燃固体

易燃固体，一般可以用水、沙土和泡沫灭火器、二氧化碳灭火器等进行扑救。

3. 易燃液体

易燃液体引起的火灾用泡沫灭火器最有效，也可以用干粉灭火器、沙土、二氧化碳灭火器等进行扑救。由于绝大多数易燃液体都比水轻，且不溶于水，故不能用水扑救。

4. 有毒物品

有毒物品失火，一般可以用大量的水扑救，液体有毒物品的失火宜用雾状水或沙土、二氧化碳灭火器等进行扑救。但其中氧化物着火，绝不能用酸碱灭火器和泡沫灭火器，因为酸与氰化物作用产生剧毒的氨化氢气体，危害极大。

5. 腐蚀性物品

腐蚀性物品，酸类和碱类的水溶液着火可用雾状水扑救，但遇水分解的多卤化合物、氯氨酸等，绝不能用水扑救，只能用二氧化碳灭火器扑救，也可用干沙灭火。

6. 遇水燃烧的物品

遇水燃烧的物品只能用干沙和二氧化碳灭火器灭火。

7. 自燃性物品

自燃性物品起火，可用大量水或其他灭火器材。

8. 压缩气体

压缩气体起火，用干沙、二氧化碳灭火器、泡沫灭火器扑救。

9. 放射性物品

放射性物品着火，可用大量的水或其他灭火剂扑救。

14.5 消防设备

1. 消火栓的性能和使用方法

(1)消火栓的性能。消火栓是与自来水管网直接连通的，随时打开都会有 3 kg 左右压力的清水喷出。

它适合扑救木材、棉絮类火灾。

(2)消火栓的使用方法。室内消火栓一般都设置在建筑物公共部位的墙壁上,有明显的标志,内有水龙带和水枪。当发生火灾时,找到离火场距离最近的消火栓,打开消火栓箱门,取出水带,将水带的一端接在消火栓出水口上,另一端接好水枪,拉到起火点附近后方可打开消火栓阀门。注意:在确认火灾现场供电已断开的情况下,才能用水进行扑救。如图 14.1 所示。

图 14.1　消火栓使用方法

2. 灭火器的性能和使用方法

(1)灭火器的性能。灭火器是用来扑救初期火灾的,这里介绍几种类型手提式灭火器。

①卤代烷灭火器。这类灭火器内充装的灭火剂是卤代烷。灭火时对着燃烧体释放,可通过降温、隔绝空气、形成不燃层等方法灭火,可以扑救油类、电气火灾和木材、棉絮等类型火灾,还可以扑救精密仪器火灾。

该类灭火剂品种较多,而我国只发展两种,一种是二氟一氯一溴甲烷和三氟一溴甲烷简称:1211 灭火器,1301 灭火器。卤代烷的蒸气有一定的毒性,在使用时避免吸入蒸气和与皮肤接触,使用后应通风换气 10 分钟后再进入使用区域。1211 灭火器如图 14.2 所示。

②干粉灭火器,它内装的灭火剂是粉状磷酸氨盐,可以扑救可燃气体、电气、油类和木材、棉絮等类型火灾。因为磷酸氨盐干粉适用于 A、B、C 类火灾,因此又称为 ABC 干粉灭火器。碳酸氢钠干粉只适合 B、C 类火灾,因此又称为 BC 干粉灭火器。干粉灭火器的结构如图 14.3 所示。

③清水灭火器。清水灭火器的筒体中充装的是清洁的水,所以称为清水灭火器。它主要用于扑救固体物质火灾,如木材、棉麻、纺织品等的初起火灾。图 14.4 所示为水基型灭火器。

图 14.2　1211 灭火器

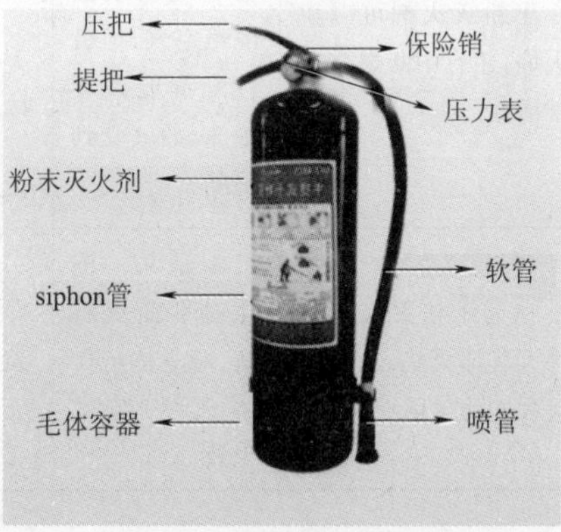

图 14.3　干粉灭火器结构

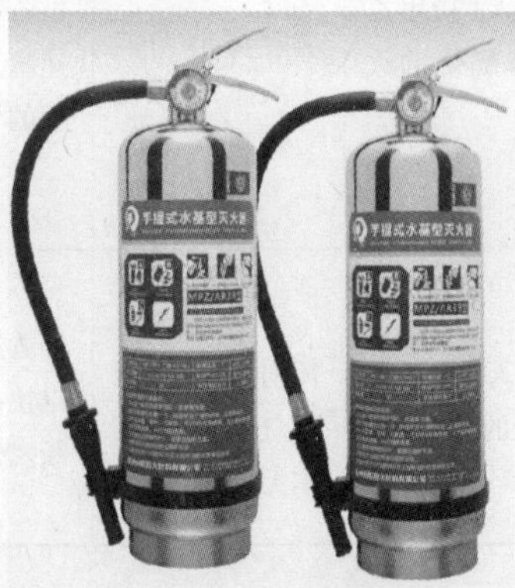

图 14.4　水基型灭火器

④酸碱灭火器。酸碱灭火器是一种内部分别装有 65% 的工业硫酸和碳酸氢钠水溶液的灭火器。酸碱灭火器适用于扑救木、棉、麻、毛、纸等一般固体物质火灾,不宜用于油类和忌水、忌酸物质及电气设备的火灾。

国家标准规定,灭火器型号应以汉语拼音大写字母和阿拉伯数字标于筒体,其中第一个字母 M 代表灭火器,第二字母代表灭火剂类型,后面的阿拉伯数字代表灭火剂重量或容积,一般单位为每千克或升。如“MFL2”就是指 abc 干粉灭火器 2 kg。

F 是干粉灭火剂即 bc 干粉、FL 是磷铵干粉即 abc 干粉、T 是二氧化碳灭火剂、Y 是卤代烷灭火剂、P 是泡沫、QP 是轻水泡沫灭火剂、SQ 是清水灭火剂

(2)灭火器的使用方法。以 1211 灭火器为例,介绍灭火器的使用方法。将灭火器提到起火地点附近站在火场的上风头①提起灭火器。②拉开保险销。③一手握紧皮管,朝向火苗。④另一手用力捏紧压把(鸭嘴)。⑤喷嘴对准火焰根部扫射。⑥ 左右移动喷射。如图 14.5 所示。

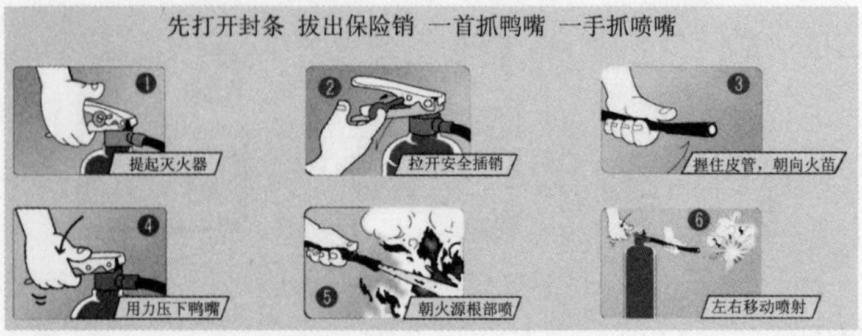

图 14.5 常用灭火器使用方法

根据仓库自身的火灾隐患,采用最经济、高效的灭火材料,各种灭火剂的适用范围如表 14.2 所示。

表 14.2 各种灭火剂的适用范围

灭火剂类别 / 火灾种类	水型		干粉型		泡沫型	卤代烷型		二氧化碳型
	清水	酸碱	磷酸铵盐	碳酸氢钠	化学泡沫	1211	1301	
A 类火灾(指含碳固体可燃物燃烧的火灾)	适用。水能冷却,并能穿透燃烧物而灭火,可以有效防止复燃		适用。粉剂能附着在燃烧物的表面,隔绝空气防止复燃	不适用。碳酸氢钠不能黏附在固体可燃物上,只能控火不能灭火	适用。具有冷却和覆盖燃烧物表面,使之与空气隔绝的作用	适用。快速窒息火焰,抑制燃烧连锁反应,终止燃烧。灭火后不留残渍,不污染、不损坏设备		不太适用。二氧化碳虽然可以降温,并窒息火焰,但不能有效控制 A 类火的复燃
B 类火灾(指甲乙丙类液体燃烧的火灾)	不适用。水流冲击油面会击溅油火,致使火势蔓延		适用。干粉灭火剂可以快速窒息火焰,还有中断燃烧过程的化学活性		半适用。覆盖燃烧物表面隔绝空气,但极性溶剂能破坏泡沫,故又受到限制	适用。快速窒息火焰,抑制燃烧连锁反应,终止燃烧		适用。二氧化碳堆积在燃烧液表面,起到隔绝空气作用
C 类火灾(指可燃气体燃烧的火灾)	不适用。水流对于立体型的气体火灾基本无效		适用。喷射干粉灭火剂可以快速扑灭气体火焰,具有中断燃烧过程的化学活性		不适用。泡沫对平面火有效,对立体型气体火灾基本无效	适用。快速窒息火焰,抑制燃烧连锁反应,终止燃烧		适用。快速降温,稀释可燃气体,且不留残物,不损坏现场其他设施

3. 砂土

砂土可用以扑救电气设备及液体燃料的初起火灾,也可用于扑灭酸碱性物质的火灾和过氧化剂及遇水燃烧的液体和化学危险品的火灾。因此,仓库中应备有砂箱。但须注意的是,爆炸性物品(如硫酸氨等)不可用砂土灭火,而应用冷却法灭火,可用水浸湿的旧棉絮、旧麻袋,覆盖在燃烧物上。

4. 自动消防设备

常见的自动消防设备有离子烟感火灾探测报警器、光电烟感报警器、温感报警器、紫外火焰光感报警器、红外火焰光感报警器和自动喷洒灭火装置等。如遇仓库发生火情或爆炸事故,必须立即向当地的公安消防部门报警。事故过后,应根据“三不放过”(事故原因分析不清不放过,事故责任者和群众没有受到

教育不放过，没有采取切实可行的防范措施不放过）的原则，认真追查原因，严肃处理事故责任者，教育全体员工。

5. 消防设备管理

消防设备管理时应注意：

(1) 每个库房配备的灭火器不得少于 2 个，应悬挂在库外墙上，离地高度不超过 1.5 m，远离取暖设备，防止日光直射。

(2) 每个独立的库房至少要配备 4 个消防水桶，挂于明显位置，不许挪作他用。

(3) 每个仓库附近都要配备一定数量的消防桶。日常保持存水量满，冬季防止结冰。

(4) 储存液体燃料库附近必须配有干燥清洁的河沙，用木箱或桶装好，表明“消防用沙”。

(5) 仓库必须备有准确可靠的报警信号，一旦发生火灾，能够迅速报警，以便及时组织扑救。

6. 参加灭火的注意事项

火场是人员多、情况复杂的场所。要迅速有效的扑救火灾，必须统一指挥，才能保证灭火战斗的整体性和协调性，避免影响扑救效力，更好地完成灭火工作。

(1) 一切行动听指挥。

(2) 注意自身安全，避免伤亡。

(3) 用水扑救带电火灾时，必须先将电源断开，严禁带电扑救。

(4) 使用水龙带时防止扭转和折弯。

(5) 灭液体火灾时（汽油、酒精）不能直接喷射液面，要由近向远，在液面上 10 cm 左右扫射，覆盖燃烧面切割火焰。

(6) 注意保护现场，以利于火因调查。

从仓库不安全的因素及危害程度来看，火灾造成的损失最大，它可以在很短的时间内，使整个仓库变成一片废墟，对国家财产和人民生命安全造成极大的损失。对于火灾要防患于未然。仓库必须认真贯彻“预防为主，防消结合”的消防方针，坚决执行《消防法》和公安部制定的《仓库防火安全管理规则》。

14.6　仓库的其他安全管理

14.6.1　防台风

1. 台风的产生与危害

台风是热带风暴的最高级形式，是产生在离赤道 5 个纬度以北（南半球在赤道 5 个纬度以南）的热带洋面上的热带气旋，是在热带洋面上强烈发展起来的气旋性涡旋。强风是台风的特征，越接近台风中心，风力越强。

2. 防台风管理与组织

(1) 积极防范，有备无患。

(2) 全员参与，防范损害。

(3) 不断改善仓库条件。

(4) 仓库抗台风的应对措施。

①全面检查仓库和货物，确定抗台风准备方案。

②将存放在可能被风和雨水损害的位置的货物、设备转移到安全位置。

③加固仓库的门窗、屋顶、雨棚等，防止漏水和防风吹落。

④对会被风吹动或雨淋湿的货物、设备、设施，进行苫盖、固定绑扎紧固。

⑤对仓库、建筑、场地、下水道等排水系统进行疏通，确保畅通。

⑥台风到来时，停止生产作业，仓库及时关闭门窗、栓锁妥当，关闭迎风开口，必要时钉固封闭，关闭

照明等非必要电源,关闭仓库一切火源、热源,将排水泵等所有应急设备启动运行。

⑦在风力达到8级以上时,或者抗台风指挥部发出通知时,所有人员按照安排进入预定的安全场所躲避,进行人员清点登记。

⑧在确定风力减弱时,检查和加固封闭仓库门窗;检查和加固货物苫盖。

⑨台风过后,进行排除仓库、货场的积水;进行通风散热、除湿保管作业,尽快消除台风的影响,恢复正常仓储生产。

14.6.2 防雨湿措施

(1)仓库有足够的防雨建筑。
(2)仓库具有良好的排水能力。
(3)做好货垛衬垫。
(4)及时苫盖货物。

14.6.3 防汛

(1)建立组织。
(2)积极防范。
(3)加强联系。

14.6.4 防雷

(1)建筑物维修或改造后是否改变了防雷装置的保护情况。
(2)有无因挖土方、铺设管线或种植树木而挖断接地装置。
(3)各处明装导体有无开焊、锈蚀后截面过小而导致损坏折断等情况。
(4)接闪器有无因接受雷击而熔化或折断。
(5)避雷器磁套有无裂缝、碰伤、污染、烧伤等。
(6)引下线距地2 m一段的绝缘保护处理有无破坏。
(7)支持物是否牢固,有无歪斜、松动。
(8)引下线与支持物的固定是否可靠。
(9)断接卡子有无接触不良。
(10)木结构接闪器支柱或支架有无腐蚀。
(11)接地装置周围土壤有无塌陷。
(12)测量全部接地装置的接地电阻。

14.6.5 防震

(1)在仓库建筑上,要以储存物资的价值大小为依据。
(2)在情报信息上,要密切注视毗邻地区及地震部门预测和预报资料。
(3)在组织抢救上,要作充分的准备。
合理分工,各负其责,做好宣传教育工作,动员全体员工全力以赴,做好防震工作。

14.6.6 防静电

爆炸物和油品应采取防静电措施。静电的安全应设懂有关技术的专人管理,并配备必要的检测仪器,发现问题及时采取措施。

计　划　单

<table>
<tr><td>学习领域</td><td colspan="4">仓储作业管理</td></tr>
<tr><td>学习情境</td><td colspan="2">仓库安全管理</td><td>学　　时</td><td>6</td></tr>
<tr><td>工作任务</td><td colspan="2">仓库消防管理</td><td>任务学时</td><td>4</td></tr>
<tr><td>计划方式</td><td colspan="2">小组讨论,制定计划</td><td>计划学时</td><td>0.5</td></tr>
<tr><td>序　　号</td><td colspan="2">实施步骤</td><td colspan="2">使用资源</td></tr>
<tr><td>1</td><td colspan="2"></td><td colspan="2"></td></tr>
<tr><td>2</td><td colspan="2"></td><td colspan="2"></td></tr>
<tr><td>3</td><td colspan="2"></td><td colspan="2"></td></tr>
<tr><td>4</td><td colspan="2"></td><td colspan="2"></td></tr>
<tr><td>5</td><td colspan="2"></td><td colspan="2"></td></tr>
<tr><td>6</td><td colspan="2"></td><td colspan="2"></td></tr>
<tr><td>制定计划说明</td><td colspan="4"></td></tr>
<tr><td rowspan="2">计划评价</td><td>班　　级</td><td></td><td>第　　组</td><td>组长签字</td></tr>
<tr><td>教师签字</td><td></td><td>日　　期</td><td></td></tr>
<tr><td colspan="5">评语:</td></tr>
</table>

决 策 单

<table>
<tr><td>学习领域</td><td colspan="5">仓储作业管理</td></tr>
<tr><td>学习情境</td><td colspan="3">仓库安全管理</td><td>学 时</td><td>6</td></tr>
<tr><td>工作任务</td><td colspan="3">仓库消防管理</td><td>任务学时</td><td>4</td></tr>
<tr><td colspan="4">决策学时</td><td colspan="2">0.5</td></tr>
<tr><td rowspan="7">方案对比</td><td>组号</td><td>方案的可行性</td><td>实施可操作性</td><td>知识运用的科学性</td><td>综合评价</td></tr>
<tr><td>1</td><td></td><td></td><td></td><td></td></tr>
<tr><td>2</td><td></td><td></td><td></td><td></td></tr>
<tr><td>3</td><td></td><td></td><td></td><td></td></tr>
<tr><td>4</td><td></td><td></td><td></td><td></td></tr>
<tr><td>5</td><td></td><td></td><td></td><td></td></tr>
<tr><td>6</td><td></td><td></td><td></td><td></td></tr>
<tr><td>方案评价</td><td colspan="5"></td></tr>
</table>

班 级		组长签字		教师签字		月 日

实　施　单

<table>
<tr><td>学习领域</td><td colspan="4">仓储作业管理</td></tr>
<tr><td>学习情境</td><td colspan="2">仓库安全管理</td><td>学　时</td><td>6</td></tr>
<tr><td>工作任务</td><td colspan="2">仓库消防管理</td><td>任务学时</td><td>4</td></tr>
<tr><td>实施方式</td><td colspan="2">分组实施,小组成员合作,按实际实施情况填写</td><td>实施学时</td><td>1</td></tr>
<tr><td rowspan="11">方案对比</td><td>序　号</td><td>实施步骤</td><td colspan="2">使用资源</td></tr>
<tr><td>1</td><td></td><td colspan="2"></td></tr>
<tr><td>2</td><td></td><td colspan="2"></td></tr>
<tr><td>3</td><td></td><td colspan="2"></td></tr>
<tr><td>4</td><td></td><td colspan="2"></td></tr>
<tr><td>5</td><td></td><td colspan="2"></td></tr>
<tr><td>6</td><td></td><td colspan="2"></td></tr>
<tr><td>7</td><td></td><td colspan="2"></td></tr>
<tr><td>8</td><td></td><td colspan="2"></td></tr>
<tr><td>9</td><td></td><td colspan="2"></td></tr>
<tr><td>10</td><td></td><td colspan="2"></td></tr>
<tr><td colspan="5">实施说明:</td></tr>
</table>

班　级		第　组	组长签字	
教师签字			日　期	

作 业 单

<table>
<tr><td>学习领域</td><td colspan="5">仓储作业管理</td></tr>
<tr><td>学习情境</td><td colspan="3">仓库安全管理</td><td>学　时</td><td>6</td></tr>
<tr><td>工作任务</td><td colspan="3">仓库消防管理</td><td>任务学时</td><td>4</td></tr>
<tr><td>作业方式</td><td colspan="5">小组派代表实际操作</td></tr>
<tr><td>1</td><td colspan="5">1211 灭火器使用方法是什么？</td></tr>
<tr><td colspan="6">作业解答：</td></tr>
<tr><td>2</td><td colspan="5">仓库有哪些着火源？</td></tr>
<tr><td colspan="6">作业解答：</td></tr>
</table>

<table>
<tr><td rowspan="4">作业评价</td><td>班　级</td><td></td><td>第　组</td><td>组长签字</td><td></td><td></td></tr>
<tr><td>学　号</td><td></td><td>姓　名</td><td colspan="3"></td></tr>
<tr><td>教师评分</td><td></td><td>教师签字</td><td></td><td>日　期</td><td></td></tr>
<tr><td colspan="6">评语：</td></tr>
</table>

评　价　单

<table>
<tr><td>学习领域</td><td colspan="6">仓储作业管理</td></tr>
<tr><td>学习情境</td><td colspan="4">仓库安全管理</td><td>学　时</td><td>6</td></tr>
<tr><td>工作任务</td><td colspan="4">仓库消防管理</td><td>任务学时</td><td>4</td></tr>
<tr><td>评价类别</td><td>项目</td><td colspan="2">检查标准</td><td>个人评价</td><td>组内互评</td><td>教师评价</td></tr>
<tr><td rowspan="6">专业能力</td><td>资讯
（10%）</td><td colspan="2">搜集信息充分适用，查阅资料完整</td><td></td><td></td><td></td></tr>
<tr><td>计划
（5%）</td><td colspan="2">能运用知识进行完整方案设计</td><td></td><td></td><td></td></tr>
<tr><td>实施
（20%）</td><td colspan="2">熟练利用信息单，工具运用正确</td><td></td><td></td><td></td></tr>
<tr><td>检查
（10%）</td><td colspan="2">能够发现问题并修正</td><td></td><td></td><td></td></tr>
<tr><td>过程
（5%）</td><td colspan="2">安全、合理</td><td></td><td></td><td></td></tr>
<tr><td>结果
（10%）</td><td colspan="2">阐述观点正确</td><td></td><td></td><td></td></tr>
<tr><td rowspan="2">社会能力</td><td>团结协作
（10%）</td><td colspan="2">积极与他人合作，共同完成任务</td><td></td><td></td><td></td></tr>
<tr><td>敬业精神
（10%）</td><td colspan="2">在完成任务过程中的参与程度，积极主动</td><td></td><td></td><td></td></tr>
<tr><td rowspan="2">方法能力</td><td>计划能力
（10%）</td><td colspan="2">逻辑清晰、方案设计合理</td><td></td><td></td><td></td></tr>
<tr><td>决策能力
（10%）</td><td colspan="2">方案正确性</td><td></td><td></td><td></td></tr>
<tr><td rowspan="3">检查评价</td><td>班　级</td><td></td><td>姓　名</td><td></td><td>学　号</td><td></td></tr>
<tr><td>教师签字</td><td></td><td>第　组</td><td>组长签字</td><td></td><td>月　日</td></tr>
<tr><td colspan="6">评语：</td></tr>
</table>

参考文献

[1] 林珍平．仓储作业实务．北京:化学工业出版社,2010.

[2] 宋文官．仓储与配送管理实务．北京:高等教育出版社,2010.

[3] 钟苹．仓储与配送管理实务．大连:大连理工大学出版社, 2009.

[4] 刘光辉．仓储作业与管理．北京:中国传媒大学出版社, 2011.

[5] 张铎,王郁葱．仓储管理实务．北京:中国铁道出版社, 2008.

[6] 赵家俊．仓储与配送管理．北京:科学出版社, 2009.

[7] 杨欣茹．仓储作业实务．北京:北京师范大学出版社,2011.

[8] 蓝仁昌．物流技术与实务．北京:高等教育出版社,2007.

[9] 中国仓储协会．仓储管理员．北京:北京师范大学出版社,2011.

[10] 孙科柳．仓管员日清日高工作法．广州:广东经济出版社,2009.

[11] 薛威．仓储作业管理．北京:高等教育出版社,2012.

[12] 杰伊·海泽．运作管理．北京:中国人民大学出版社,2009.

[13] 霍红,马常红．物流管理学．北京:中国物资出版社,2004.

[14] 朱强．货物学．北京:机械工业出版社,2004.

[15] 中华人民共和国国家标准《物流术语》GB/T 18354 - 2006.

[16] GB/T 21070 - 2007 仓储从业人员职业资质．

[17] ISO 6780:2003,联运通用平托盘主要尺寸及公差．